Dalai Lama

Über Liebe, Glück und was im Leben wichtig ist

Das Buch

Millionen Menschen sehen ihn als einen großen Weisen unserer Zeit, als die Verkörperung der Menschlichkeit und dessen, was wir alle anstreben: glücklich zu sein. Ganz persönlich und direkt antwortet der Dalai Lama hier auf viele Fragen, die Menschen heute bewegen: Fragen wie nach dem Sinn von Religion, nach dem Leiden, nach dem Besonderen des Buddhismus, aber auch nach den Aufgaben von Politik und der Verantwortung von jedem einzelnen. Und er erklärt seinen unerschütterlichen Glauben an die Möglichkeit von Liebe und Glück.

Der Autor

Tenzin Gyatso, Dalai Lama XIV., geboren 1935, ist seit über 50 Jahren das geistliche – und bis 2011 auch das weltliche – Oberhaupt der Tibeter. Nach der Besetzung Tibets floh er 1959 nach Indien, wo er seitdem mit vielen seinen Landsleuten im Exil lebt. 1989 wurde er mit dem Friedensnobelpreis ausgezeichnet.

Dalai Lama

Über Liebe, Glück und was im Leben wichtig ist

Buch der Antworten

Herausgegeben von Rajiv Mehrota

Aus dem Englischen von Jonathan Taverla

HERDER

FREIBURG · BASEL · WIEN

HERDER spektrum Band 6070

Titel der Originalausgabe:
ALL YOU EVER WANTED TO KNOW FROM HIS HOLINESS THE DALAI LAMA ON HAPPINESS; LIFE AND LIVING
ISBN 978-1-4019-2018-0

English language publication 2009 by
Hay House Publications (India) Pvt. Ltd.

FSC
www.fsc.org
MIX
Papier aus verantwortungsvollen Quellen
FSC® C106847

Für die deutschsprachige Ausgabe

ISBN 978-3-451-30160-5

www.herder.de

Umschlagkonzeption: Agentur R·M·E Eschlbeck
Umschlaggestaltung: Verlag Herder
Umschlagmotiv: © Raghu Rai / Magnum Photos

Satz: Barbara Herrmann, Freiburg
Herstellung: fgb · freiburger graphische betriebe
www.fgb.de

Printed in Germany

ISBN 978-3-451-06070-0

Dieses Buch ist gewidmet:

Allen Lebewesen,
damit wir gemeinsam
Glück finden und Leid
vermeiden können

Den vielen spirituellen Meistern,
die mit unendlicher Geduld
und tiefem Mitgefühl
ihre Einsichten und ihre Weisheit
dem unwürdigsten aller Schüler
großzügig vermittelt haben

Und ganz besonders:

Seiner Heiligkeit, dem 14. Dalai Lama

&

B. K. S. Iyengar
Dem verstorbenen Swami Ranganathananda
Dem verstorbenen Baba Amte

Inhalt

Einführung

Im ethischen und moralischen Zentrum unserer globalisierten Welt, in der alles mit allem zusammenhängt, ragt der Dalai Lama weithin sichtbar heraus, da er wie kein anderer das, was er lehrt, persönlich vorlebt und da er in allem, was er tut, repräsentiert und verkörpert, scheinbare Widersprüche mit einer erstaunlichen Leichtigkeit versöhnt. In seinem Einsatz für die Menschenrechte des tibetischen Volkes und in seinen Bemühungen um den Erhalt der tibetischen Kultur strebt der Dalai Lama nicht nach der politischen Unabhängigkeit Tibets – noch nicht einmal als Ausgangsposition für Verhandlungen –, sondern nach wirklicher Autonomie Tibets und aufrichtiger Kooperation mit dem „großartigen chinesischen Volk“. Er ist eine religiöse Leitfigur und wird von Millionen als Inkarnation von Avalokiteshvara (tibetisch: Chenresig, gesprochen: Tschenresig), dem Bodhisattva des Mitgefühls, angesehen. Dennoch kann er mit frohem Gemüt seine eigenen Schwächen aufzählen und rät Menschen, die ihre angestammte religiöse Überzeugung aufgeben wollen, zu Bedacht und Umsicht, auch dann, wenn sie zu seiner eigenen Religion, dem Buddhismus, konvertieren wollen. Er setzt sich mit Leidenschaft für den Dialog zwischen den Religionen ein und ist zudem ein Gelehrter der Metaphysik, der den intensiven Austausch mit der modernen Wissenschaft sucht, um ständig von ihr zu lernen.

Wenn wir an den Triumph all dessen glauben sollen, was der Dalai Lama verkörpert, nämlich des Guten, Wahren und Gerechten, dann müssen seine unzähligen Bemühungen letztendlich von Erfolg gekrönt werden.

Das geschriebene Wort kann niemals Ersatz sein für eine persönliche Wahrnehmung der unterschiedlichsten Ebenen, auf denen der Dalai Lama kommuniziert, und für die Wucht, die seine Worte jenseits ihrer formellen Wörterbuchbedeutung für das eigene Verständnis haben können. Das trifft sogar auf das zu, was er selbst als sein „gebrochenes Englisch" beschreibt, wenn er sich oftmals an seinen offiziellen Übersetzer oder persönlichen Sekretär wendet, um sicherzugehen, dass er das richtige englische Wort benutzt. Und wenn er auf Tibetisch über komplexe Sachverhalte spricht, dann akzeptiert er nicht passiv die angebotene Übersetzung, sondern greift öfters ein, um eine bessere oder genauere Übersetzung auf Englisch vorzuschlagen.

Der Dalai Lama hat eine unglaubliche Fähigkeit, Fragen auf genau der Ebene, welche die oder der Fragende verstehen kann, zu beantworten und dann auf dieser Ebene einen Austausch zu führen. Wenn er nicht auf diese Weise antworten kann oder wenn er glaubt, eine Antwort nicht zu kennen, dann zögert er keinen Augenblick, einfach zu sagen: „Das weiß ich nicht."

Schon in seiner Gegenwart zu sein, vermittelt jedem ein Gespür für seine tiefe Menschlichkeit, sein sonores, mitschwingendes Lachen, seine ansteckende Freude und seinen sanften Humor … für den nicht enden wollenden Fluss einer kraftvollen, ruhigen und warmen Energie: Keine Niederschrift kann dies jemals festhalten.

Der Dalai Lama trifft ständig Menschen unterschiedlichster Herkunft, hört ihnen zu, beantwortet ihre Fragen und redet mit ihnen. Viele warten geduldig, stundenlang, manchmal Wochen oder sogar Jahre, um ein paar Augenblicke mit ihm verbringen zu können. Er begegnet jedem

Menschen und jedem Gespräch mit Geduld, Konzentration und großem Respekt für die andere Person. Ob es sich dabei um Menschen handelt, die gerade aus Tibet gekommen sind und oft ihr Leben riskiert haben, um ins nordindische Dharamsala zu gelangen und ihn kurz zu sehen, oder um Menschen, denen er auf seinen weltweiten Reisen in Hotellobbys, Aufzügen, auf der Straße oder in Flugzeugen begegnet; ob es altgediente Politiker oder erfahrene Journalisten sind, Novizen oder nervöse Praktikanten, Wissenschaftler oder Philosophen, Atheisten oder tiefgläubige Menschen, Bettler am Wegrand oder Wirtschaftsbosse in Villen: Für ihn sind sie alle Menschen, die Glück erlangen und Leid vermeiden möchten.

Dieses Buch enthält Gespräche zwischen dem Dalai Lama und mir, die über einen Zeitraum von mehr als 25 Jahren aufgezeichnet und dokumentiert wurden, und eröffnet einen Einblick in sein Denken und seine Sichtweisen. Es ist eine besondere Beglückung und ein großes Privileg für mich, sein persönlicher Schüler gewesen zu sein über einen Zeitraum hinweg, der lediglich wie ein kurzer Augenblick erscheint in der endlosen Ewigkeit, in der ich ihn zu kennen glaube. Einige unserer Gespräche waren Unterhaltungen unter vier Augen, einige fanden in größeren Gruppen statt, und einige wurden für meine schon seit langer Zeit laufende Fernsehsendung „Im Gespräch" des staatlichen indischen Fernsehsenders Doordarshan aufgezeichnet.

Die meisten meiner früheren Gespräche waren private Exkursionen mit dem Dalai Lama in seinen Privaträumen oder im Audienzzimmer seiner Residenz in McLeod Ganj, Dharamsala, Nordindien, wo die tibetische Exilregierung ihren Hauptsitz hat.

Anfangs kritzelte ich unseren Austausch schnell auf Papier, nachdem ich in mein Zimmer zurückgekehrt war, sich der Sturm meiner Gefühle über die mit ihm verbrachte Zeit etwas gelegt hatte und die Intensität der erlebten Momente zu verblassen drohte.

Ich verspürte den Wunsch, jedes Wort und jeden Augenblick festzuhalten, aus Angst, dass mich meine Erinnerung irgendwann im Stich lassen würde. Ich wurde einzig und allein von dem Wunsch angetrieben, Neues zu lernen und mein Verständnis zu erweitern. Nachdem sich die Technik weiterentwickelt hatte, begann ich, ein Aufnahmegerät zu benutzen, wenn unsere Sitzungen etwas formeller waren oder wenn andere Menschen anwesend waren.

In keinem unserer Gespräche bin ich in eine objektive oder journalistische Rolle geschlüpft. Der Dalai Lama ist mein „Guru“ (Lehrer), und ich bin sein unwürdiger „Chela“ (Schüler), um die traditionellen Begriffe aus dem Sanskrit zu verwenden. Ich benutze diese beiden Worte, um – besonders im Rahmen dieses Buches – die Intensität meines persönlichen Engagements in unserer Beziehung zu würdigen und um die Großzügigkeit zu feiern, in der er mich so oft mit seiner Zeit, seinen Belehrungen und seiner Weisheit beschenkt hat.

Ich weiß, dass der Dalai Lama meine unkritische Haltung nicht gutheißen würde, doch würde er meiner Verpflichtung zustimmen, diese Wahrheit vor mir selbst und anderen anzuerkennen. In der uralten Tradition des Buddha hat der Dalai Lama immer wieder darauf hingewiesen, dass wir keinen Lehrer und keine Philosophie lediglich aufgrund von unkritischem und nicht hinterfragendem Glauben und Hingabe akzeptieren sollen. Glauben und Hingabe mögen oft – besonders auf spirituellem Gebiet – nützliche Qualitäten sein, sie müssen aber durch Vernunft und Logik ergänzt werden. Der Dalai lädt uns dazu ein, dass wir ihm und allem anderem auch mit solch einer Einstellung begegnen – und ebenso diesem Buch.

Bei privaten Audienzen mit dem Dalai Lama war normalerweise niemand anders anwesend, weswegen diese Gespräche einen intensiven und intimen Charakter hatten. Ich wähle ganz bewusst das Wort *Gespräch*, da der Dalai Lama immer ein großes und aufrichtiges Interesse an seinem Gegenüber hat. Er zeigt immer ein tiefes Interesse am alltäglichen Leben und der Lebenslage aller Menschen. Dass er sich die Zeit genommen und aufrichtiges Interesse daran hatte, meinen dummen und belanglosen Trivialitäten zuzuhören und all meine Fragen zu beantworten, ist deutlicher Ausdruck seiner beachtenswerten Eigenschaften von Empathie, Geduld und umfassendem Mitgefühl. Ich versichere der Leserin und dem Leser, dass ich mein Bestes gegeben habe, meine eigene Persönlichkeit bestmöglich aus dem Text herauszuhalten. Ich habe mir jedoch die Freiheit genommen, das Material etwas umzuschichten, um einen besseren Lesefluss und eine zusammenhängendere Struktur der vorgebrachten Ideen zu gewährleisten, als es meinen ungeordneten Gedanken im Verlauf unserer Gespräche möglich war.

Die Spontaneität des Dalai Lama spiegelt sich in der Art seines Sprechens wider. Wenn er spricht, schöpft er aus den Tiefen seiner Erfahrungen, Einsichten und Lebensweisheiten, die er im Laufe seines Lebens angesammelt hat. Er konzentriert sich mehr auf die Klarheit und Korrektheit dessen, was er sagt, als auf eine flüssige Satzstruktur. Nur sehr selten greift er auf abgespeicherte Abfolgen von Wörtern oder Sätzen zurück, selbst wenn er auf Fragen antwortet, die ihm schon Hunderte Male gestellt worden sind. Jeder einzelne Satz ist eine neue persönliche Entdeckung für ihn und somit auch eine Geste des Respekts gegenüber seiner Gesprächspartnerin oder seinem Gesprächspartner.

Der Dalai Lama schreibt nur sehr selten selbst etwas auf Englisch. Die Bücher, die von ihm autorisiert wurden, sind normalerweise Übersetzungen von mündlichen Belehrungen oder von Texten, die er auf Tibetisch diktiert hat. Sein gesprochenes Englisch benötigt manchmal umfangreiche Bearbeitung, bevor es in den Druck gehen kann. Aufgrund der unterschiedlichen Menschen, die diese Bearbeitungen durchführen, und aufgrund der unterschiedlichen Übersetzer mit ihrem jeweils eigenen Übersetzungsstil gibt es in seinen Büchern leider keinen einheitlichen Schreibstil und Duktus.

Gelegentlich führt dies unausweichlich zu Widersprüchlichkeiten, die für die Leser irritierend sein können, vor allem dann, wenn sie in ein und demselben Buch auftauchen. Ich habe versucht, solche Widersprüchlichkeiten so gering wie möglich zu halten. Es kann jedoch sein, dass ich in diesem Bestreben nicht vollständig erfolgreich gewesen bin. In den Passagen, die von den Übersetzern des Dalai Lama ins Englische übertragen worden sind, besonders jenen über die buddhistischen Lehren, war ich mit forscher Feinanpassung besonders zurückhaltend. Aber natürlich bin ich es, der die volle Verantwortung für jegliche Fehler trägt, die trotz sorgfältiger Korrekturen immer noch vorhanden sein können.

Als ich die letzten Arbeiten am Text für dieses Buch abschloss, ist der Dalai Lama 73 Jahre alt geworden, und hat über 50 Jahre im indischen Exil zugebracht. Für ihn selber war sein Geburtstag lediglich ein ganz gewöhnlicher Tag. Er hat jedoch die tibetische Gemeinschaft und uns alle, die nicht nur seinen Geburtstag feierten, sondern jeden Tag seiner Gegenwart, gebeten, uns immer wieder erneut darum zu bemühen, bessere Menschen zu werden, aufrichtiges Mitgefühl und wirkliche Nächstenliebe zu entwickeln und stets daran zu arbeiten, unsere Selbstzentriertheit zu überwinden, damit wir anderen besser dienen können. Das, so sagte er, wäre das Geburtstagsgeschenk, worüber er sich am meisten freuen würde.

Die Zukunft Tibets sieht düster aus. Die Sondergesandten Seiner Heiligkeit des Dalai Lama sind auch von der siebten Runde ihrer Gespräche mit den Chinesen mit leeren Händen zurückgekehrt. Der fortdauernde Triumph der militärischen und wirtschaftlichen Macht Chinas und die Iden des März 2008 haben nach langen Jahren der Hoffnungslosigkeit sowohl Ermutigung als auch noch mehr Verzweiflung gebracht. Die weite Kreise ziehenden Proteste von Tibetern in China trotz des orwellschen Würgegriffs der chinesischen Regierung und die Demonstrationen gegen die Olympische Fackel, wo immer sie durch die freie Welt getragen wurde, sind ein deutliches Zeichen dafür, dass das Problem der Tibet-Frage weiterhin einer Lösung harrt. Tibet und seine Menschen appellieren an unser kollektives Bewusstsein, uns chinesischem Starrsinn und Drangsalieren entgegenzustellen.

Es ist paradox, dass es Bilder der Gewalt auf Fernsehbildschirmen auf der ganzen Welt bedurfte, um uns an die einzigartige Kraft eines friedliebenden buddhistischen Mönches zu erinnern. Während der Dalai Lama nun seit beinahe fünf Jahrzehnten als Gast der indischen Regierung im Exil lebt, hat er das Anliegen seines Volkes kontinuierlich am Leben erhalten. Dabei blieb er stets der Gewaltlosigkeit verpflichtet, die der uralten tibetischen Tradition entspringt, welche ebenso täuschend einfach ist wie er selbst.

Dabei lässt sich der Dalai Lama von Mahatma Gandhi inspirieren, für den die Mittel wichtiger waren als das Ziel, und der glaubt, dass die Motivation, die all unseren Handlungen (Gewalt mit eingeschlossen) zugrunde liegt, von überragender Bedeutung ist. Er argumentiert folgendermaßen: „Die Anwendung von Gewalt ist grundsätzlich falsch. Doch es gibt seltene Ausnahmefälle, wenn es wirklich keine anderen Alternativen gibt, in denen man mit dem vollen Bewusstsein über die karmischen Konsequenzen, die daraus entstehen, einen solchen Akt ausführen kann."

Der Dalai Lama betet für die Chinesen, dass sich „ihre Schleier der Unwissenheit" lichten mögen, und bittet uns alle, dasselbe zu tun, besonders diejenigen Tibeter, die Opfer chinesischer Unterdrückung geworden sind. Er hat Zehntausende Tibeter, besonders der jüngeren Generation, dadurch enttäuscht, dass er sich immer geweigert hat, ihre gewalttätigen Proteste gegen die Chinesen zu unterstützen – wenngleich er Verständnis für ihre „Frustrationen" hatte. Er hat sie auch enttäuscht durch seine Weigerung, einen Boykott der Olympischen Sommerspiele 2008 in Peking zu unterstützen. Denn er war davon überzeugt, dass die Chinesen als großartiges Volk einen Anspruch darauf hatten, Gastgeber für die Olympischen Spiele zu sein. Als „Lebender Buddha" hat er mit Tränen und überströmenden Gefühlen reagiert, als er mit dem Premierminister seiner im Exil demokratisch gewählten Regierung zusammensaß und mitverfolgen musste, wie die ersten Nachrichten von den blutigen Aufständen in Tibet im März 2008 durchsickerten. Doch er versichert uns, dass er, dank seiner vielen Jahre in buddhistischer Praxis und Übung, sich dennoch weit genug von der Entwicklung des gewalttätigen Geschehens distanzieren konnte, um seine gute Nachtruhe finden zu können.

Er redet jetzt immer öfter über seinen bevorstehenden Ruhestand, über das Thema seiner Nachfolge und über seine Verpflichtung und Entschlossenheit, seine Wiedergeburt in der Gestalt und an dem Ort anzunehmen, welche ihm die besten Bedingungen bieten werden, um der gesamten Menschheit zu dienen. Dieses Streben ist für ihn als buddhistischen Mönch und als Bodhisattva das Zentrum seiner Bemühungen. Wenn es die Situation erfordern sollte, wird es einen anderen Dalai Lama geben. Die Institution an sich hat keine Bedeutung für ihn. Von zentraler Wichtigkeit sind für ihn die Zukunft des tibetischen Volkes und der Erhalt seiner uralten Kultur, die großartige Methoden der Geistesübung und des Strebens nach dauerhaftem Glück hervorgebracht hat. Das ist ein Kulturschatz, welcher der ganzen Menschheit gehört.

Ich beende nun meine Arbeit an diesem Buch, übergebe es an den Verlag und werde dabei daran erinnert, dass die wahren Meister jene sind, die den Mut haben, von Grund auf menschlich zu sein, die eigenen Schwächen und Kämpfe anzuerkennen und sich ständig mit diesen auseinanderzusetzen, damit sie ihre eigenen Schleier der Unwissenheit lichten können, wenn sie andere Menschen dazu ermuntern, ihrem Beispiel zu folgen und dies ebenfalls zu tun. Der Dalai Lama hat die Demut und das Selbstvertrauen, dies zu verkörpern und auch einzugestehen. Diese Gespräche bestätigen uns, dass sein Weg, seine Bemühungen und seine Verwirklichungen auch die unsrigen werden können.*

---

* Die folgenden Gespräche fanden über einen Zeitraum von mehr als 25 Jahren statt, nämlich zwischen 1982 und 2008. Anmerkung des Herausgebers: In den folgenden Gesprächen sind die Fragen von Rajiv Mehrotra *kursiv* und die Antworten Seiner Heiligkeit des Dalai Lama in normaler Schrift gedruckt.

Erstes Kapitel

Religion in der modernen Welt

Eure Heiligkeit, wie wichtig ist Religion in der modernen Welt? Brauchen wir sie wirklich?

Der Einfluss der Religion spielt sich hauptsächlich auf der persönlichen Ebene ab. Unabhängig vom eigenen Glauben oder der eigenen Weltanschauung findet wirkliche Transformation im Inneren statt. Das ist Anlass zur Hoffnung. Auf materieller Ebene haben viele Menschen die Hoffnung aufgegeben. Auf einer tieferen Ebene allerdings unterstützt persönlicher Glaube die Hoffnung. Gleichzeitig ist die Hoffnung heute ein unterstützender Faktor für die Religionen. Wenn man die Hoffnung aufgegeben hat, besteht die Gefahr, verrückt zu werden, gewaltsame Handlungen auszuführen, schädliches Verhalten an den Tag zu legen oder gar Selbstmord zu begehen.

Die Gesellschaft setzt sich aus einzelnen Individuen zusammen. Aufgrund von Individuen, die jegliche Hoffnung aufgegeben haben und sich schädigend verhalten, gibt es heute immer mehr Verrücktheit in unserer Gesellschaft. Falls sich die Anzahl solcher Menschen vergrößert, wird die Gesellschaft insgesamt darunter leiden. Wenn wir religiöse Traditionen richtig verstehen und anwenden, kann sowohl der einzelne Mensch davon profitieren als auch die Menschheit als Ganzes.

Leider legen viele Religionen zu viel Wert auf Zeremonien und Rituale. Manchmal ist das ein wenig altmodisch und einengend. Es kommt jetzt darauf an, den Kern dessen zu finden, was in unserem Alltag wirklich von Bedeutung ist, und dies mit religiösem Inhalt, Rat und Inspiration zu füllen.

Ich glaube, dass „Respekt vor einer höheren Kraft" eine wichtige Rolle in der Religion spielt. Solch ein Glaube an eine höhere Kraft stellt eine gewisse Selbstdisziplin auf der Ebene des einzelnen Menschen auch dann sicher, wenn der Mensch seiner eigenen Kraft und seinen eigenen Fähigkeiten vertraut. In vielen Ländern gibt es heute etwas, das man als „moralische Krise" bezeichnen könnte, und die Kriminalität scheint auf dem Vormarsch zu sein. Die disziplinarische Gewalt einer Gesellschaft benutzt konventionelle Methoden, um Verbrechen und Straftaten unter Kontrolle zu halten, doch die Methoden der Menschen, die Verbrechen ausführen, werden immer gewiefter und ausgeklügelter. Ohne Selbstdisziplin, ohne Achtung vor dem eigenen inneren Kern und ohne Gespür für die eigene Verantwortung wird es also sehr schwer sein, wirkliche Kontrolle auszuüben. Daher haben die unterschiedlichen religiösen Traditionen eine wichtige und effektive Aufgabe.

Was ist Ihrer Meinung nach die essenzielle Botschaft der Religionen?

Ich glaube, dass uns alle großen Religionen lehren, mitfühlendere und bessere Menschen zu werden. Alle Religionen verkünden eine Botschaft der Liebe, des Mitgefühls und der Vergebung. Vergebung wiederum zeugt von Toleranz und von Respekt gegenüber den Rechten und Ansichten der anderen, was die Grundlage von Harmonie ist.

Vielleicht werden unsere Ansichten auf tieferer Ebene aufgrund der religiösen Tradition, der wir angehören, transformiert. Religion lehrt uns einige offensichtliche Dinge, aber auch tiefere Bedeutungen, tiefere Kräfte und weiter reichende Einflüsse, was unsere Betrachtungsweise über das Leben erweitert. Wenn dann ein Mensch Schmerzen oder Leiden ertragen muss, dann wird religiöses Erleben und Verständnis diesem Ereignis eine tiefere Bedeutung verleihen und uns dabei helfen, die geistigen Qualen, Ängste und Schmerzen zu ertragen.

So glauben Buddhisten beispielsweise an das Karma, das Gesetz von Ursache und Wirkung. Was immer ihnen im Leben widerfährt, geschieht somit aufgrund von vergangenen Handlungen, von Karma, und sie müssen letztendlich Verantwortung dafür übernehmen. Das ist sehr hilfreich, um geistige Sorgen und Frustration zu verringern.

Selbst wenn alle Religionen das gleiche Ziel haben, so gibt es doch unterschiedliche Wege und Meinungen. Sie engagieren sich sehr für den Dialog zwischen den unterschiedlichen Religionen: Was ist Ihrer Meinung nach die gemeinsame Basis für die Harmonie zwischen den Religionen?

Obwohl alle Weltreligionen die Botschaft von Liebe und Mitgefühl verkünden, wäre es nicht richtig zu behaupten, dass die Glaubensinhalte aller Religionen gleich seien. Da gibt es große Unterschiede. Einige Religionen glauben beispielsweise an einen Schöpfer, andere wiederum nicht – das ist ein fundamentaler Unterschied.

In den philosophischen Anschauungen der Weltreligionen gibt es also grundsätzliche Unterschiede. Warum haben sich diese unterschiedlichen Philosophien entwickelt? Ich bin überzeugt davon, dass es einen guten Grund für diese vielfältigen Anschauungen gibt. Die vielen Menschen, die auf der Welt leben, haben alle unterschiedliche Veranlagungen. Und *eine* Religion, *eine* Philosophie, *ein* Glaube allein ist somit unmöglich für *alle* Menschen geeignet. Daher mussten die großen alten Meister unterschiedliche Philosophien und Traditionen aufzeigen.

So gibt es beispielsweise Menschen, die scharfe Speisen mögen, andere wiederum nicht. Spiritualität ist Nahrung für den Geist, und somit sind unterschiedliche Religionen notwendig für die unterschiedlichen Veranlagungen unterschiedlicher Menschen. Für einige Menschen ist der Glaube, dass die einzelne Person nichts, der Schöpfer hingegen von einer alles überragenden Bedeutung ist, angemessen. Wenn alles in den Händen des Schöpfers liegt, dann sollte man nichts gegen den Willen des Schöpfers tun. Wenn sich die Menschen danach richten, dann verleiht ihnen das eine geistige Ausrichtung und eine ethische Stabilität. Dann gibt es wiederum andere Menschen, die eher logisch und mit mehr Unabhängigkeit an die Religion herangehen. Für diese Menschen gibt es die Erklärung, dass nicht alles in den Händen des allmächtigen Schöpfers, sondern in ihren eigenen Händen liegt, was einen großen Unterschied macht.

Doch unabhängig von den verschiedenen Philosophien und Anschauungen ist der wichtigste Punkt der, einen gezähmten Geist und ein warmes Herz zu haben. Es ist äußerst bedauernswert, dass es heutzutage so viele Konflikte, Spaltungen, Machtkämpfe und so viel Blutvergießen im Namen der Religion gibt.

Als ich noch in Tibet war, hatte ich noch keine Kontakte mit anderen religiösen Traditionen. Damals lag ich in meinem Denken noch etwas anders. Aufgrund der vielen Gelegenheiten, Menschen unterschiedlicher religiöser Traditionen zu treffen, bin ich heute aber fest davon überzeugt, dass allen Religionen das gleiche Potenzial innewohnt, gute Menschen hervorzubringen. Mit großartigen Menschen wie Thomas Merton, Mutter Teresa und vielen anderen zu sprechen und tiefe spirituelle Erfahrungen mit ihnen auszutauschen, hat meine Augen geöffnet, und ich habe erkannt, dass es wichtig ist, zusammenzurücken und eng miteinander zusammenzuarbeiten.

Was sagen Sie als Friedensnobelpreisträger, dessen Bemühungen um eine säkulare Betrachtungsweise von Religion besondere Anerkennung finden, zum Thema „religiöser Pluralismus"?

In Indien gibt es die unterschiedlichsten Traditionen des Denkens und der Philosophie, jene mit eingeschlossen, die aus anderen Kulturkreisen kommen. Dieser Reichtum unterschiedlicher religiöser Traditionen ist meiner Meinung nach eine der Schönheiten dieses Landes. Aufgrund dieser Vielfalt ist religiöse Ahimsa [die Doktrin der Gewaltlosigkeit, keinem Lebewesen Schaden zuzufügen] Teil der indischen Tradition geworden. Darin hat Indien der ganzen Welt ein Beispiel gegeben, denn hier in Indien leben Menschen friedlich Seite an Seite als Brüder und Schwestern zusammen, auch wenn sie unterschiedlichen Religionen angehören.

Unsere Welt wird immer kleiner, und es wird immer deutlicher, wie alles miteinander verbunden ist. In der Vergangenheit waren die einzelnen Kontinente und Nationen mehr oder weniger voneinander getrennt. Damals war die Vorstellung von *einer* Wirklichkeit und von *einer* Religion von Bedeutung. Doch das hat sich geändert. In der heutigen Welt ist religiöser Pluralismus wichtig und von Relevanz.

Für mich als Buddhisten ist es natürlich wichtig zu glauben, dass der Buddhismus eine wahre Religion und eine Wahrheit ist. Genauso ist es für einen Christen wichtig zu glauben, dass das Christentum die wahre Religion für ihn und andere ist. Wie überwinden wir also den Widerspruch, dass es unterschiedliche religiöse Wahrheiten und Traditionen gibt?

In Wirklichkeit gibt es gar keinen Widerspruch. Für den einzelnen Menschen ist die Vorstellung von *einer* Wahrheit und *einer* Religion von großer Bedeutung. Aus der Sicht der Gesellschaft und der vielen Menschen darin betrachtet, ist jedoch die Vorstellung von *unterschiedlichen* Wahrheiten und *unterschiedlichen* Religionen wichtig. Ich bin Buddhist, und ich bin davon überzeugt, dass der Buddhismus die beste Religion ist. Das bedeutet jedoch nicht, dass meine hinduistischen, christlichen, muslimischen oder jüdischen Brüder und Schwestern einer Religion mit geringerer Gültigkeit folgen. Jeder Einzelne von uns folgt einer Religion, die für ihn oder für sie am besten ist.

Es gibt heute die Möglichkeit zum engen Kontakt und Austausch zwischen den unterschiedlichen Traditionen. Das kann uns dabei helfen, religiösen Pluralismus zu entwickeln und den Wert und die Heiligkeit anderer Traditionen zu schätzen und zu achten. Ich persönlich lerne viel Wertvolles von anderen Traditionen. Auf ähnliche Weise sind einige meiner nicht-buddhistischen Freunde daran interessiert, von der buddhistischen Tradition zu lernen. Das ist ein gesunder Weg, die eigene Tradition zu bereichern und aufrichtigen gegenseitigen Respekt und Bewunderung füreinander zu entwickeln. Ich denke, dass dies eine solide Grundlage für Harmonie zwischen den Religionen darstellt.

Was ist die buddhistische Ansicht darüber, wenn ein Mensch von einer Religion zu einer anderen konvertiert? Es gibt heute, besonders im Westen, viele Menschen unterschiedlicher Glaubensrichtungen, die Interesse am Buddhismus zeigen. Welchen Ratschlag würden Sie diesen Menschen geben?

Zu einer anderen Religion zu konvertieren ist einseitig, wenn es keine Alternative gibt oder wenn es gar aufgezwungen ist. Das ist nicht richtig. Bei einer freiwilligen Konversion hingegen trifft ein Mensch aufgrund seiner persönlichen Veranlagung eine eigenständige Wahl. Das erscheint mir angemessener. Die Religion zu wechseln bringt manchmal Verwirrung und Misserfolg mit sich, und daher ist es vielleicht besser und gesünder, wenn man sich seiner eigenen kulturellen und religiösen Tradition widmet.

Wenn jemand einen neuen Glauben annehmen möchte, rate ich Folgendes: Wer wirklich einem Glauben folgen möchte, sollte erst einmal den eigenen traditionellen Werten oder der eigenen Religion folgen. Einige Menschen aus dem Westen, die vorschnell, ohne sorgfältige und angemessene Überlegung, ihre Religion gewechselt haben, erleben Verwirrung. Wenn Ihnen der buddhistische Weg effektiver und logischer erscheint, dann überlegen Sie sich das gut. Überlegen und überprüfen Sie es gründlich, denn das ist gut investierte Zeit. Wenn Sie dann wirklich zu dem Entschluss kommen, dass dieser Weg Ihrer geistigen Veranlagung besser entspricht, ist das in Ordnung. Der Mensch hat ein Recht auf freie Religionswahl.

Lassen Sie mich hier noch einen Punkt hinzufügen: Wenn man die Religion gewechselt hat, tendiert man manchmal dazu, die ursprüngliche Religion zu kritisieren, um die eigene Entscheidung zu rechtfertigen. Das ist sehr schlecht und sollte auf jeden Fall vermieden werden. Der Buddhismus mag für einige Menschen angemessener sein als für andere, doch das bedeutet nicht, dass Millionen anderer Menschen, die einer anderen Religion folgen, keine guten Werte in sich tragen. Diese vielen Menschen profitieren durchaus von ihrer Religion.

Einige Praktizierende des Buddhismus haben Erwartungen, die viel zu hoch gegriffen sind, wahrscheinlich deswegen, weil einige unserer Lehrer sagen, dass man innerhalb von drei Jahren die Buddhaschaft, den Zustand der Erleuchtung, erlangen kann. Solch eine Behauptung ist schlichtweg buddhistische Propaganda. Außer in ganz seltenen und außergewöhnlichen Fällen ist es unmöglich, in einer so kurzen Zeit die höchste spirituelle Verwirklichung zu erlangen. Zu viele Erwartungen am Anfang sind falsch und schädlich. Ich selber denke an die endlosen Äonen, die mir innere Kraft verliehen haben. Hundert Jahre eines einzigen Menschenlebens sind im Vergleich dazu nichts.

Einige Praktizierende des Buddhismus klammern sich an eine einzige Praxis, ohne das gesamte buddhistische Lehrsystem zu verstehen. Die Transformation unseres Geistes kann unmöglich durch eine einzige Anstrengung oder Praxis erreicht werden. Unser Geist ist beides, sehr stark und sehr schwach, er ist sehr komplex und vielschichtig. Wenn unsere Betonung auf dem Studium liegt, laufen wir Gefahr, Stolz zu entwickeln. Wenn unsere Betonung weniger auf dem Stolz liegt, dann kann unser Selbstvertrauen darunter leiden. Wenn wir mehr Selbstvertrauen entwickeln, dann kann wiederum Stolz entstehen.

Da der Geist also komplex und vielschichtig ist, sollten die Mittel, die wir zur Geistesumwandlung anwenden, ebenso komplex und vielschichtig sein. Denken Sie über die Vergänglichkeit nach, über endlose Zeitalter, über die Buddhanatur, über die letztendliche Wirklichkeit der Leerheit und über Ihr eigenes geistiges Potenzial. Denken Sie in unterschiedlichen Bahnen, und wenden Sie in verschiedenartigen Situationen unterschiedliche Methoden an. Das ist der Weg, um unseren Geist zu formen und umzuwandeln. Das braucht Zeit. Aus diesem Grund ist es sehr wichtig, die grundlegende Struktur der buddhistischen Praxis zu kennen. Das wäre mein Rat oder Vorschlag.

Wie kann man herausfinden, welche Praxis für einen selbst am besten geeignet ist? Buddhistische Übungen beispielsweise legen großen Wert auf Logik, Beweisführungen und den Geist. Wenn dann aber „außergewöhnliche" Erfahrungen auftauchen, steht man unter Umständen vor einem Problem, und man möchte diese Erfahrungen dann als „unlogisch" abtun.

Am Anfang sollte man sich über die unterschiedlichen Gründe oder Methoden Gedanken machen, die einem am wirkungsvollsten erscheinen. Nur so kann man sich ein Urteil bilden. Später dann, auf einer weiter entwickelten Ebene, ist es möglich, durch Träume oder manchmal durch verschiedene Arten außergewöhnlicher Erfahrungen andere Wege zu erkunden.

Um ein Beispiel aus den tantrischen Lehren zu geben: Hier wird erklärt, dass wir bestimmte Erfahrungen durch die gröberen Ebenen unseres Geistes machen, andere Erfahrungen wiederum mithilfe der subtileren Ebenen unseres Geistes. Während des Schlafes und im Traumzustand hat unser Bewusstsein eine subtilere Ebene erreicht, als dies im Wachzustand normalerweise der Fall ist. Dies ermöglicht uns dann einen Einblick in bestimmte Erfahrungen, die im Wachzustand nicht möglich sind, wenn der Geist auf gröberen Ebenen aktiv ist. Daher ist es möglich, bestimmte Untersuchungen auf der Traumebene auszuführen. So kann man sagen, dass es bestimmte Dinge gibt, die man nur durch außergewöhnliche Erfahrungen oder durch Erfahrungen im Traum verstehen kann.

Wie ich bereits zuvor erläutert habe, haben alle großen Religionen ein einziges Ziel: gute Menschen aus uns zu machen. In dieser Hinsicht sind alle Religionen gleich. Darüber hinaus gibt es Unterschiede innerhalb der verschiedenen spirituellen Traditionen. Die Christen beispielsweise glauben, dass das Ziel des menschlichen Weges letztendlich der Himmel ist. Der Buddhismus, der Jainismus und einige andere alte indische Traditionen akzeptieren das *Nirwana* oder *Moksha* als endgültiges Ziel. Und innerhalb des Buddhismus gibt es verschiedene Definitionen und Erklärungen des Nirwana.

Zwischen den verschiedenen Religionen, die an die Existenz von Nirwana glauben, gibt es auch Unterschiede. Und selbst innerhalb des Buddhismus gibt es unterschiedliche Erklärungen darüber, was mit Nirwana genau gemeint ist. Im Allgemeinen erklären Buddhisten das Nirwana als die wirkliche Beendigung aller Illusionen: ein Geist, der völlig frei von jeglicher Täuschung ist. Wenn uns Buddhisten nun die Frage gestellt würde, ob es auch andere Lehrsysteme gebe, in denen solch ein Zustand erreicht werden könne, dann müsste die Antwort darauf „Nein“ lauten. Gleichermaßen müssten wir Buddhisten die Frage, ob es eine buddhistische Praxis gebe, mit deren Hilfe wir, genau wie die Christen, in den Himmel gelangen könnten, auch mit „Nein“ beantworten.

Um den Zustand des Nirwana zu erlangen, wie es im Buddhismus erläutert wird, muss man ein vollständiges System an Methoden ausüben. Es gibt viele Menschen, die kein großes Interesse daran haben, solch einen Weg zu gehen. Und es gibt viele Menschen, für die Glaube attraktiver ist als logisches Denken.

Wäre es korrekt zu sagen, dass für Menschen, denen logisches Denken und logische Untersuchungen mehr zusagen, der Buddhismus der geeignete vollständige Weg ist?

Dem würde ich zustimmen. Die Frage impliziert jedoch, dass die buddhistischen Lehren den spirituellen Weg in ausschließlich logischer Weise darlegen. Doch wenn wir diesen Punkt genauer untersuchen, dann ist dies möglicherweise nicht unmittelbar offensichtlich.

Es gibt verschiedene Ebenen direkter Erfahrung und Wahrnehmung der relativen und absoluten Wirklichkeit, die durch intensive meditative und yogische Übungen erlangt werden können. In den frühen Stadien können wir solche Erfahrungen lediglich durch die Anwendung von

Logik und logischer Argumentation verstehen, und wir können sie nicht direkt erfahren. Es gibt nur sehr wenige Menschen, denen tiefe und differenzierte Einsichten beispielsweise in die verschiedenen Ebenen der Wirklichkeit direkt möglich sind.

Es gibt drei verschiedene Arten von Phänomenen: Einige sind offensichtlich, andere etwas verborgen, und die dritte Art sind vollständig verborgene Phänomene. Wenn wir zum Beispiel fragen, wie dieses Buch entstanden ist, dann ist die übliche Erklärung die, dass das Buch durch Ursachen und Wirkungen entstanden ist. Wenn wir fragen, warum es durch solche Ursachen entstanden ist und wie es aus all diesen Ursachen und Bedingungen zusammengesetzt ist, und wenn wir dann noch tiefer nachforschen, dann kommen wir schließlich zu dem Punkt, an dem wir sagen müssen, dass dies durch das Karma des Menschen ermöglicht wurde, der mit diesem Buch in Kontakt steht. Wenn wir dann weiterforschen, um die Existenz des Buches zu erklären, dann kann es sein, dass wir so weit zurückgehen müssen wie die Theorie vom Urknall, nämlich bis zum Beginn dieses Universums.

So verläuft die Kontinuität der Materie, selbst ganz einfacher Materie, zurück zum davor liegenden Stadium und weiter bis zum Anfang des gesamten Universums. Die nächste Frage ist nun: Was ist die Ursache für die Entstehung von all diesem? Die Antwort lautet: Entweder der Schöpfergott oder aber ein wiederum davor liegendes Ereignis. Wenn die Antwort „der Schöpfergott" lautet, dann löst das zwar vielleicht ein Problem, schafft aber andere und wirft neue Fragen auf.

Die buddhistische Erklärung lautet, dass es keinen Anfang gibt. Wegen der Kontinuität unseres Bewusstseins kann es keinen Anfang geben. Auch diese Erklärung beantwortet vielleicht nicht alle Fragen, gibt aber einige zufriedenstellende Antworten, die mittels logischer Argumentation untermauert werden können.

Es gibt Tatsachen, die nicht bewiesen werden können, und wir müssen uns auf die Aussagen eines Dritten verlassen. Wir wissen beispielsweise, wie alt wir sind, wissen dies aber nicht aus eigener Erfahrung, und wir können unser Alter auch nicht mittels logischer Argumentation beweisen. Wir müssen uns auf die Aussage unserer Mutter verlassen. Da es keinen Grund gibt, warum unsere Mutter uns in diesem Punkt belügen sollte, können wir ihr vertrauen. Wenn wir schließlich herausfinden, dass jemand vollkommen verlässlich ist, dann akzeptieren wir ihre oder seine Aussagen. Mit logischer Beweisführung oder – wie im letzten Beispiel – durch Glauben können also die Konsequenzen von Handlungen verstanden werden, die über einen bestimmten Zeitraum hinweg stattgefunden haben.

Wir müssen überzeugt davon sein, dass der Buddha frei von Unwissenheit und Verdunkelungen ist, wenn wir uns auf die direkten Wahrnehmungen eines Buddha verlassen wollen. Wir erkennen, dass es keinen Grund für ihn gibt, uns Lügen zu erzählen, und dass seine Aussagen logisch sind und sich nicht widersprechen. Wenn diese Bedingungen erfüllt sind, dann können wir ihm glauben und Vertrauen in ihn haben.

Zweites Kapitel

Der Buddhismus

Eure Heiligkeit, der Buddhismus ist ein Weisheitsschatz der Menschheit, der von Indien nach Tibet gelangt ist. Dieser Schatz wurde in Tibet bewahrt, und nun bringen Sie ihn zurück, nicht nur den Menschen hier in Indien, sondern der ganzen Welt. Was unterscheidet den Buddhismus von anderen spirituellen Schulen?

Die Lehren von Buddha Shakyamuni können in zwei Kategorien unterteilt werden: Sichtweise und ethische Lebensführung. Die ethische Lebensführung, die Buddha gelehrt hat, ist das Handeln nach den Grundsätzen der Gewaltlosigkeit (*Ahimsa*). Diese Übung, keinem anderen Lebewesen Schaden zuzufügen, kann man wiederum in zwei Arten aufteilen: Erstens, davon Abstand nehmen, anderen zu schaden, und zweitens, anderen von Nutzen zu sein und für ihr Wohlergehen zu arbeiten.

Diese Lebensführung, niemandem Schaden zuzufügen, ist in Buddhas Sein verwurzelt, und wenn wir anderen schaden, handeln wir somit gegen den Wunsch Buddhas. Doch der eigentliche Grund, warum es sinnvoll ist, niemandem zu schaden, muss mittels der Sichtweise des Entstehens in wechselseitiger Abhängigkeit erklärt werden, die ein zentraler Bestandteil der buddhistischen Lehren ist.

Hier wird erklärt, dass sowohl die Leiden, die wir vermeiden wollen, als auch das Glück, nach dem wir streben, nur das Ergebnis von Ursachen sind. Abgesehen von diesem Entstehen in wechselseitiger Abhängigkeit gibt es keine Schöpferkraft. Der letztendliche Schöpfer ist unser eigener Geist. Der Geist an sich ist von Natur aus rein und gut. Mit einer guten Motivation ausgeführt, sind unsere körperlichen und sprachlichen Handlungen gut und werden gute Resultate hervorbringen, die angenehm und nützlich sind.

Wenn unser Geist auf der anderen Seite ungezähmt ist oder gereizt wird, sind unsere körperlichen und sprachlichen Handlungen grob, was natürlich andere verletzt und ihnen Schaden zufügt. Das führt unweigerlich zu unangenehmen und schmerzhaften Resultaten. Letzten Endes stehen daher auch unsere schmerzhaften Erfahrungen in Bezug zum eigenen Geist. Wir können für unser eigenes Leiden nicht den anderen die Schuld zuschieben. Die Verantwortung dafür liegt bei uns, auf unseren eigenen Schultern. Daher glauben die Buddhisten, dass wir uns unsere Welt selbst erschaffen. Es gibt keinen allmächtigen Gott oder Schöpfer.

Vom Standpunkt der Gewaltlosigkeit und des Mitgefühls aus lehren uns alle Religionen, gute Menschen zu sein, gute Absichten zu hegen und einen guten Charakter zu haben. Gute Motivation und gute Handlungen entspringen einem warmen Herzen.

In diesem Punkt stimmen alle Weltreligionen überein. Die Wege, die zu diesem Ziel hinführen, sind dagegen sehr unterschiedlich. Einige Religionen lehren uns die Existenz eines Gottes: Gott als Schöpfer, wir als seine Geschöpfe. Hier hängt letztlich alles von Gott ab. Wenn wir den Wünschen Gottes entsprechend handeln, werden wir ewiges himmlisches Glück erlangen. Das Ziel aller Religionen ist mehr oder weniger das gleiche – der gesamten Menschheit von Nutzen zu sein. Es ist sehr wichtig, dies zu erkennen.

Im Wesentlichen ist der Buddhismus ein Lehrsystem für die persönliche Praxis und Weiterentwicklung. Es gibt aber auch den Begriff des Bodhisattvas, und Sie selbst gelten als solcher. Sie symbolisieren einen engagierten Buddhismus, der auch sehr an sozialen Fragen und Problemen interessiert ist und nicht nur an persönlichem Glück. Wie übersetzt man ein philosophisches Lehrsystem, das hauptsächlich auf persönliche Transformation ausgerichtet ist, in eine soziale Wirklichkeit?

Zuallererst: Ich sage niemals, dass ich ein Bodhisattva bin. Ich bin lediglich ein Mensch, der den großen Wunsch hat, ein Bodhisattva zu *werden*. Der Buddhismus war eigentlich schon immer sehr am sozialen Leben beteiligt und lehrt soziales Engagement. Das ist das große Thema des Mahayana-Buddhismus. Sowohl das buddhistische Konzept von *Dana* (Großzügigkeit) als auch *Shila* (ethische Disziplin) haben ja mit den anderen Menschen zu tun. Großzügigkeit bedeutet, den anderen und nicht sich selbst etwas zu geben! Alle drei Übungen der ethischen Disziplin (von schädlichen Handlungen Abstand nehmen; heilsames Handeln kultivieren, bewahren und vermehren; anderen Lebewesen helfen und ihnen von Nutzen sein) orientieren sich an den Mitmenschen, ohne jedoch dabei die eigene Entwicklung zu vernachlässigen.

Und ich habe schon immer eine große Bewunderung für unsere christlichen Brüder und Schwestern gehegt, die Gott ergeben sind und gleichzeitig ein beachtliches soziales Engagement zeigen, insbesondere auf dem Gebiet der Erziehung und der Gesundheit.

Bitte fassen Sie die Lehre Buddhas und der Vier Edlen Wahrheiten für einen Anfänger kurz zusammen.

Der Buddha hat zwei Gruppen von Ursache und Wirkung gelehrt. Da gibt es einerseits die Gruppe von Ursache und

Wirkung in Bezug auf die Verdunkelungen des Geistes. Wenn beispielsweise die Ursache eine schädliche Handlung ist, dann ist das Ergebnis davon Leiden. Andererseits gibt es die Gruppe von Ursache und Wirkung in Bezug auf reine Phänomene: Ist die Ursache eine heilsame Handlung, dann ist das Ergebnis daraus Glück.

Die erste der Vier Edlen Wahrheiten ist die Wahrheit des Leidens, und es gibt drei verschiedene Arten des Leidens:

Erstens, das Leiden des Leidens. Das ist gewöhnlicher Schmerz, der sowohl von Menschen als auch von Tieren erlebt wird.

Zweitens, das Leiden der Veränderung. Wenn wir beispielsweise Hunger und Durst leiden, dann essen und trinken wir, um diesen Schmerz zu überwinden. Wenn wir jedoch zu viel essen und trinken, können daraus wiederum andere Leiden entstehen. Dieses Leiden der Veränderung tritt in den sogenannten entwickelten Ländern besonders deutlich zu Tage: Wenn die Menschen dort etwas Neues gekauft haben, wie etwa eine neue Kamera, einen Fernseher oder ein neues Auto, dann sind sie zunächst sehr glücklich. Doch sehr bald lässt dieses Glück nach, und der neue Besitz wird zu einem Anlass, sich Sorgen zu machen. Bald wird er dann vielleicht weggeworfen, und der oder die Eigentümerin sehnt sich nach etwas Neuem. Das wird das Leiden der Veränderung genannt.

Drittens gibt es das alles durchdringende Leiden bedingter Existenz. Unser physischer Körper, der das Ergebnis unserer eigenen befleckten Handlungen und Geistesverdunkelungen ist, ist der Hauptgrund für dieses Leiden. Unsere eigenen Handlungen und Täuschungen und auch unsere gegenwärtige (körperliche) Form bringen unsere Wiedergeburt hervor.

Von den ersten beiden Arten des Leidens befreit zu werden, ist nicht das, was mit Nirwana oder Befreiung gemeint ist. Wenn wir jetzt hier sitzen, uns miteinander austauschen und uns dabei wohlfühlen, dann sind wir bereits frei von der ersten dieser drei Arten des Leidens, stehen aber immer noch unter dem Einfluss des Leidens der Veränderung und dem alles durchdringenden Leiden bedingter Existenz.

Es gibt Praktizierende, die durch die Kraft ihrer Shamatha- und Vipashyana-Meditation dazu in der Lage sind, die Erfahrungen gröberen Leidens und gröberen Glücks zu überwinden und in einem neutralen Geisteszustand zu verweilen. Diese Menschen sind frei von den ersten beiden Arten des Leidens. Wenn sie sich dann von der dritten Art des Leidens und von ihren Aggregaten* befreien können, die das Ergebnis von befleckten Handlungen und Geistesverdunkelungen sind, erreichen sie den Zustand des Nirwana. Das sind also die drei Arten des Leidens, die mit der Ersten Edlen Wahrheit erklärt werden.

Um uns vom Leiden befreien zu können, müssen wir zunächst die Ursachen des Leidens beseitigen. Diese Ursachen sind in uns selbst zu finden. Der zweite Schritt ist also der, dass wir die Ursachen des Leidens erforschen: Das ist die Zweite Edle Wahrheit, die Wahrheit von den Ursachen des Leidens. Diese Wahrheit besagt, dass all unser Glück und all unser Leid durch das Karma, also durch unsere eigenen Handlungen und die Motivation, die unseren Handlungen zugrunde liegt, verursacht wird.

Die Dritte Edle Wahrheit ist die Wahrheit von der Beendigung des Leidens. Und die Vierte Edle Wahrheit ist die

---

* Im Buddhismus bezeichnen die fünf Aggregate (Skandhas) die Komponenten, aus denen sich das zusammensetzt, was wir gewöhnlich als einen Menschen oder eine Person bezeichnen. Diese fünf Aggregate sind: Form, Empfindung, Wahrnehmung, geistige Formkräfte und Bewusstsein. Keine dieser Komponenten besteht unveränderlich oder ewig, und somit kann es kein unveränderliches oder ewiges Selbst geben.

Wahrheit des Weges, der zur Beendigung des Leidens führt. Die Vierte Edle Wahrheit ist das Mittel, um die dritte Edle Wahrheit zu verwirklichen. Doch als allerersten Schritt müssen wir sorgfältig darüber nachdenken, ob Leiden etwas ist, das wir überwinden können oder nicht.

Was ist die grundlegende Philosophie und Besonderheit des tibetischen Buddhismus?

Die Religion, die als Buddhismus bekannt ist, wurde von Buddha Shakyamuni vor über 2500 Jahren im heutigen Indien gelehrt. Es gibt zwei Hauptrichtungen des Buddhismus, das Kleine Fahrzeug, *Hinayana*, und das Große Fahrzeug, *Mahayana*. Die Lehren des Hinayana verkündete der Buddha in öffentlichen Belehrungen und Vorträgen, die zunächst memoriert und später aufgezeichnet wurden. Aus offensichtlichen und besonderen Gründen erteilte Buddha die Belehrungen des Mahayana nur ausgewählten Schülern. Die Lehren des Mahayana beinhalten nicht nur Techniken zum Geistestraining, sondern auch zur Arbeit mit sogenannten Energiepunkten innerhalb unseres physischen Körpers, und dieser letztgenannte Teil der Lehren wird das Tantrafahrzeug, *Tantrayana*, genannt.

Es gibt zwei Arten, die Lehren (den *Dharma*) des Buddha zu vermitteln. Eine besteht darin, dass ein Lehrer oder Guru seine Schüler unterrichtet, und da werden manchmal Gebete rezitiert, bevor die eigentlichen Unterweisungen beginnen. Eine andere Art ist eine ungezwungene Diskussion, die nicht notwendigerweise zwischen einem Lehrer und seinem Schüler stattfindet, sondern beispielsweise auch in einem Gespräch wie unserem jetzt erfolgen kann.

Nehmen Sie mich als Beispiel: Ich habe die Mönchsgelübde entsprechend den Regeln des Vinaya abgelegt, und mein Alltag und mein Verhalten basieren darauf. Ich lebe als Mönch. In unserer Tradition befolgen vollständig ordinierte

Mönche 253 Regeln. Mit dem täglichen Befolgen der Mönchsregeln und einigen Shamatha- und Vipashyana-Übungen praktiziere ich also die Essenz der Lehren des Hinayana. Meine tägliche Übung, den Erleuchtungsgeist *Bodhicitta* zu entwickeln, der auf den vollkommenen Tugenden von Liebe (*Maitri*) und Mitgefühl (*Karuna*) basiert, ist eine Praxis der Lehren des Mahayana. Hier versuche ich, so gut ich das kann, mich in den sechs *Paramitas* (Vollkommenheiten) zu üben. Und schließlich praktiziere ich auch Gottheitenyoga mithilfe von Visualisierungen und Mandalas. Das ist dann eine Praxis aus den Lehren des Tantrayana.

So praktiziert also ein einzelner Mensch zur selben Zeit und am selben Ort die Lehren dieser drei Fahrzeuge des Buddhismus. In Tibet wurde somit ein Buddhismus bewahrt, der alle drei Lehrsysteme umfasst. Die Praxis der Essenz dieser drei Lehrsysteme durch ein und dieselbe Person ist daher ein einzigartiges Merkmal des tibetischen Buddhismus.

Wie würden Sie den grundlegenden Unterschied zwischen den beiden Hauptrichtungen des Buddhismus, dem Hinayana und dem Mahayana, zusammenfassen?

Die Vaibashika-Schule des Buddhismus, die dem Hinayana angehört, erklärt, dass unser gütiger Lehrer und Meister Buddha Shakyamuni zunächst ein gewöhnlicher Mensch war, der die uneigennützige Geisteshaltung von Bodhicitta entwickelte, sich in der Praxis des Weges übte und so schließlich Erleuchtung erlangte. Innerhalb des Mahayana hingegen wird argumentiert, dass es zu logischen Ungereimtheiten führt, wenn man annimmt, dass Buddha Shakyamuni zunächst ein gewöhnlicher Mensch war und dann die Erleuchtung erlangte.

In den Schriften des Hinayana wird erwähnt, dass es zwischen dem Buddha als Lehrer und den Shravakas und

Pratyekabuddhas als religiösen Aspiranten Unterschiede gibt in Bezug auf die Beendigungen, die Überwindung der Geistesverdunkelungen und die spirituellen Verwirklichungen. Obwohl es also solche Unterschiede gibt (in Bezug auf die Beendigungen, die Überwindung der Geistesverdunkelungen und die spirituellen Verwirklichungen), wird nur eine Art der Übung erklärt, mittels deren der Zustand der Erleuchtung erlangt wurde.

Die Behauptung, dass man mit nur einer Ursache zwei unterschiedliche Ergebnisse erzielen kann, lässt sich nur schwer aufrechterhalten. Selbst wenn man argumentiert, dass unterschiedliche Zeitspannen, während deren man sich in der Praxis des Weges übt, gewisse Unterschiede im Ergebnis hervorbringen werden, kann man damit nicht die gewaltigen Unterschiede zwischen der Verwirklichung eines Buddha und der von *Arhats* erklären. [Arhats sind Praktizierende, welche die wirkliche Natur der Existenz erkannt und das Nirwana erreicht haben und nicht mehr wiedergeboren werden, jedoch nicht die volle Buddhaschaft erlangt haben.] Nur mittels des Weges, wie er im Hinayana dargelegt wird, können die gewaltigen Unterschiede zwischen der Erleuchtung eines Buddha und der Verwirklichung von Arhats nicht erklärt werden, und daher muss es eine andere Methode (im Mahayana) geben, die der des Hinayana überlegen ist.

Doch entsprechend den Darlegungen sowohl des Mahayana als auch des Hinayana hat Buddha Shakyamuni das Rad der Lehre zum ersten Mal mit seinen Belehrungen über die Vier Edlen Wahrheiten gedreht, und jede Erläuterung der Lehren Buddhas muss somit auf der Grundlage dieser Vier Edlen Wahrheiten erfolgen.

Im Buddhismus ist das Nirwana (die Beendigung allen Leidens) das endgültige Ziel, doch nur wenige erreichen dieses ferne Ziel. Und Millionen Menschen erleben als Laienpraktizierende, die ein Familienleben führen, die Leiden von Samsara (des sich immer wiederholenden Kreislaufs von Geburt, Leiden und Tod, der durch das Karma verursacht wird). So führen die meisten von uns ein Leben, in dem wir einige Dinge unter Kontrolle haben, die meisten jedoch nicht, was das Grundübel für den geplagten Geist des modernen Menschen ist. Welchen Rat würden Sie dem gewöhnlichen Menschen geben, der ein Familienleben führt?

Ein gewisses Verständnis von und eine Einsicht in die Natur von Samsara und in die Grundbeschaffenheit menschlichen Lebens ist von großem Nutzen. Wenn wir dann unseren eigenen Problemen oder den Problemen anderer gegenüberstehen, beginnen wir zu verstehen, dass diese Probleme in der Natur des Daseinskreislaufes begründet liegen und somit völlig natürlich sind. Wenn gewöhnliche Dinge geschehen, sehen wir das als etwas Normales an. Wenn etwas Außergewöhnliches geschieht, wird unser Geist leichter aufgewühlt. Wenn wir unsere Probleme als etwas Natürliches betrachten, das im Daseinskreislauf begründet liegt, dann lehnen wir uns weniger dagegen auf. Gleichzeitig entwickeln wir einen stärkeren Wunsch nach dem Nirwana, wenn wir erkennen, dass wir an diesen Problemen letztendlich nicht vorbeikommen. Wir wissen aber, dass das Erlangen des Nirwana nicht einfach ist, und wenn wir das im Geist behalten, dann werden unsere Probleme kleiner erscheinen.

Jede menschliche Handlung, ob gut oder schlecht, basiert auf unserer Motivation. Manchmal erscheint uns eine Handlung als grob und negativ, auch wenn die ihr zugrunde liegende Motivation rein, aufrichtig und offenherzig ist. Manchmal erleben wir Umstände, die uns ärgerlich oder frustriert werden lassen. Wenn wir ein wenig Einsicht in die Natur von Samsara entwickelt haben, können wir in ähnlichen Umständen unsere negativen Gedanken besser unter Kontrolle halten oder zumindest verringern. Als Ergebnis davon werden wir unseren inneren Frieden nicht mehr so leicht verlieren. Wenn wir ein gutes Verständnis über den Verlauf des spirituellen Weg haben, wird uns das als gute Grundlage dienen, mit unseren Alltagsschwierigkeiten besser zurechtzukommen.

Im Vergleich zu jemandem, der ein Leben als Nonne oder Mönch führt, hat ein Mensch, der als Laienpraktizierender ein Familienleben führt, mehr Arbeit. Man muss sich um den Ehepartner und die Kinder kümmern, und wenn man Enkel hat, gibt es noch mehr Menschen, um die man sich kümmern muss. Dadurch stellt man eine Verbindung zu etwas Größerem her und hier spielt unsere Motivation eine zentrale Rolle. Im täglichen Leben muss man manchmal ein paar harte Worte sprechen und tatkräftig handeln, um der Familie zu dienen und ihr von Nutzen zu sein, und auch hier spielt die Motivation eine Schlüsselrolle. Mit einer aufrichtigen und guten Motivation ausgeführt, wird die gleiche Handlung oder sogar eine etwas gröbere zu einer guten und aufrichtigen Handlung.

Nehmen wir ein Beispiel: Zwei Menschen werden von einem Feind bedroht, der sie töten will, und beide Menschen ergreifen die gleichen Maßnahmen, um sich vor dieser Bedrohung zu schützen. Der eine tut dies aus einem egoistischen Beweggrund und mit einem starken Gefühl von Hass gegenüber dem Feind. Der andere ergreift das gleiche Mittel zur Abwehr, jedoch mit einer anderen Motivation, indem er denkt: *Wenn ich dieser Person erlaube, mich zu töten oder nach Belieben zu handeln, dann wird sie zunächst mir Schaden zufügen. Doch letztendlich wird sie durch ihre negative Handlung selber Leiden erdulden müssen, da sie selbst die karmischen Folgen der Handlung erfahren wird. Kurzfristig mag die Person sich gut fühlen, doch langfristig wird sie leiden müssen.* Wenn dieser zweite Mensch nun Gegenmaßnahmen ergreift, um den Feind von seinem schädlichen Tun abzubringen, dann mag das äußerlich genau wie die Gegenmaßnahme des ersten Menschen aussehen, ist letztendlich aber eine völlig andere Handlung mit völlig anderen karmischen Konsequenzen, da sie aus einer gänzlich unterschiedlichen Motivation heraus geschieht.

Als beispielsweise die Chinesen in Tibet einmarschiert sind, haben wir Tibeter versucht, dagegen zu kämpfen. Dabei war unsere Motivation die, dass wir die Chinesen als Menschen aufrichtig achteten, da sie genau wie wir Glück erlangen und Leid vermeiden wollen. Aber gleichzeitig mussten wir Maßnahmen ergreifen, um uns zu schützen und um die Chinesen daran zu hindern, schädliche Handlungen auszuführen, ohne dabei jedoch unseren Respekt und unser Mitgefühl für sie zu verlieren.

Manchmal sind Buddhisten etwas nachlässig in ihrem Bestreben, anderen zu helfen und ihnen zu dienen. Das betrifft sogar jene wie mich, die sich darin üben, Bodhisattvas zu werden. Doch die buddhistischen Schriften sprechen klar und deutlich davon, sogar den eigenen Körper und die eigenen Organe herzugeben. Daher sollte unser engagierter Dienst für die Gesellschaft die höchste Priorität haben.

Wie schwierig ist es Ihrer Meinung nach, dass ein Übender oder eine Übende auf dem buddhistischen Weg das endgültige Ziel des Nirwana erlangt?

Untersuchen Sie zuerst die Natur von Samsara und Nirwana, und machen Sie sich mit den Möglichkeiten und Methoden vertraut, das Nirwana zu erreichen, selbst wenn sie zum gegenwärtigen Zeitpunkt schwer auszuführen sind. Nehmen Sie mich als Beispiel: In meiner Situation ist es schwer, bestimmte Übungen wie zum Beispiel Shamatha zu praktizieren. Für die Praxis von Shamatha ist es notwendig, an einem abgelegenen Ort mindestens einige Jahre lang in vollständiger Abgeschiedenheit zu leben, ansonsten ist es unmöglich, *Samadhi* [einen Zustand völlig einsgerichteter Konzentration] zu erlangen.

Unter den gegenwärtigen Umständen ist es dem Dalai Lama nicht möglich, auf diese Art und Weise zu praktizieren. Doch ohne diese Bedingungen gibt es keine Möglichkeit, in diesem Leben die Erleuchtung zu erlangen oder einige spezielle Übungen des *Anuttarayoga-Tantra* zu praktizieren, die man normalerweise ausübt, bevor der physische Körper beginnt, alt zu werden und Degenerationserscheinungen zu zeigen. Gewöhnlich beginnt der Abbau von körperlicher Energie bereits im Alter zwischen 30 und 35 Jahren. Der jetzige Dalai Lama ist nun über 70 Jahre alt, und von diesem Standpunkt aus gesehen wird es mir unmöglich sein, in diesem Leben das endgültige Ziel zu erreichen.

Bitte geben Sie uns einen praktischen Ratschlag, wie man am besten ungünstigen Umständen begegnet.

Wenn wir ungünstige Umstände zu erdulden haben, ist es am wichtigsten, ruhig zu bleiben. Es hat keinen Nutzen, wenn wir uns ängstlich fühlen oder uns verrückt machen. Das Wissen über das Gesetz von Ursache und Wirkung und die Erkenntnis, dass die gesamte weltliche Existenz in der Natur des Leidens bedingt liegt, wird uns helfen, ruhig zu bleiben. Auch mit bestem Urteilungsvermögen werden wir immer wieder Problemen und ungünstigen Umständen begegnen. Das Wichtigste dabei ist, ruhig zu bleiben, da wir nur dann unsere Urteilskraft ohne aufwühlende Gefühle und Angst anwenden können.

Beurteilen Sie die Lage in Ruhe, und treffen Sie dann eine Entscheidung. Falls die Entscheidung falsch sein sollte, bereuen Sie sie nicht. Ich denke, dass solch eine Haltung hilfreich sein kann, da wir ja nicht in die Zukunft blicken können. …

Drittes Kapitel

Die Rolle des spirituellen Lehrers

Warum spielt der spirituelle Lehrer oder Guru sowohl in der buddhistischen als auch in der hinduistischen Tradition eine solch überragende Rolle?

Der spirituelle Lehrer ist derjenige, der uns aus der Dunkelheit zum Licht führt.

Ist das lediglich ein religiöses Konzept?

Dem spirituellen Lehrer brachte man im alten Indien als dem Lehrer, Philosophen und Orientierungsgeber große Verehrung entgegen. Traditionellerweise haben die Hindus, die Anhänger des Jainismus und die Buddhisten dem spirituellen Lehrer schon immer eine große Bedeutung beigemessen. Aber auch in anderen Religionen spielt der religiöse Lehrer eine wichtige Rolle.

Die Entsprechung des spirituellen Lehrers oder Gurus in der tibetischen Sprache ist der „Lama". Was ist der Unterschied? Hat ein Lama besondere Qualifikationen?

Die Bedeutungsnuance, die im Wort *Lama* oder *Guru* mitschwingt, ist „Schwere". Ein spiritueller Lehrer ist somit jemand, der voll von Gelehrsamkeit, Wissen, Fähigkeiten und Güte ist. Ein spiritueller Lehrer qualifiziert sich hauptsächlich durch sein Wissen und seine Güte. Auf dieser doppelten Qualifikation aufbauend, entwickeln die Schüler Bewunderung, Mitgefühl, Respekt, Vertrauen und ein Gefühl der Nähe und Hingabe für die Lehrerin oder den Lehrer. Auf persönlicher Ebene entwickeln die Schüler die beiden Qualitäten von Vertrauen und Verehrung, zusammen mit einem Gefühl der engen Verbundenheit mit dem Lama oder Guru.

Das Wort *Lama* wird manchmal fälschlicherweise als „lebender Buddha" übersetzt, was eine völlig andere Bedeutung hat. Im Wesentlichen kann man sagen, dass man dem spirituellen Lehrer oder der spirituellen Lehrerin Respekt entgegenbringen sollte.

Welche Rolle spielt der spirituelle Lehrer im Buddhismus, und welche Bedeutung messen Sie ihm oder ihr in der modernen Welt bei?

Der spirituelle Lehrer spielt im Buddhismus eine sehr wichtige Rolle. Die Vier Edlen Wahrheiten Buddhas sind wie ein Naturgesetz, mit dem die Beziehungen zwischen Ursache und Wirkung beschrieben werden. Genauso wie es in der äußeren Welt Beziehungen zwischen Ursache und Wirkung gibt, so gibt es diese Beziehungen auch in der inneren Welt des Geistes.

Sowohl Altruismus als auch Weisheit sind Qualitäten eines starken und mitfühlenden Geistes und fallen aus buddhistischer Sicht in den Bereich des Gesetzes der Kausalität. Die Buddhisten glauben, dass alles eine Ursache hat. Ohne Ursachen und Bedingungen finden auch im Geist keine Veränderungen oder Verfeinerungen statt. Das Kausalitätsprinzip beeinflusst jeden Gedanken und jeden geistigen Prozess. Eine ursächliche Bedingung führt zu einer anderen und danach zu vielen weiteren. Genauso wie Altruismus seine Ursachen und Bedingungen hat, die ihn hervorbringen, so hat auch die Weisheit ihre Ursachen und Bedingungen, durch die sie hervorgebracht wird.

Diese Ursachen und Bedingungen können innerer oder äußerer Natur sein. Ein äußerer Faktor ist zum Beispiel die Gegenwart eines spirituellen Lehrers, und Wissen, das jemand in diesem kostbaren Menschenleben entwickelt hat, ist ein innerer Faktor. Schulung des Geistes und Übungen in der Meditation bringen diese Qualitäten von Altruismus und Weisheit hervor.

Weisheit ist nicht auf ein bestimmtes Gebiet beschränkt. Es gibt viele verschiedene Arten von Weisheit. Ein Verständnis der Vergänglichkeit, also die Einsicht, dass alles in der Welt vorübergehend ist und sich mit der Zeit verändern wird, ist lediglich eine Form von Weisheit. Die Vergänglichkeit kann auch mittels äußerer wissenschaftlicher Instrumente belegt werden. Doch die Vergänglichkeit lediglich zu sehen, bringt nicht viel Überzeugungskraft mit sich. Für ein tieferes Verständnis der Vergänglichkeit müssen wir die Veränderung als grundlegenden und alles beeinflussenden Faktor begreifen und verstehen, dass die Veränderung in der Natur der Wirklichkeit begründet liegt. Das wird eine tiefe Überzeugung hervorbringen und ein tieferes Verständnis der Vergänglichkeit. Das ist Weisheit, ein Verständnis der Abwesenheit von unabhängiger Existenz, auch Leerheit (*Shunyata*) genannt. Hier ist die Rolle des spirituellen Lehrers von zentraler Bedeutung.

Welches ist der Lernprozess, der es jemandem ermöglicht, ein spiritueller Lehrer zu werden?

Am Anfang gibt es nur Wissen. Mit der Zeit und durch ständiges Bemühen gewinnt dieses Wissen an Tiefe. Und durch weiteres Bemühen gewinnt man dann eine tatsächliche Erfahrung der sich entwickelnden Weisheit.

Das wird im Buddhismus die Weisheit genannt, die durch Zuhören, Nachdenken und Meditation gewonnen wird. Zuhören, Nachdenken und Meditieren sind die wesentlichen Ursachen, um solch eine Weisheit zu entwickeln.

Es gibt zwei grundlegende Arten von Bedingungen: die äußere Bedingung ist der spirituelle Lehrer, und die innere Bedingung ist das kostbare menschliche Leben, in dem man den Lehrer trifft. Wenn diese beiden Bedingungen zusammenkommen, muss man die tatsächliche Ursache für die Entwicklung von Weisheit kultivieren. Das zeigt deutlich, wie die Beziehung zwischen Ursache und Wirkung funktioniert.

Ich versuche hier, folgenden Punkt zu verdeutlichen: Der Lehrer vermittelt dem Schüler Wissen, doch der Lehrer kann nicht an die Stelle des Schülers treten. Der Lehrer ist lediglich der Vermittler. Die harte Arbeit und die Anstrengungen muss der Schüler selbst auf sich nehmen.

Auf diese Weise betrachten die Buddhisten den Buddha als spirituellen Lehrer, der seine Schüler und Anhänger anleitet und ihnen den rechten Weg zeigt, wobei seine Anweisungen und Richtlinien auf seinen eigenen Erfahrungen basieren. Die Buddhisten glauben, dass der Buddha am Anfang ein gewöhnlicher Mensch war, so wie wir auch. Doch durch die Hilfe seiner Lehrer hat er sich Zeitalter um Zeitalter bemüht, und nur dadurch wurde er zum Buddha. Schließlich hat er dann so etwas wie den endgültigen Abschluss erreicht, um ein Lehrer der höchsten Stufe zu werden, damit er uns andere Menschen darin unterrichten kann, wie wir unseren Geist schulen und schließlich das gleiche Ziel wie er erreichen können.

Wenn der spirituelle Lehrer das Licht ist, das uns auf unserem Weg leuchtet, könnten Sie uns dann bitte die Qualitäten und Qualifikationen eines buddhistischen Lehrers erläutern?

Die Hauptaufgabe des spirituellen Lehrers besteht darin, den richtigen Weg aufzuzeigen und zu lehren. Wenn ein Schüler vom Weg abkommt und sich verirrt, dann sollte die Lehrerin oder der Lehrer dazu in der Lage sein, den

Fehler des Schülers zu korrigieren, damit er nicht den falschen Weg weitergeht. Ein Lehrer muss daher sowohl über Wissen als auch über persönliche Erfahrung verfügen. Wenn der Lehrer lediglich intellektuelles Wissen besitzt, dann wird er nicht dazu in der Lage sein, die Fehler des Schülers zu korrigieren.

Die notwendigen Qualifikationen eines Lehrers werden in den buddhistischen Texten und Schriften umfassend erklärt. In Abhängigkeit von der Veranlagung des Lehrers und des Schülers und vom zu unterrichtenden Lehrbereich schreiben die Texte unterschiedliche Qualifikationen des Lehrers oder der Lehrerin vor. So sind beispielsweise die Qualifikationen, die ein Lehrer der monastischen Disziplin (*Vinaya*) benötigt, von denen eines Lehrers des Bodhisattvaweges oder des Tantra verschieden.

Die notwendigen Qualifikationen sowohl des Lehrers als auch des Schülers beschreibt Aryadeva in seinen *Vierhundert Versen (Catuhsataka)*. In diesem Text erläutert Aryadeva, dass der Lehrer ein gutes Verständnis sowohl des Interesses als auch des geistigen Auffassungsvermögens seiner Schüler haben sollte. Aryadeva sagt auch, dass ein Lehrer seinen eigenen Geist gezähmt haben muss. Das ist eine der wichtigsten Qualifikationen eines Lehrers oder einer Lehrerin. Wenn der Lehrer den eigenen Geist nicht gezähmt und unter Kontrolle hat, dann wird er unfähig dazu sein, den Geist seiner Schüler zu schulen. Im Vinaya werden unterschiedliche Arten von *Acharyas* (spirituellen Lehrern) und Klostervorstehern aufgeführt und die unterschiedlichen Qualifikationen, die diese benötigen. Ebenso wird erläutert, welche Qualifikationen ein Schüler erfüllen muss, wenn er einem Lehrer folgen möchte.

Für den Bodhisattva-Weg werden die sechs Vollkommenheiten gelehrt: Freigiebigkeit, Ethik, Geduld, freudige Anstrengung, Meditation und Weisheit. Wenn Lehrer nicht vollständig mit diesen sechs Vollkommenheiten vertraut sind, wird es ihnen nicht möglich sein, andere erfolgreich zu unterrichten.

Eine etwas andere Darstellungsweise findet sich im *Sutralankara* von Maitreya, wo zehn Vollkommenheiten aufgeführt werden, die man in die drei Schulungen unterteilen kann, nämlich *Shila*, *Samadhi* und *Prajna*.

Shila, die erste dieser drei Schulungen, hat mit dem ethischen Verhalten zu tun. Dabei wird zwischen Laienpraktizierenden, Nonnen oder Mönchen, Bodhisattvas und tantrischen Praktizierenden unterschieden.

Die zweite Schulung handelt von der Übung in einsgerichteter Meditation, oder *Samadhi.*

Die dritte Schulung, *Prajna,* bezieht sich auf die „Weisheit, die die Leerheit“ erkennt.

Auch hier ist die wichtigste Qualifikation eines spirituellen Lehrers die Disziplin. Der Geist des Lehrers sollte vollständig gezähmt und unter Kontrolle sein. Der Prozess dieser Geistesschulung sollte in Übereinstimmung mit den wichtigsten Texten und Schriften stattfinden. Kleinere Verwirklichungen und Errungenschaften, die man durch das Lesen einiger weniger Texte erlangt, reichen einfach nicht aus.

Zusätzlich zu diesen drei Schulungen in *Shila*, *Samadhi* und *Prajna* muss ein Lehrer weitere Qualifikationen haben. In Bezug auf Gelehrsamkeit und Wissen sollte sie oder er den Schülern voraus sein und über mehr Sachkenntnis verfügen, da es der Lehrer ist, der sein Wissen weitergibt und die Schüler anleitet. Darüber hinaus muss der Lehrer ein tiefes Verständnis der subtilen Bedeutungsebenen von *Shunyata* (Leerheit) haben. Wenn ein Lehrer kein Mitgefühl für seine Schüler hat, sind seine Qualifikationen unvollständig. Und nicht zuletzt sollte der Lehrer geschickt darin sein, das Thema zu erklären, das er unterrichtet, und unerschöpfliche Energie und Geduld haben, es den Schülern zu vermitteln.

Kann jeder Mensch, unabhängig von sozialer Schicht und Beruf, ein spiritueller Schüler werden?

In Aryadevas *Vierhundert Versen* werden die wichtigsten Qualifikationen erläutert, die ein Schüler oder eine Schülerin haben sollte. Dieser Text sagt, dass jeder Schüler drei Qualifikationen erfüllen sollte:

1. Sie oder er sollte unvoreingenommen und unparteiisch sein. Schüler, die voreingenommen oder parteiisch sind, können unmöglich objektiv und sachlich bleiben.

2. Sie oder er sollte intelligent genug sein, um zwischen Richtig und Falsch unterscheiden und den eigenen Geist benutzen zu können. Beispielsweise sollten die Schüler mühelos feststellen können, wenn sie vom Lehrer in eine falsche Richtung geführt werden, anstatt einfach nur mit dem Kopf zu nicken und „Ja" zu sagen. Wenn der spirituelle Lehrer einen falschen Weg zeigt, der den Lehren widerspricht, dann sollten die Schüler den eigenen Standpunkt vertreten können und nicht einfach blind dem Lehrer folgen.

3. Schließlich muss der Schüler jemand sein, der sich unermüdlich um die eigene Transformation bemüht.

Bevor ein Schüler jemanden als Lehrerin oder Lehrer akzeptiert, muss er sich gründlich über diesen Menschen erkundigen und gut über ihn Bescheid wissen. Das kann beispielsweise dadurch geschehen, dass man den Unterweisungen des Lehrers und seinen Anweisungen an andere gut zuhört. Den Lehrer sehr gut zu kennen, ist von grundlegender Bedeutung, da ein Schüler den Lehrer achten und zu ihm aufschauen sollte, genauso wie der Lehrer Mitgefühl für den Schüler haben und sich für ihn verantwortlich fühlen sollte. Schüler und Lehrer sind durch ein ganz besonderes Band miteinander verbunden. Wenn der Schüler nach gründlicher Untersuchung überzeugt davon ist, dass der Lehrer alle notwendigen Qualifikationen eines guten Lehrers aufweist, kann er in eine Lehrer-Schüler-Beziehung eintreten.

Die Beziehung zwischen Schüler und Lehrer sollte so sein wie die Beziehung zwischen einem Vater und seinem Sohn. Während der Schüler ein Gefühl von Verbundenheit, Nähe, Verehrung, Respekt und Achtung gegenüber dem Lehrer haben sollte, sollte der Lehrer ein starkes Gefühl der Verantwortung für das Wohlergehen des Schülers haben.

Wie beginnt der Lernprozess?

Buddha, der hervorragendste aller Lehrer, hat unterschiedliche Schüler je nach ihren Veranlagungen und Voraussetzungen unterschiedliche Inhalte gelehrt. Das ist der Grund, warum bestimmte Erklärungen des Buddha manchmal nicht wörtlich genommen werden können. Denn wenn man dies täte, könnten sich Widersprüche entwickeln. In einer solchen Situation muss jeder Mensch für sich selbst urteilen und Buddhas Worte aus allen Blickwinkeln betrachten, um dann zu entscheiden, was als die wirkliche und endgültige buddhistische Lehre zu akzeptieren ist.

Der Schüler muss lernen, die unterschiedlichen Lehren Buddhas dahingehend einzuordnen, ob es sich um endgültige oder um zu interpretierende Ebenen der Lehre handelt. Wenn der Schüler beispielsweise mittels analytischer Meditation Widersprüche in den Worten Buddhas erkennt, dann sollten diese Aussagen nicht wörtlich genommen werden. Der Schüler sollte diese widersprüchlichen Aussagen als Versuch erkennen, etwas für Schüler mit unterschiedlichen geistigen Voraussetzungen verständlich zu machen. Der Buddha hat ganz bewusst auf solche Weise gelehrt, um Schülern auf unterschiedlichen Entwicklungsstufen von bestmöglichem Nutzen zu sein.

Im buddhistischen Studium muss eine klare Grenze gezogen werden zwischen dem, was der spirituelle Lehrer lehrt, und dem, was der Text lehrt. Der Buddha selbst hat seinen Schülern das Recht gegeben, seine eigenen Lehren zu hinterfragen, und er sagte, dass alle weisen Menschen erst nach gründlicher Untersuchung und nicht nur aus Respekt ihm gegenüber seine Lehren akzeptieren sollten.

Es ist jedoch nicht notwendig, jeden Lehrer, dessen buddhistischen Unterweisungen man zuhört, als eigenen spirituellen Lehrer anzunehmen. Beispielsweise sitzen bei der täglichen monastischen Schulung in tibetischen Klosterhöfen jüngere Studenten mit ihren erfahrenen Klassenkameraden zusammen und lernen durch Diskussion und Debatte viel von ihnen. Das bedeutet aber nicht, dass sie ihre erfahrenen Klassenkameraden als ihre spirituellen Lehrer akzeptieren müssten.

Ich frage mich, was passiert, wenn sich ein qualifizierter Lehrer und ein geeigneter Schüler in diesem Leben begegnen und dann einer von ihnen stirbt: Werden sie ihre Verbindung weiterhin aufrechterhalten können?

Wenn ein Schüler sich in angemessener Weise auf seinen Lehrer bezieht, dann wird er nach dem Tod des Lehrers mit der Zeit einen Lehrer finden, der gleichermaßen qualifiziert ist. Wenn man die Lebensgeschichten des Buddha oder großer Meister liest, dann wird das sehr deutlich.

Die Suche nach einem spirituellen Lehrer, nach dem spirituellen Weg oder auch nach Gott beginnt manchmal mit einem traumatischen Erlebnis oder einem emotionalen Ausnahmezustand im Leben der Schülerin oder des Schülers. Was ist Ihre Meinung hierzu?

Wenn wir uns hilflos oder ausgeliefert fühlen, kann es sein, dass wir anfangen, an eine höhere Kraft zu denken und zu ihr zu beten, und Buddhisten beten dann vielleicht zu einem Buddha oder Bodhisattva. Es lässt sich nun darüber streiten, ob dies tatsächlich einen Nutzen hat, doch aus der Sicht des Betroffenen bringt dies ganz gewiss emotionalen Trost und geistige Erleichterung.

Die unterschiedlichen Philosophien bieten unterschiedliche Erklärungen an, warum Menschen an Gott oder eine höhere Kraft glauben. Ich denke, dass wir Menschen inspiriert werden und Nutzen daraus ziehen können, wenn wir an eine höhere Kraft glauben und uns im Gebet an sie wenden. Aber in Glaubenssystemen wie dem Jainismus und dem Buddhismus wird die Bedeutung des Gesetzes von Ursache und Wirkung betont und die Einsicht, dass unsere Erfahrungen von unseren eigenen Handlungen abhängen.

Wie kann ich mich dann aus mir selbst heraus zu einem starken Menschen entwickeln?

Auf ökonomischem Gebiet sprechen wir von Autonomie. Aber auch auf dem Gebiet der Spiritualität spielt Autonomie eine wichtige Rolle. Beispielsweise fällt es dem Körper viel leichter, Krankheiten abzuwehren, wenn er stark und kräftig ist. Und wenn das Immunsystem schwach ist, dann kann schon die geringfügigste äußere Störung viele Schwierigkeiten hervorrufen. So verhält es sich auch auf emotionalem Gebiet: Wenn unsere grundlegende geistige Haltung solide und kräftig ist und sich dann eine Tragödie in unserem Leben ereignet, dann mag uns dieses Ereignis auf einer bestimmten Ebene aufwühlen und uns somit unglücklich und frustriert werden lassen. Der innere Aufruhr wird sich aber wegen unserer grundlegenden geistigen Haltung und wegen unserer spirituellen und inneren Stärke bald wieder legen.

Die Wellen des Ozeans kommen und gehen, und manchmal schlagen sie heftig über uns zusammen. Tief darunter bleibt der Meeresboden jedoch völlig ruhig und unberührt vom gelegentlich heftigen Toben über uns. Mithilfe von Wissen, Achtsamkeit und Erfahrung bleibt unser Geist ruhig und kraftvoll. Dabei muss unsere grundlegende Haltung stark und unsere Einstellung gegenüber uns selbst und den anderen richtig sein. Dann werden wir von Mitgefühl erfüllt und können unsere falschen und schädlichen Haltungen leichter fallen lassen.

Wenn uns dann etwas Gutes widerfährt, werden wir das ebenfalls annehmen können. Da unsere Einstellung jedoch ganzheitlicher ist, verstehen wir, dass dieses positive Ereignis nicht das einzige Ereignis in unserem Leben ist und dass es auch andere Dinge gibt, die weniger gut sind. Insgesamt sind wir also ausgeglichener. Ich denke, dass wir nicht durch Religion oder durch Glauben zu besserem Wissen und Verstehen gelangen, sondern letztlich durch Bewusstheit, die uns dazu verhilft, im Inneren stark zu werden.

Die Dinge sind relativ. Ein einzelnes Ereignis hat nicht nur eine Ursache oder Bedingung, sondern unzählige Ursachen und Bedingungen. Wenn also etwas Schlimmes geschieht, dann können wir nicht nur einen einzelnen Faktor dafür verantwortlich machen. Alles hängt in wechselseitiger Abhängigkeit mit allem anderen zusammen.

Ich würde gerne mehr über Wunder erfahren. Wie finden zum Beispiel ein Lehrer und ein Schüler zueinander, wenn die Zeit dafür reif ist? Glauben Sie an einen Bereich, der die Logik übersteigt?

Nach buddhistischer Auffassung gibt es drei Arten von Logik, und es gibt drei Ebenen von Wissensobjekten, drei Ebenen der Wirklichkeit. Die erste Ebene ist die offensichtliche Ebene, die Ebene also, die sich uns direkt manifestiert. Hier gibt es keinen Anlass zu logischen Untersuchungen. Die zweite Ebene ist die etwas verborgene Wirklichkeit, die sich nicht so offensichtlich manifestiert. Hier müssen wir uns auf das Erforschen verlassen. Die dritte Ebene ist die vollständig verborgene Wirklichkeit.

Um ein Beispiel zu nennen: Gibt es hier vor mir einen Hund oder nicht? Diese Frage ist rasch beantwortet, da wir hier vor mir keinen Hund sehen können. Das ist also einfach.

Zweite Frage: Gibt es einen Hund, den Sie nicht sehen können, hinter meinem Sessel? Nun können Sie annehmen, dass wahrscheinlich kein Hund hinter meinem Sessel ist, da man den Sessel für den Dalai Lama bereitgestellt hat und da Sie, nachdem ich hier Platz genommen habe, keinen Hund durchs Zimmer haben rennen sehen.

In Bezug auf die dritte Ebene der Wirklichkeit lassen Sie uns ein vollständig verborgenes Phänomen betrachten, zum Beispiel meinen eigenen Geburtstag, den 6. Juli 1935. Es ist unmöglich für mich, diese Tatsache durch mich selbst zu wissen. Ebenso wenig kann ich dies selber erforschen. Ich muss mich also auf die Aussage von jemand anderem, beispielsweise meiner Mutter, verlassen. Da es keinen Grund gibt, warum meine Mutter mich belügen sollte, kann ich mich auf ihre Aussage verlassen. Man muss also wissen, wann man sich auf die Worte eines anderen Menschen verlassen kann.

Es gibt also diese drei Ebenen der Wirklichkeit. Wenn wir über „Logik" sprechen, dann meinen wir oft etwas, das nahe an dem liegt, was wir als den „gesunden Menschenverstand" bezeichnen. Nehmen wir an, jemand verweilt in tiefer Konzentration oder in einem tiefen meditativen Zustand, und einige Gegenstände fangen an, sich von alleine zu bewegen. Von der ersten Ebene der Wirklichkeit aus betrachtet, würde man dies als Wunder betrachten. Doch wenn Sie über diese erste Ebene hinausgehen, tiefer schauen und verstehen, wie das alles funktioniert, dann werden die sich bewegenden Gegenstände in Ihren Augen kein Wunder mehr darstellen. Dem Gesetz von Ursache und Wirkung entsprechend beeinflussen innere Elemente die äußeren Elemente manchmal auf eine Art und Weise, dass Dinge sich bewegen oder verändern können.

Viertes Kapitel

Mitgefühl und Glück

Was ist der Unterschied zwischen „Liebe" und „Mitgefühl"?
Den genauen Unterschied zwischen Liebe und Mitgefühl kenne ich nicht. Im Sanskrit gibt es die Begriffe *Maitri* und *Karuna* und im Tibetischen die beiden Wörter *Chamba* (ausgesprochen: Tschamba) und *Inji* (ausgesprochen: Indschi). *Maitri* oder *Chamba* bedeutet der Wunsch, dass alle Lebewesen Glück erlangen mögen, und das wird meist mit „Liebe" übersetzt, wohingegen *Karuna* oder *Inji* der Wunsch ist, dass alle Lebewesen von Leiden frei sein mögen, was meist mit „Mitgefühl" übersetzt wird.

Aufrichtiges Mitgefühl hängt nicht davon ab, ob der andere sich mir gegenüber nett verhält, sondern beruht auf der Erkenntnis, dass mein Gegenüber, genau wie ich, ein fühlendes Wesen ist und somit ein Recht darauf hat, Glück zu erlangen und Leid zu überwinden, und zwar unabhängig von seiner oder ihrer Einstellung mir gegenüber. Sogar der Feind, der mir Schaden zufügt, ist ein Lebewesen und hat somit vollen Anspruch darauf, Glück zu erlangen und Leid zu überwinden.

Somit ist aufrichtiges Mitgefühl eine innere Empfindung des Sich-Sorgens um alle Lebewesen. Mitgefühl bedeutet nicht Mitleid, sondern basiert darauf, die Rechte der anderen zu respektieren und anzuerkennen, dass der andere Mensch letzten Endes genauso beschaffen ist wie ich selbst.

Mitgefühl ist also etwas Heilsames und Erstrebenswertes. Doch wie macht Mitgefühl einen glücklicheren und besseren Menschen aus mir?

Diese Frage möchte ich mit einem Beispiel aus meinem persönlichen Leben beantworten. Wann immer ich anderen Menschen begegne, werde ich an meine eigene Menschlichkeit erinnert, und so lächle ich Menschen selbst dann an, wenn sie mir unbekannt sind und ich sie, beispielsweise irgendwo auf der Straße, zum ersten Mal sehe. Manchmal kommt dann gar keine Reaktion oder sogar Skepsis und Misstrauen. Doch unabhängig von der Reaktion des anderen Menschen habe ich persönlich den Vorteil, lächeln zu können. Ob die andere Person durch mein Lächeln irgendeinen Gewinn bekommt, hängt von ihrem eigenen Denken und von den genaueren Umständen ab.

Der Nutzen davon, Mitgefühl zu praktizieren, geht also zunächst an denjenigen, der sich in Mitgefühl übt. Es ist sehr wichtig, dies zu verstehen, da wir sonst glauben, dass Mitgefühl lediglich dem anderen nutzt und nicht uns selbst.

Eine mitfühlende Haltung erlaubt es uns, ganz einfach und natürlich mit anderen Menschen und anderen Lebewesen in Kontakt zu treten. Dadurch werden wir mehr wirkliche Freunde bekommen, und die Atmosphäre um uns herum wird positiver werden, was uns innere Stärke gibt. Und diese innere Stärke hilft uns dabei, uns aus eigenem Antrieb heraus um andere zu sorgen, anstatt lediglich um unser eigenes kleines Ich zu kreisen.

Wissenschaftliche Studien haben gezeigt, dass die Menschen, die oft Worte wie *ich, meins, mich* usw. verwenden, einem größeren Herzinfarktrisiko ausgesetzt sind. Wenn ich die ganze Zeit nur an mich selbst denke, dann wird mein Denken eng und eingegrenzt, und selbst ein winziges Problem erscheint mir dann bedeutend und unerträglich.

Wenn wir hingegen an andere denken, dann öffnet sich unser Geist, und in diesem weiten Raum können dann sogar wirklich große persönliche Probleme unbedeutend erscheinen. Das ist ein großer Unterschied.

Eure Heiligkeit, seit vielen Jahren tragen Sie die Last der Leiden Ihres Volkes und Ihres Heimatlandes. Und gleichzeitig haben Sie eine Leichtigkeit des Seins, eine spontane Freude, die alle berührt, mit denen Sie zusammentreffen. Wie machen Sie das?
Nichts Besonderes, guter Schlaf und gutes Essen! Ich glaube nicht, dass es einen besonderen Grund dafür gibt, es ist eher meine allgemeine Haltung mir selbst und anderen gegenüber. Aus buddhistischer Sicht ist das Leben nicht einfach. Dieser Körper ist ein Hindernis, unsere Situation im Samsara und negatives Karma können jederzeit Probleme verursachen. Doch ungünstige Umstände können in etwas Positives umgewandelt werden, und wir können aus ihnen lernen und Erfahrungen sammeln. Ungünstige Umstände können somit im täglichen Leben sogar von Nutzen sein.

Natürlich müssen wir versuchen, negative Konsequenzen von Anfang an zu vermeiden. Doch wenn einmal etwas Schlimmes geschehen ist, dann sollten wir versuchen, es aus den unterschiedlichsten Blickwinkeln zu betrachten. Wir Tibeter haben beispielsweise unser Land verloren. Diese Situation bietet aber auch neue Möglichkeiten. Wenn man eine schwierige Lage aus einem positivem Blickwinkel betrachtet, dann verringern sich Enttäuschung und Verbitterung.

Wie führt man diesen Wandel der inneren Einstellung herbei, der einen glücklicher werden lässt?
Meine Hauptabsicht als buddhistischer Mönch ist es, mit Weisheit und Bewusstheit Uneigennützigkeit und Nächstenliebe zu praktizieren, also die Übung in Bodhicitta. Ich bin überzeugt davon, dass die analytische Meditation eine

der Schlüsselmethoden ist, um unseren Geist und unsere Emotionen zu transformieren. Das gibt mir inneren Frieden und Kraft. Solch eine Methode erlaubt es mir auch, die Wahrnehmung von und die Einstellung zu mir selbst, zu anderen und zu dringlichen Problemen zu verändern.

Der wichtigste Wandel ist also der, dass wir anfangen, ein Gespür für das Wohlergehen der anderen Lebewesen und Mitgefühl für sie zu entwickeln. Das lässt unseren Geist weiter werden, und die persönlichen Probleme und Leiden erscheinen dann kleiner.

Wie kann ich dieses Gespür für das Wohlergehen der anderen und von mir selbst entwickeln?

Sie können damit anfangen, indem Sie beispielsweise den Wert von negativen oder bösen Gefühlen den anderen gegenüber untersuchen. Betrachten Sie, was das für Sie persönlich bedeutet und wie Sie sich dabei fühlen. Und untersuchen Sie dann als Nächstes den Wert einer geistigen Einstellung des Mitgefühls und des Wohlwollens gegenüber den anderen.

Untersuchen Sie diese beiden geistigen Einstellungen, und vergleichen Sie sie miteinander. Aus eigener Erfahrung kann ich sagen, dass Unsicherheit und ein Mangel an Selbstvertrauen sowohl Angst und Frustrationen als auch Depressionen hervorbringen. Wenn Sie jedoch Ihre Einstellung ändern und Sie sich selbstlos um das Wohlergehen anderer kümmern, dann werden Sie innere Ruhe, Kraft und Selbstvertrauen entwickeln.

Die Fähigkeit zum Mitgefühl gegenüber anderen ist die Messlatte für unseren eigenen geistigen Entwicklungsstand, und Mitgefühl für andere lässt unsere innere Stärke größer werden. Es ist nicht notwendig, die Ergebnisse unserer mitfühlenden Handlungen zu sehen. Es kann auch Situationen geben, in denen unser Mitgefühl von den anderen nicht wohlwollend aufgenommen wird. Viele Menschen haben den Eindruck, dass die Übung von Liebe, Mitgefühl und Verzeihen zwar den anderen nützt, einem selber jedoch keinen besonderen Nutzen bringt. Ich denke, dass dies falsch ist. Die positiven Emotionen und Gedanken werden den eigenen geistigen Zustand sofort verbessern.

Die Buddhisten haben eine interessante Einstellung gegenüber dem, was wir normalerweise als „Feind" bezeichnen. Einige tibetische Mönche sitzen beispielsweise auf Matten, auf denen „BETET FÜR DIE CHINESEN" steht. Welchen Nutzen bringt das diesen Mönchen?

Für einen ernsthaft buddhistisch Praktizierenden bietet der Feind eine gute Gelegenheit, um sich in Geduld und Toleranz zu üben. Um aufrichtiges Mitgefühl zu entwickeln und zu festigen, ist die Übung in Geduld und Toleranz unbedingt notwendig, und dafür ist ein sogenannter „Feind" am besten geeignet. Daher kommt unseren Feinden eine besondere Bedeutung zu. Das ist eine Möglichkeit, wie man dieses Thema betrachten kann.

Eine andere Sichtweise ist die folgende: In der Mahayana-Schule des Buddhismus betrachten wir die anderen Lebewesen wie unsere eigenen Mütter, da im Verlauf unzähliger Wiedergeburten jedes Lebewesen schon einmal die eigene Mutter gewesen ist. Es gibt daher keinen Grund, diejenigen aus unserem Mitgefühl auszuschließen, die uns Schwierigkeiten bereiten. Für uns Tibeter sind unsere chinesischen Brüder und Schwestern ebenfalls Menschen, die schon einmal unsere eigenen Mütter gewesen sind. Und somit müssen wir sie in unser Mitgefühl und unsere guten Gedanken mit einschließen.

Es gibt das inspirierende Beispiel eines Mönches, der mehr als 17 Jahre in einem chinesischen Gefängnis oder Arbeitslager verbracht hat. Ich kannte diesen Mönch bereits vor 1959, als ich ins indische Exil flüchten musste. In den späten 1980er Jahren ist er nach Dharamsala gekommen, nachdem er aus dem chinesischen Gefangenenlager entlassen worden war. Da wir uns sehr gut kennen, hat er mich besucht, und ich habe ihn über seine Erlebnisse in China ausgefragt. Da erzählte er unter anderem, dass es einige wenige Momente im chinesischen Gefängnis gab, als er wirklicher Gefahr ausgesetzt war. Ich nahm an, dass es sich um eine Lebensgefahr handelte, und fragte ihn: „Was für eine Gefahr war das?“ Er antwortete: „Die Gefahr, dass ich mein Mitgefühl mit den Chinesen verliere.“

Diese Aussage ist etwas Wunderbares und spiegelt meiner Meinung nach die tiefgehende Praxis dieses Mönches wider. Doch leider teilen nicht alle Tibeter seine Meinung.

Einmal habe ich einen Tibeter gefragt, der aus demselben Dorf in Amdo kommt wie ich selber, ob er böse auf die Chinesen sei. Bevor er antworten konnte, fingen seine Wangen an zu zittern, und sein Gesicht wurde purpurrot. „Ja, natürlich!“, sagte er. Solche Menschen gibt es also auch. Sehen Sie, es gibt die unterschiedlichsten Menschen.

Eure Heiligkeit, könnten Sie Ihre persönliche alltägliche Übung in Bodhicitta mit uns teilen?

Seit über 35 Jahren rezitiere ich täglich die „Acht Verse zur Geistesschulung“. Die mündliche Überlieferung und Belehrung zu diesen Versen habe ich von meinem Lehrer Trijang Rinpoche erhalten. Obwohl ich leider nicht viel Zeit habe, mich diesen Versen zu widmen, rezitiere ich sie dennoch täglich und denke ein wenig über sie nach. Das ist sehr nützlich. Der Verfasser dieser Verse ist der Kadampa-Meister Geshe Langri Tangpa.

Dieser großartige Meister des Dharma, der von 1054 bis 1123 gelebt hat, betrachtete die Übungen in Bodhicitta, darunter vor allem den Austausch von sich selbst mit anderen, als den wichtigsten Teil seiner eigenen Übung. Lassen Sie mich diese Verse kurz erläutern. Der erste Vers lautet:

1. Fest dazu entschlossen, das höchste Wohlergehen aller Lebewesen zu verwirklichen, die sogar einen Wünsche erfüllenden Edelstein übertreffen, will ich sie immer hochschätzen und lieben.

Die Güte der anderen Lebewesen uns gegenüber beschränkt sich nicht nur darauf, dass wir unser endgültiges Ziel der Erleuchtung erlangen können. Auch das Erreichen unserer vorübergehenden Ziele, wie zum Beispiel Glück usw., hängt ebenfalls von der Güte der anderen Lebewesen ab. Daher sind die anderen Lebewesen sogar kostbarer als selbst ein ganz besonderer Edelstein, der alle unsere Wünsche erfüllen kann. Daher wird in diesem Vers das Bestreben zum Ausdruck gebracht, die anderen Lebewesen höher zu schätzen als ein Wünsche erfüllendes Juwel. Der zweite Vers lautet:

2. Wann immer ich mit anderen zusammen bin, will ich mich als den Geringsten von ihnen betrachten und die anderen aus der Tiefe meines Herzens über mich selbst stellen.

Wann immer und wo auch immer wir andere Menschen treffen, sollten wir uns selber nicht als höherstehend betrachten und auf die anderen herabblicken oder sie bedauern, sondern sie als die Quelle unseres Glücks ansehen. Wir sollten sie hochschätzen und sie verehren, da sie über die gleichen Fähigkeiten wie ein Buddha verfügen, wie zum Beispiel die, uns Glück und Erleuchtung zuteilwerden zu lassen. Der dritte Vers:

3. In allem, was ich tue, will ich stets meinen Geist erforschen und, sobald Geistestrübungen auftauchen, die mich und andere gefährden, diesen entschieden entgegentreten und sie abwehren.

Wenn wir uns solch noblen Übungen widmen, kann es

sein, dass wir Hindernissen begegnen. Diese Hindernisse sind nicht äußerer, sondern innerer Natur. Sie kommen aus unserem eigenen Geist. Der wirkliche Feind ist in uns und nicht außerhalb von uns. Wenn wir dazu in der Lage sind, unseren Geist durch Übung und Anstrengung zu zähmen und im Zaum zu halten, werden wir wirklichen Frieden und Ruhe erlangen. Wenn unser Geist jedoch außer Kontrolle ist, verlieren wir sofort unseren inneren Frieden und unser Glück.

Letzten Endes sind die konstruktiven wie die destruktiven Kräfte in uns selbst zu finden. Es liegt also alles in unseren eigenen Händen. Daher sagte der Buddha, dass wir unser eigener Herr sind und alles von unserem Geist abhängt.

In der Übung von Bodhicitta müssen wir von allen schädlichen Handlungen Abstand nehmen. Am Wichtigsten ist es aber, Hass und Zorn zu vermeiden. Hass und Zorn können niemals Glück hervorbringen, wohingegen Anhaftung dies in bestimmten Fällen ermöglichen kann. Daher sind Hass und Zorn für einen Praktizierenden von Bodhicitta der größte Feind. Es gibt ein tibetisches Sprichwort, das sagt: „Wenn du die Fassung verlierst und zornig wirst, dann beiß Dir auf die Fingerknöchel." Das bedeutet, dass Sie es anderen besser nicht zeigen, wenn Sie Ihre Fassung verlieren, sondern stattdessen lieber auf Ihre Fingerknöchel beißen sollten.

4. Wenn ich übelwollenden Menschen begegne, die von mächtigen Untugenden und von den Geistesgiften angetrieben werden, will ich sie hochschätzen und lieben, als ob ich einen seltenen und kostbaren Schatz gefunden hätte.

Wenn Menschen von den Geistesgiften aufgewühlt und von der Unwissenheit angetrieben werden, dann neigen Shravakas und Pratyekabuddhas (die Praktizierenden des Fahrzeugs des Hinayana) dazu, solche Menschen zu vermeiden, da sie Angst davor haben, selbst davon angesteckt und fortgerissen zu werden. Bodhisattvas treten solchen Menschen jedoch mutig entgegen und ergreifen beherzt auch diese Gelegenheit, anderen Lebewesen Glück zuteilwerden zu lassen.

5. Wenn ich von anderen aus Neid schlecht behandelt, verleumdet und beschimpft werde, will ich die Niederlage ertragen und ihnen den Sieg anbieten.

Wenn andere Menschen böse auf uns sind, uns beschimpfen und uns aus Neid Schaden zufügen, dann sollten wir diese Menschen nicht aufgeben oder von uns stoßen, sondern sie weiterhin mit größtem Mitgefühl behandeln und uns weiterhin um sie kümmern. Als Praktizierende von Bodhicitta sollten wir diese Niederlage annehmen und den Sieg den anderen schenken – nicht mit der Absicht, durch edles Tun zu glänzen, sondern aus der Motivation heraus, den anderen zu helfen.

6. Wenn mich ein Mensch, den ich mit großer Zuversicht unterstützt habe, schwer verletzt, will ich ihn als meinen höchsten Lehrer betrachten.

Wenn es unter jenen, die böse auf uns sind, jemanden gibt, dem wir geholfen haben, und er unsere Güte nun auf eine falsche Art erwidert, dann könnte das Gefühl in uns aufkommen, diesem Menschen niemals mehr helfen zu wollen. Es ist sehr schwer, dieses Gefühl nicht aufkommen zu lassen, und das entwickelt sich zu einem großen Stolperstein für einen Praktizierenden in Uneigennützigkeit und Nächstenliebe. Ein Praktizierender sollte sich ganz besonders um solch einen Menschen kümmern. Jemanden, der uns Schaden zufügt, sollten wir daher auch als spirituellen Lehrer betrachten. Sie werden feststellen, dass Ihr Feind Ihr bester Lehrer ist.

7. Kurz gesagt, möge ich direkt und indirekt all meinen Müttern alle Hilfe und alles Glück zukommen lassen. Möge ich im Verborgenen alle unheilsamen Handlun-

gen und alles Leiden meiner Mütter auf mich nehmen. Jedes Lebewesen strebt danach, Glück zu erlangen und Leid zu vermeiden. Wenn wir uns daran erinnern, dass die anderen Lebewesen unendlich in ihrer Zahl sind, ich selbst jedoch nur ein einzelner Mensch, dann sind die anderen automatisch gewichtiger, unabhängig davon, wie wichtig und hochrangig wir selber sind. Mithilfe unserer Urteilskraft können wir erkennen, dass es sich lohnt, wenn wir uns selbst für die anderen zurücknehmen. Ein einzelner Mensch darf nicht eine große Anzahl anderer Menschen nur um seinetwillen aufgeben.

Hier schlage ich eine besondere Visualisierungsübung vor: Stellen Sie sich eine egoistische Version von sich selbst zu Ihrer Linken vor, jemanden, der alles tun würde, um seine eigenen Interessen durchzusetzen. Dann stellen Sie sich zu Ihrer Rechten eine große Anzahl von Lebewesen vor, die große Leiden erdulden müssen Stellen Sie sich die Leiden dieser Lebewesen ganz plastisch vor. Ihr neutrales und unvoreingenommenes Ich steht zwischen diesen beiden Lagern und betrachtet diese zwei Lager mit unparteiischen Augen.

Beobachten Sie, zu welcher Seite Sie sich mehr hingezogen fühlen. Untersuchen Sie, was wichtiger ist: Das Wohlergehen der einzelnen Person zu Ihrer Linken oder das Wohlergehen von vielen Lebewesen zu Ihrer Rechten. Aus dieser Perspektive betrachtet, würden sich selbst die egoistischsten Politiker der Mehrheit anschließen, ohne einen Augenblick zu zögern. Wie traurig es doch ist, egoistisch zu sein!

Wer sich aus ganzem Herzen darin übt, alles Leid und alle Fehler der anderen Lebewesen auf sich zu nehmen, der übt sich auch darin, alle guten Qualitäten, alle Tugenden und alles Glück, das er in sich selber trägt, mit allen anderen zu teilen.

Üben Sie sich! Anfangs ist es sehr schwer, die egoistische Einstellung einzuschränken, und es fällt Ihnen vielleicht schwer, sie unter Kontrolle zu bekommen. Wenn Sie sich aber über einen langen Zeitraum hinweg üben, dann wird sich der Erfolg immer mehr einstellen.

Die ersten sieben Verse haben die Übungen und die Methode des Konventionellen Bodhicitta behandelt, und der achte Vers handelt schließlich vom Absoluten Bodhicitta der Weisheit.

8. All diese Übungen will ich von den Befleckungen durch die acht weltlichen Interessen rein halten. Möge ich, indem ich alle Phänomene als Illusion betrachte, frei von jeglicher Anhaftung aus den Fesseln des Daseinskreislaufes befreit werden.

Wenn jemand solch eine edle Praxis mit weltlichen Interessen ausübt (indem er zum Beispiel nur für sich selbst ein langes und gesundes Leben oder Glück und Vollkommenheit in diesem Leben wünscht), dann ist das grundsätzlich falsch. Und wenn sich jemand hierin übt in der Hoffnung, von anderen als ein großartiger spirituell Praktizierender angesehen zu werden, dann ist das ebenso falsch. Und falls jemand Bodhicitta, Uneigennützigkeit und Nächstenliebe praktiziert und die Objekte seines Mitgefühls, alle Lebewesen, und sich selbst als wirklich existent betrachtet, dann geht auch dies am eigentlichen Kern der Übung vorbei.

Sie sollten sich in dieser Praxis üben mit dem Verständnis, dass alle Phänomene wie Illusionen sind. Die Kraft der logischen Beweisführung, die deren wirkliche und unabhängige Existenz widerlegt, hilft uns zu verstehen, dass alle Phänomene wie Illusionen sind. Was übrig bleibt, ist bloße Zuschreibung – bloßes Etikett und Benennung, was wie reine Illusion ist. Obwohl die Phänomene als wirklich existent erscheinen, haben sie dennoch keine inhärente und unabhängige Existenz.

Ihr Buch „Die Regeln des Glücks" war im Westen ein Bestseller. Im Osten sieht die Suche nach Glück wie ein westliches Konzept aus. Was verstehen Sie unter Glück?

Glück, Nirwana oder Moksha bedeutet Freiheit vom Leid, Freiheit von den leidbringenden Emotionen und Freiheit von der Sklaverei der Unwissenheit. So wird dieser Begriff im Dharma verstanden, besonders in der indischen Philosophie, wo Befreiung von der Unwissenheit – Glück – das Ziel darstellt. Alle Lebewesen, Tiere mit eingeschlossen, gleichen sich in dem Punkt, dass sie ein Recht darauf haben, glücklich zu sein.

Viele Menschen glauben, dass ökonomische Schwierigkeiten, Analphabetentum und ein schlechter Gesundheitszustand Ursachen von Unglück darstellen. Daher wird materiellem Fortschritt besonders viel Aufmerksamkeit geschenkt. In den entwickelten Ländern des Westens leiden jedoch viele Menschen unter Einsamkeit, Sorgen und einer tief sitzenden Angst, die oft durch Gier, Unzufriedenheit und geistige Unrast verursacht wird. Weder Geld noch technologischer Fortschritt können dazu beitragen, inneren Frieden zu entwickeln. Dafür ist eine richtige geistige Haltung notwendig. Diese Probleme werden durch unsere menschliche Intelligenz verursacht, und wir müssen die Antwort auf diese Probleme auch mit unserer menschlichen Intelligenz finden.

In der Neurologie hat man herausgefunden, dass positive geistige Zustände mit einer gesteigerten Aktivität in bestimmten Gehirnbereichen einhergehen. Bald werden die Menschen erkennen, dass innere Ruhe auf einem offeneren Geist und Herz beruht und auf der Fürsorge für die gesamte Menschheit als Einheit. Bei einer solchen Haltung respektieren wir das Recht der anderen auf Glück, wenn wir unser eigenes Glück verwirklichen wollen. Dies mag idealistisch klingen. Doch die Menschheitsgeschichte zeigt uns, dass viele Dinge, die anfangs zu idealistisch und wie ein unrealistischer Plan aussahen, schließlich doch funktioniert haben.

Wir streben nach Glück, und zwar nach einem Glück, das aus uns selbst kommt – ziemlich preiswert, das kostet gar nichts, nicht wahr? Ein Glück und ein Friede, den auch niemand zerstören, stehlen oder uns wegnehmen kann. Dieser innere Friede ist äußerst kostbar. Die Grundlage dieses inneren Friedens sind Liebe und Mitgefühl. Wenn Sie mit mir übereinstimmen, dann üben Sie sich bitte darin. Und wenn Sie mit mir nicht übereinstimmen, dann ist das auch in Ordnung.

Selbst nach vielen langen Jahren im indischen Exil, weit weg von ihrer tibetischen Heimat, sehen die Tibeter hier in Indien im Allgemeinen sehr friedvoll und glücklich aus. Und auch Sie selbst verströmen immer eine Freude, die ansteckend und so wunderbar mit anzusehen ist. Wo liegt das Geheimnis?

Vielen Dank. Wie schon gesagt, bin ich insgesamt ein sehr glücklicher Mensch. Und heute Morgen habe ich mich ganz besonders gefreut, da ich zum ersten Mal unseren indischen Freunden buddhistische Erklärungen geben kann. Ich denke und weise stets darauf hin, dass Tibet noch immer ein in Dunkelheit versunkenes Land wäre, wenn die unübertroffenen Lehren Buddhas nicht in Indien zur Blüte gelangt wären und von da unser Heimatland erreicht hätten. Doch in schwierigen Zeiten und auf komplizierten Wegen gelangte das Licht der Lehren Buddhas schließlich auch nach Tibet und wurde dort über viele Jahrhunderte hinweg bewahrt.

Heute verleihen diese Lehren Abertausenden von Menschen diesseits des lang gestreckten Himalajagebirges großes Glück und eine tiefe Zufriedenheit. Daher nehmen viele Menschen an, so glaube ich, dass die Tibeter, mich eingeschlossen, glückliche, frohe und freundliche Menschen seien. Das mag zum Teil an der Weite Tibets und an der kleinen Bevölkerungszahl der Tibeter liegen, die sich in diesem großen Land keine Sorgen um Unterkunft und Verpflegung zu machen brauchen. Der hauptsächliche Grund dafür ist jedoch in den Lehren Buddhas über Mitgefühl, Güte und Toleranz zu finden, die den Tibetern in Fleisch und Blut übergegangen sind.

Ob nun die einzelne Tibeterin oder der einzelne Tibeter gut über den Buddhismus Bescheid weiß, kann ich nicht sagen. Aufgrund der friedvollen buddhistischen Lehren hat sich jedoch eine gewisse angenehme Atmosphäre um uns Tibeter entwickelt. Wir sind den indischen buddhistischen Meistern für ihre Arbeit zu großem Dank verpflichtet, denn ohne sie wäre der Buddhismus nicht bewahrt worden und nicht nach Tibet gelangt. Ich habe mich daher immer als Schüler Indiens und als Schüler der indischen Meister betrachtet. Heute sind die Inder als Nachkommen der indischen Meister zu Schülern geworden, und der ehemalige Schüler ist zum Lehrer geworden. Ich denke, dass es eine Art Gegenleistung ist für die Hilfe und Freundlichkeit, die wir von Indien empfangen haben, wenn tibetische Lehrer heute auf indischem Boden buddhistische Unterweisungen geben können. Das ist ein besonderes und außergewöhnliches Gefühl. Dafür möchte ich den hier anwesenden Indern aufrichtig danken.

Fünftes Kapitel

Leiden

Leiden sind das größte Übel, von dem die Menschheit heimgesucht wird. Was ist die Wurzel von Leiden?

Es gibt viele verschiedene Ursachen für unser Leiden, doch die wichtigsten sind Begierde und Hass, die wiederum in der Unwissenheit wurzeln. Es gibt nun viele verschiedene Arten der Unwissenheit, doch die Unwissenheit, über die wir hier sprechen, ist die Unwissenheit, welche die Natur der Wirklichkeit falsch versteht. Doch wie groß und mächtig die Unwissenheit unseres Geistes auch erscheinen mag, sie hat letzten Endes keine gültige Grundlage.

Die Unwissenheit, die wir hier untersuchen, besteht aus zwei Teilen: dem Greifen nach einem Selbst, wobei der Fokus auf die eigene Person gerichtet ist, und dem Greifen nach einem Selbst in äußeren Dingen. Im Bereich von Glück und Leid kann man alle Phänomene in zwei Gruppen einteilen: einerseits das Lebewesen, welches Glück oder Leid erfährt, und andererseits die äußeren Phänomene. Das einzelne Lebewesen oder Individuum haftet aus Unwissenheit an der eigenen Existenz als etwas Unabhängigem und Unvergänglichem. Ebenso glaubt es an die unabhängige und inhärente Existenz äußerer Objekte.

Ob ein bestimmtes Phänomen wirklich existiert oder nicht, bestimmen wir durch das Bewusstsein, das es erkennt. Alle Phänomene, sowohl vorübergehende als auch beständige Phänomene, fallen in eine der beiden Kategorien tatsächlich existierender oder nicht-existierender Phänomene. Die Tatsache, dass einige Phänomene nur vorübergehend existieren, zeigt uns dabei, dass sie von Ursachen und Bedingungen abhängen. Daher werden sie „bedingte Erscheinungen" genannt. Auf der anderen Seite gibt es Phänomene, die nicht von Ursachen und Wirkungen abhängen und ewig existieren, und diese Phänomene werden „nichtbedingte Phänomene" genannt.

Lassen Sie uns hier einen kleinen Test durchführen: Erinnern Sie sich dafür an eine Zeit, in der Sie rundum glücklich waren. Oder denken Sie an einen schrecklichen Moment zurück, in dem Sie von Angst erfüllt waren. Fühlen Sie noch einmal das damals Erlebte und die erregten Geisteszustände, die damit einhergingen, in allen Einzelheiten. Und nun fragen Sie sich: „Wo genau ist dieses Ich und dieses Selbst, das ich jetzt so stark erlebe?" Überprüfen Sie, ob dieses „Ich" in Ihrem Körper, in Ihren Gefühlen oder in Ihrem Bewusstsein zu finden ist. Je genauer Sie suchen und nachforschen, desto weniger werden Sie dieses „Ich" finden können.

Was meinen Sie? Ist dieses „Ich" Ihr Bewusstsein oder Ihr Geist? „Ich" und „Geist" – ist das das Gleiche? Wenn „Ich" und „Geist" wirklich das Gleiche wären, könnten Sie dann überhaupt „mein Geist" sagen? Das scheint schwierig zu sein!

Wenn Leid ein wesenhafter Bestandteil unserer Existenz ist, wie können wir es dann überwinden? Sie betonen auch immer wieder, dass wir zunächst Gewissheit darüber haben müssen, dass das Leiden beendet werden kann, bevor wir uns auf den Weg machen, um das Leiden zu überwinden. Wie können wir diese Gewissheit finden?

Der Zustand, in dem man für immer von Leiden frei ist, wird Nirwana genannt. Endgültige Freiheit vom Leiden ist ewiges Glück, und das Mittel, mit dem dieser Zustand erreicht wird, ist die vierte der Vier Edlen Wahrheiten, die

Wahrheit des Weges, der zur Beendigung des Leidens führt.

Welche Grundlage haben wir nun, um uns vom Leiden zu befreien? Wir müssen uns mithilfe unserer Bewusstheit aus dem Leiden befreien. Die Wahrheit des Weges, der zur Beendigung des Leidens führt, ist ein sehr feiner und subtiler Geisteszustand, der mit einer besonderen Qualität von Weisheit ausgestattet ist. Somit ist der Wunsch, uns aus dem Leiden zu befreien, Bewusstheit oder Geist, und die Methode, um uns aus dem Leiden zu befreien, ist ebenfalls Bewusstheit oder Geist. Wir müssen unseren Geist vom Leiden befreien, und die Befleckungen unseres Geistes müssen aus unserem Erleben entfernt werden.

Die Wahrheit des Weges, der zur Beendigung des Leidens führt – die Bewusstheit, die die geistigen Verdunkelungen entfernt –, ist die gleiche Bewusstheit, die auch die Wirklichkeit und ihre Beschaffenheit erkennt. Daher ist es wichtig zu verstehen, was mit der Natur der Leerheit gemeint ist.

Da die Ursache des Leidens beseitigt werden kann, sind wir dazu in der Lage, auch das Leiden an sich zu beseitigen. Handlungen (Karma) und die ihnen zugrunde liegenden Motivationen, die alle einem unwissenden Geist entstammen, sind die Ursache von Leiden, und daher können wir das Leiden überwinden. Obwohl es die Möglichkeit gibt, das Karma zu beseitigen, müssen wir auch Wissen darüber haben: Obwohl Karma eine Ursache für etwas ist, muss es zuerst reaktiviert werden, um ein Ergebnis hervorbringen zu können. Im Wesentlichen ist die Unwissenheit die Hauptursache. Wenn wir über die Möglichkeit sprechen, die Verdunkelungen des Geistes zu beseitigen, dann liegen all diese Verdunkelungen in unserer Haltung begründet, die nach einem Selbst greift. Wir kommen also auf den Punkt zurück, wie wir unser Bewusstsein klären und läutern können, das die Phänomene fälschlicherweise als inhärent existent wahrnimmt.

Obwohl alle buddhistischen Schulen Methoden darlegen, wie wir dieses irrige Bewusstsein bereinigen können, ist die Methode die beste, wie sie im Madhyamaka-Lehrsystem vermittelt wird, das auf den Weisen und Gelehrten Nagarjuna zurückgeht. Diese Schule wird auch die Schule des Mittleren Weges genannt, da sie einen mittleren Weg zwischen dem Extrem der Existenz und dem Extrem der Nichtexistenz geht. Indem wir logische Beweisführungen anwenden, um die inhärente Existenz zu widerlegen, können wir die Natur der Leerheit verstehen. Durch solche Untersuchungen können wir zu dem Schluss kommen, dass der Geist von seiner Unwissenheit und seinen Befleckungen befreit werden kann.

Gibt es eine spezielle Methode, um Leiden zu verringern?

Wir alle besitzen sowohl den uns angeborenen Wunsch nach Glück als auch das uns angeborene Bestreben, Leid zu vermeiden. Zusätzlich zu diesem ganz natürlichen Wunsch und Bestreben haben wir auch ein Recht darauf, Glück zu erlangen und vom Leiden frei zu sein. Die Buddhisten sagen, dass dies von Natur aus unser Recht und so das Recht aller anderen Lebewesen ist.

Es gibt viele verschiedene Kategorien von Glück und Leid, die grob in körperliches und geistiges Glück und Leid unterteilt werden können. Von diesen beiden, Körper und Geist, ist der Geist der wichtigere Faktor, und daher sind Erfahrungen des Geistes wichtiger als Erfahrungen des Körpers. Buddha sagte, dass es Methoden gibt, mit denen wir dauerhaftes Glück erlangen und uns vom Leiden befreien können.

Einige Wissenschaftler vertreten die Ansicht, dass die Wurzeln des Leidens biologischer Natur seien und in der Biochemie des Gehirns begründet lägen. Zudem können Leiden aus Erfahrungen in der Kindheit, aus unterdrückten und negativen Gefühlen, aus Angst und aus selbstzerstörerischen Gewohnheiten entstehen. Dieses Modell erscheint mir nicht sehr ermutigend, da man dann Leiden niemals gänzlich vermeiden kann. Man kann höchstens hoffen, ein wenig reflektierende Distanz zum Leiden zu bekommen.

Wie Sie richtig erklärt haben, können Leiden biologisch erklärt werden, allerdings nur in begrenztem Umfang. Im Buddhismus und allen Weltanschauungen, die das Konzept der Wiedergeburt akzeptieren, ragt die Erklärung durch karmische Eindrücke oder Veranlagungen besonders hervor. Auch wenn man nur eine Lebensspanne betrachtet, gilt, dass unsere frühen Erfahrungen zu verschiedenen Dispositionen führen und gewisse Eindrücke und Spuren in unserem Geist hinterlassen.

Gemäß wissenschaftlichen Erklärungen resultiert jeder Gedanke aus einer Veränderung im Gehirn oder Nervensystem, einer chemischen Reaktion. Doch manchmal geschieht auch das Gegenteil: dass der Gedanke als Erstes auftritt und chemische Veränderungen im Körper folgen. Wenn das möglich ist, wie funktioniert dies aus wissenschaftlicher Sicht?

Wenn wir akzeptieren, dass Bewusstsein, Geist oder Gedanken ein Ergebnis von Gehirnaktivität oder eines biochemischen Prozesses sind, dann bilden diese Prozesse die Grundlage für jegliche Erfahrung des Geistes. Hier beruht Geistiges also auf Abläufen in unserem Körper. Wenn dem so ist, wie kann es dann sein, dass Veränderungen in den Gedanken Veränderungen im physischen Körper verursachen?

Wenn mit unserer körperlichen Verfassung etwas nicht stimmt, stellen sich Frustration und Verärgerung leichter ein. Und wenn wir körperlich fit sind, dann sind wir auch gefühlsmäßig ausgeglichener. Doch manchmal treten ohne offensichtliche Veränderungen dennoch subtile Veränderungen auf. Beispielsweise kann, wenn unsere Gemütsverfassung ruhig und gelassen ist, eine starke Erinnerung an die Vergangenheit oder auch nur ein flüchtiger Gedanke eine körperliche Veränderung hervorrufen.

Auf gröberer Ebene entstehen bestimmte geistige Haltungen aufgrund von körperlichen Veränderungen. In anderen Fällen geschieht etwas nur auf der geistigen Ebene und bewirkt eine körperliche Veränderung. Falls dies der Fall ist, wie hat sich dann dieses geistige Element entwickelt? Eine rein biologisch fundierte Erklärung der Leiden lässt also viele Fragen unbeantwortet.

Hass und Zorn sind starke Emotionen. Ein möglicher Umgang mit Hass besteht darin, die Fähigkeit zum Hass zuzulassen und dennoch zu versuchen, den Hass zu überwinden. Denn wenn wir nicht hassen können, scheint etwas mit uns nicht in Ordnung zu sein. Wenn wir aber nur hassen und diesen Hass nicht überwinden können, dann ist das auch nicht richtig. Wie ist die buddhistische Herangehensweise an Hass und Aggression?

Wir müssen wirksame Mittel finden, um mit negativen Emotionen umzugehen. Ich habe den Eindruck, dass die Menschen mit negativen Emotionen die Mehrheit der Menschheit ausmachen. Die Methoden zum Umgang mit negativen Emotionen bilden die Grundlage dessen, was ich mit säkularer oder weltlicher Ethik bezeichne, die keinen Glauben und keine Religion benötigt. Ich wende diese Methoden selber auch an. Das heißt, ich untersuche den Wert und Nutzen von negativen Emotionen wie zum Beispiel Hass. Wenn wir großen Hass empfinden, dann ist es schwer zu sagen, ob dieses Gefühl dem Menschen, den wir hassen, tatsächlich schadet oder nicht. Es kann sein, dass der Mensch, den wir hassen, davon völlig unberührt bleibt, aber der Hass schadet auf jeden Fall *uns*. Während wir starken Hass empfinden, laufen wir Gefahr, unseren Appetit, unseren Schlaf und sogar unser Glück zu verlieren, da wir uns im Empfinden von Hass nicht wirklich glücklich fühlen können.

Hass hat daher keinerlei Nutzen. Untersuchen Sie die Ausgangslage. Wenn Sie sich in einer Situation befinden, in der Sie gewisse Gegenmaßnahmen ergreifen müssen, dann ist die Frage, ob das gerechtfertigt ist oder nicht. Wenn der andere Mensch Ihnen Unrecht zugefügt hat, dann haben Sie natürlich das Recht, darauf zu reagieren. Aber betrachten Sie die Situation auch von der anderen Seite, denn auch ohne Hass können Sie Gegenmaßnahmen ergreifen. Das kann durch ein genaues Analysieren der Situation erreicht werden.

Mit der Anhaftung, dem Gegenpol zum Hass und dem zweiten der drei grundlegenden Geistesgifte (Unwissenheit, Begierde und Hass), verhält es sich ein wenig komplizierter. Wenn wir diesen negativen Emotionen freien Lauf lassen, wachsen sie ins Unermessliche und werden leicht unkontrollierbar. Daher ist es besser, negative Emotionen wie Begierde, Anhaftung, Hass, Stolz usw. gleich von Anfang an in Grenzen zu halten.

Müssen wir die negativen Emotionen also vollständig auslöschen, oder geht es eher darum, sie in Grenzen zu halten?

Oh ja, natürlich in Grenzen halten. Auf menschlicher Ebene gibt es keine Möglichkeit, diese Emotionen gänzlich auszuschalten. Ein praktizierender Buddhist, der die Vorstellung von Nirwana oder Moksha akzeptiert, akzeptiert jedoch auch die Möglichkeit, all diese negativen Emotionen letztlich vollständig auszulöschen.

Nehmen wir zum Beispiel die Begierde. Es gibt verschiedene Arten von Begierde. Es ist nützlich, auf geistiger Ebene Unterscheidungen zu treffen. Sogar im Falle von Zorn gibt es positiven und negativen Zorn. Man kann auch aus einem Gefühl der Fürsorge und Zuneigung heraus Zorn entwickeln. Diese Art von Zorn ist sicherlich positiv und führt somit zu einer positiven Handlung.

Wie sieht es mit Zorn aus, wenn man seine Rechte verteidigt? Würden Sie sagen, dass dies „positiver Zorn“ ist?

Ich glaube, dass es extrem ist, die Leiden anderer zu vergessen, wenn man seine eigenen Rechte verteidigt und für sie eintritt. Die anderen Menschen haben auch ihre Rechte, und wir alle haben einen Anspruch darauf, unsere Rechte zu verteidigen und unsere Ziele zu erreichen. Solche Gefühle und Ansprüche sind auf beiden Seiten angemessen.

Begierde kann positiv und negativ sein, ebenso wie ein starkes Gefühl für das eigene Ich. Um Willenskraft und Entschlossenheit zu entwickeln, anderen Menschen zu helfen und gute Werke zu tun, brauchen wir Selbstvertrauen. Dafür brauchen wir ein starkes Gefühl für ein Ich. „Ich kann das tun“, „Ich darf diese Arbeit nicht aufgeben“ – ein starkes Selbstgefühl ist notwendig, um so etwas sagen zu können.

Wenn wir dieses Selbstgefühl aber übertreiben und so sehr nur noch an uns selber denken, dass wir keine Hemmungen mehr haben, anderen Schaden zuzufügen und ihre Rechte zu missachten, dann ist diese Art von Anhaften an einem Ich schädlich und extrem.

Wenn sich unser Hass und Zorn auf eine Gruppe von Terroristen richtet, die vielen oder gar Hunderten von Menschen Schmerzen, Verzweiflung und Tod zufügen wollen, wie geht man dann am besten mit diesem scheinbar „gerechtfertigten" Hass und Zorn um?

Unter gewissen Umständen müssen wir bestimmte Gegenmaßnahmen ergreifen. Wenn Sie von jemandem unrechtmäßig und übermäßig ausgebeutet werden, dann ist es natürlich Ihr Recht, Gegenmaßnahmen zu ergreifen. Doch sollten Sie das ohne Zorn und ohne Hass tun. Das ist möglich, wenn auch nicht einfach. Wenn wir Gegenmaßnahmen aus der analytischen Meditation heraus ergreifen anstatt aus Zorn und Hass, dann ist das wirkungsvoller. Das ist der Weg der Geistesschulung. Mit der Zeit entwickelt sich die Erkenntnis, wie schädlich, nutzlos und destruktiv unsere negativen Emotionen sind.

Mit einer positiven geistigen Grundhaltung kann sich auch unsere Einstellung gegenüber den negativen Emotionen verändern. Wir werden diesen negativen und leidbringenden Emotionen gegenüber dann etwas vorsichtiger, und ein gewisser Abstand zu ihnen entwickelt sich von allein. Schließlich verringern sich diese negativen Emotionen und entzünden sich nicht so leicht wie zuvor. Gleichzeitig verstärken sich die positiven Emotionen.

Auf diese Weise verändern und transformieren wir unseren Geist. Die Arbeit mit dem Geist mithilfe der analytischen und einsgerichteten Meditation verstärkt die Schärfe und Aufmerksamkeit unseres Geistes. Wenn wir eine mitfühlende Haltung entwickeln, wird unsere Angst automatisch geringer, und unsere Entschlossenheit, unsere Willenskraft und unser Selbstvertrauen werden stärker. Das ist das wichtigste Ergebnis der Arbeit mit unserem Geist. Willenskraft, die aus Stolz entsteht, ist blind. Doch Selbstvertrauen, das auf aufrichtiger Motivation beruht, ist solide.

Legt der Buddhismus Wert auf das Erleben von Leidenschaft und Ekstase als positiven menschlichen Geisteszuständen?

Das weiß ich nicht. Wenn wir das Nirwana oder die Erleuchtung erlangen wollen, dann, denke ich, lohnt es sich, aufgeregt zu sein. Nach meiner Erfahrung ist es aber üblicherweise besser, ausgeglichen zu bleiben. Zu viel Aufregung kann zu viel Unglück auslösen. Zu viele Höhen und Tiefen sind ebenfalls nicht gut. Diese Art zu leben und zu denken mag zwar weniger farbenfroh erscheinen, doch ist sie auf lange Sicht gesehen besser und auch gesünder. Das ist meine Erfahrung oder mein Gefühl.

Buddha sagt, dass Leiden überwunden werden können. In welches Phänomen hinein verwandelt sich Leiden und löst es sich auf?

In die Natur der Leerheit. Somit ist die Natur der Leerheit, in die hinein sich alles Leiden auflöst oder reinigt, auch eine Qualität des Samsara, des zyklischen Daseinskreislaufs. Die Leerheit als Qualität des Samsara ist mit der Leerheit als Qualität des Nirwana identisch. Wenn wir die Natur des Samsara erkannt haben, haben wir das Nirwana erreicht.

Anders erklärt: Wenn das Bewusstsein – der Geist, der den Lebewesen im Samsara innewohnt – dem Einfluss eines negativen Geisteszustandes ausgesetzt ist, dann wird dies Samsara genannt. Wenn man jedoch den eigenen Geist unter Kontrolle hält und ihn in sich selbst ruhen lässt, dann ist das Nirwana. Das hört sich leicht an, ist aber sehr schwer zu verwirklichen.

Wenn wir von einem negativen Geisteszustand völlig aufgewühlt sind, dann sollte dieser negative Zustand zunächst in einen neutralen und dann in einen positiven und heilsamen Zustand umgewandelt werden. Wenn wir unter dem Einfluss von Hass und Zorn stehen, dann ist es fast unmöglich, sofort auf Mitgefühl oder ein anderes positives Gefühl umzuschalten. Wir sollten zuerst versuchen, den negativen Geisteszustand in einen neutralen zu transformieren.

Das Samsara ist der zyklische Daseinskreislauf, in dem wir uns befinden. Da das Nirwana die Beendigung des Leidens ist, ist es ein unvergängliches Phänomen, wohingegen der zyklische Daseinskreislauf des Samsara ein vergängliches Phänomen ist. Auch dadurch können wir unser Verständnis erweitern.

Der Weise Nagarjuna sagte, dass vollständiges Verstehen von Samsara Nirwana sei. Nirwana ist ein Zustand, der völlig frei von Leiden und das Ende allen Leidens ist.

Sechstes Kapitel

Die Motivation auf dem spirituellen Weg

Motivation spielt in der buddhistischen Philosophie eine Schlüsselrolle für die spirituelle Entwicklung …

Motivation ist äußerst wichtig, und es gibt ein Sprichwort, das besagt: „Wenn wir uns bemühen, dann können wir die Befreiung erlangen, auch wenn wir ein Familienleben führen." Wenn wir uns aber nicht bemühen, dann werden wir die Befreiung selbst dann nicht erlangen, wenn wir unsere Familie hinter uns lassen, um in der Abgeschiedenheit einer Einsiedelei zu leben.

Wenn die Hauptmotivation menschlichen Handelns das Mitgefühl ist, dann wird all unser Tun menschlich. Ohne Mitgefühl wird unser Handeln zu maschinell. Wenn unsere Aktivitäten durch aufrichtiges Mitgefühl motiviert sind und nicht nur durch Profitstreben oder durch kurzfristigen Nutzen, sei das nun im Bereich der Bildung, der Wirtschaft, der Technologie, der wissenschaftlichen Forschung oder in unserem Privatleben, dann wird das für die anderen von Nutzen sein. Unsere täglichen Aktivitäten werden dann zu den Handlungen eines Bodhisattva.

Philosophisch gesehen gibt es jedoch einen Unterschied zwischen Motivation und Methode. Gandhi beispielsweise unterschied zwischen der Methode und dem Ziel, den Mitteln und dem Zweck. Wie ziehen Sie diese Trennlinie?

Auch das hängt letztendlich von der Motivation ab. Nehmen wir zum Beispiel Gewalt und Gewaltlosigkeit. Wenn sie von aufrichtigem Mitgefühl motiviert ist, dann stellt eine strenge Handlung oder ein hartes Wort, wie beispielsweise von Eltern zu Kindern oder von Lehrern zu Schülern, keine Gewalt dar. Selbst wenn das von außen betrachtet grob erscheinen mag, handelt es sich hier nicht um Gewalt. Wenn wir jedoch, von negativen Gefühlen motiviert, jemanden betrügen und ausnutzen wollen und dabei freundliche Worte benutzen, dann handelt es sich hier um eine Form von Gewalt, auch wenn es von außen betrachtet freundschaftlich erscheint. Die Motivation ist also der ausschlaggebende Faktor. Aber natürlich darf etwas rundherum Gewalttätiges nicht gerechtfertigt werden, indem man sagt, dass die Motivation eine gute war.

Eure Heiligkeit, für die Buddhisten ist die Motivation ausschlaggebend, die Hindus legen sehr viel Wert auf die Methode oder die Mittel. Könnten Sie das näher erläutern?

Diese beiden Faktoren sind gleichermaßen von Bedeutung. Wir dürfen dabei aber das Resultat nicht vergessen. Um eine gute Motivation zu haben, braucht man auch ein gutes Ziel, das man anstrebt.

Wenn ich mich recht erinnere, war es der verstorbene Premierminister Indiens, Morarji Desai, der mir bei einer Diskussionsrunde über Gewalt und Gewaltlosigkeit sagte, dass die Methode überaus wichtig sei. Aus buddhistischer Sicht sind die Motivation und das Resultat wichtiger als die Mittel. Einige Menschen glauben, dass trotz guter Motivation und guter Resultate Gewalt immer schlecht sei. Aus buddhistischer Sicht ist das Ergebnis gut, wenn die Motivation eine gute ist.

In Tibet gab es eine Statue des Buddha, die im Freien stand. Es regnete. Jemand lief an der Statue vorüber und dachte: „Das darf nicht sein, dass Regen auf diese Buddhastatue fällt." So sah er sich um, um nach etwas zu suchen, womit er die Statue bedecken und schützen konnte. Doch er konnte nichts finden außer ein paar alten Schuhsohlen, mit denen er die Statue dann bedeckte.

Dann lief jemand anderes an der Statue vorbei und dachte: „Das darf nicht sein, dass jemand alte Schuhsohlen auf einer Buddhastatue ablegt!" Und er nahm die Sohlen wieder herunter. Da die Motivation in beiden Fällen eine gute war, waren beide Handlungen positiv.

Gibt es unterschiedliche Arten der Motivation auf dem spirituellen Weg? Beispielsweise werden Mitgefühl und Bodhicitta als die besten Arten der Motivation betrachtet, um das endgültige Ziel der Buddhaschaft zu erlangen.

Die allerbeste Art von Motivation ist Bodhicitta. Das ist der Wunsch, für das Wohlergehen aller Lebewesen die Buddhaschaft zu erlangen. Die zweitbeste Art von Motivation ist es, zumindest die Befreiung erlangen zu wollen. Und die drittbeste Art von Motivation ist es, frei von Anhaftung an dieses Leben nach Glück in all unseren zukünftigen Leben zu streben.

Um eine angemessene oder richtige Motivation zu entwickeln, reflektieren wir zuallererst darüber, dass dieses Leben, an das wir uns so stark klammern, sehr schnell vorübergeht. Wenn unser Leben wirklich dauerhaft und unvergänglich wäre, dann würde es sich sogar lohnen, daran festzuhalten. Doch ein Menschenleben ist auf höchstens 100 Jahre beschränkt, in wenigen Ausnahmefällen auf 120 oder 130 Jahre. Gewöhnliche Menschen wie wir können auf keinen Fall länger leben. Denken Sie daher immer an die Vergänglichkeit.

Wenn schließlich das eintritt, was wir den Tod nennen, dann werden uns vorübergehende Dinge, die wir in diesem Leben angehäuft haben, wie Reichtum, Geld, Macht und Ruhm, in keiner Weise weiterhelfen. Das Leben ist etwas, das sich in jedem Augenblick verändert. Wenn wir die zukünftigen Leben völlig außer Acht lassen und zu sehr nur mit den Angelegenheiten dieses Lebens beschäftigt sind, wenn wir nur wünschen, in diesem Leben eine gute Zeit zu haben, und zu viel Anhaftung an dieses Leben entwickeln, dann werden wir am Ende unseres Lebens sehr viel mehr Problemen gegenüberstehen.

Von Anfang an sollte unsere Haltung balanciert und gelassen sein: „Ja, das sind die Tatsachen. So ist die Wirklichkeit. Das Leben ist vergänglich, und wir werden alle sterben.“ So können die Dinge leichter akzeptiert werden, und wenn sich die Umstände verschlechtern, wird unser geistiger Aufruhr nicht so gewaltig und somit leichter zu ertragen sein. Manchmal ist es sehr hilfreich, die Biographien von Menschen zu lesen, die viel Lebenserfahrung haben. Wir sollten Folgendes bedenken: Wenn wir zu sehr mit den Angelegenheiten dieses Lebens beschäftigt sind, dann erleben wir vermehrt ungünstige Umstände, wohingegen wir weniger Schwierigkeiten erfahren werden, wenn wir eine realistischere und pragmatische Einstellung zum Leben annehmen.

Wenn Bodhicitta also die beste Art von Motivation ist, wie entwickelt man es?

Um Bodhicitta zu entwickeln, denken wir zunächst über die Tatsache nach, dass alle Lebewesen, genau wie wir selbst, die natürliche Veranlagung haben, nach Glück zu streben und Leid zu vermeiden. Gleichermaßen haben alle Lebewesen auch ein Recht darauf, Glück zu erreichen und von Leid befreit zu werden! Der einzige Unterschied ist der, dass ich alleine nur ein einzelner Mensch bin, wohingegen die anderen Lebewesen unendlich viele sind. In anderen Worten: Ich befinde mich in der Minderheit, und die anderen sind in der Mehrheit. Obwohl es also einen enormen Unterschied in Bezug auf die Anzahl der Lebewesen gibt, die so fühlen, ist das Gefühl bei allen das gleiche: „Ich möchte Glück. Ich möchte kein Leid.“

Es gibt also eine deutliche Beziehung zwischen mir und den anderen, und ich bin von den anderen abhängig. Genau betrachtet, kann ich ohne die anderen kein Glück erlangen, weder in der Vergangenheit noch heute und auch nicht in der Zukunft.

Wenn wir also mehr an das Wohlergehen der anderen denken, so werden letztendlich wir selbst daraus den Nutzen ziehen. Wenn wir in diesen Bahnen denken, dann werden wir herausfinden, dass die anderen wichtiger sind als wir selbst, und wir werden zu dem Schluss kommen, dass unser eigenes Schicksal nur eine einzige Person betrifft. Wenn man Leiden erdulden muss, um das Glück einer unendlichen Zahl von anderen Lebewesen hervorzubringen, dann lohnt es sich wirklich, zu leiden. Wenn auf der anderen Seite viele andere Lebewesen nur für eine einzige Person Leiden erdulden müssen, dann ist das völlig verkehrt.

Und schließlich denken wir vermehrt über die Leerheit nach. Das ist der Ausgangspunkt, um den Kampf mit dem inneren Feind aufzunehmen. Letztendlich hängt es von unserer eigenen Motivation ab.

Eure Heiligkeit, wenn vor allem die Motivation den Wert einer Handlung bestimmt und nicht so sehr die Konsequenzen der Handlung oder die Handlung an sich, wie können wir dann eine richtige Motivation entwickeln? Vor dem Hintergrund der Tatsache, dass sich unser Geist in verschiedenen Stadien der Täuschung und Unwissenheit befindet, bis wir die Erleuchtung erreicht haben, scheint dies sehr schwer zu sein.

Wie ich schon erwähnt habe, ist im Kampf gegen den inneren Feind der erste buddhistische Schritt defensiv und der zweite Schritt offensiv. Am Anfang sind wir nicht dazu in der Lage, die Befleckungen des Geistes direkt und offensiv zu bekämpfen. Hier wenden wir defensive Strategien an, um nicht unter den Einfluss von noch mehr geistigen Befleckungen zu fallen. In diesem Stadium können wir sofort damit anfangen, von den zehn unheilsamen Handlungen von Körper, Rede und Geist Abstand zu nehmen, wie zum Beispiel Töten, Stehlen, Lügen, sexuelles Fehlverhalten für Laienpraktizierende, Zwietracht säen, sinnloses Geschwätz, Neid usw. Das ist die unmittelbare Praxis.

Überall auf der Welt wird das Töten als etwas Negatives angesehen. In manchen Ländern wird für Mord sogar die Todesstrafe verhängt. Und alle stimmen darin überein, dass das Stehlen auch etwas Negatives ist. Wenn ein paar Polizisten anwesend sind und uns beobachten, dann geben wir uns als brave Bürger aus und nehmen sofort Abstand davon, zu stehlen und zu töten. Doch wenn niemand zuschaut, dann verhalten wir uns vielleicht anders, und das ist falsch. Jemand, der die Lehre Buddhas, eine andere Religion oder eine säkulare Ethik praktiziert, sollte immer dazu in der Lage sein, sich ethisch richtig zu verhalten, unabhängig davon, ob ein Polizist zusieht oder nicht. Ein Praktizierender des spirituellen Weges trägt seine eigene Polizei immer in sich und ist daher immer wachsam.

Überprüfen Sie sich selbst und überprüfen Sie ständig, ob Ihre Motivation aufrichtig ist. Sobald Sie morgens aufwachen, beginnen Sie den Tag mit so etwas wie einem geistigen Strategieplan. Treffen Sie die Entscheidung: „Bis zum Tod, und ganz besonders diesen Monat, diese Woche und diesen Tag, werde ich mein Leben nach ethischen Prinzipien führen und nichts tun, das anderen Schaden zufügt, auch wenn es mir nicht möglich ist, ihnen zu helfen." Das ist unser Plan früh am Morgen. Egal, auf welchem Gebiet Sie tätig sind, im Geschäftsleben, dem Gesundheitswesen oder auf technologischem Gebiet: Handeln Sie nach Ihren ethischen Prinzipien.

Selbst in der Kriegsführung sind ethische Prinzipien von Nutzen. Wenn Sie wirklich töten müssen, dann tun Sie es mit einer hohen ethischen Gesinnung und in einem humanen Kontext. Verlieren Sie niemals Ihr menschliches Gefühl. Töten Sie nur, wenn es unbedingt notwendig ist. In der modernen Kriegsführung gibt es immer weniger menschliches Empfinden, da alles mechanisiert ist. Maschinen kennen kein menschliches Gefühl und keinerlei Erbarmen. So sind die Kriege immer destruktiver geworden. Frauen und Kinder werden getötet. Der Tod von Unschuldigen kann nicht mehr vermieden werden. Eine Bombe hat kein Gewissen und unterscheidet nicht zwischen denen, die getötet, und jenen, die verschont werden sollen. So wird im Einflussbereich einer modernen Bombe alles vernichtet, was zu katastrophalen Auswirkungen führt.

Wir messen Maschinen zu viel Wert bei und sollten unser Alltagsleben vielmehr im Einklang mit ethischen Prinzipien leben. Genau wie es in der äußeren Welt eine Gesetzgebung, eine Polizei und eine Rechtsprechung gibt, sollten diese drei Kräfte auch in unserem Inneren vorhanden sein. Unabhängig von der externen Beurteilung durch einen Obersten Gerichtshof sollten wir unsere Handlungen für uns selber beurteilen und es erkennen und bereuen, wenn wir etwas Falsches getan haben, und dann versuchen, es in Zukunft besser zu machen.

Am Ende des Tages, bevor Sie sich schlafen legen, können Sie eine Liste Ihrer geistigen und körperlichen Aktivitäten während des Tages aufstellen, genau wie ein Geschäftsmann, der jeden Abend seinen Gewinn berechnet: „Wie viele negative Handlungen habe ich ausgeführt und wie viele positive?“ Wenn wir unser Augenmerk darauf richten, wird sich unser Verhalten im Laufe der Zeit verbessern, und auch Menschen, die am Anfang leicht reizbar und jähzornig waren, werden sanftmütiger werden.

Aus eigener Erfahrung kann ich Ihnen versichern, dass wir unser Verhalten verbessern können. Das ist der erste Schritt in unserer Übung. Wenn wir einmal eine gewisse innere Stärke und Selbstdisziplin erlangt haben, um die schädlichen Handlungen unter Kontrolle zu halten und ein guter, aufrichtiger, warmherziger Mensch zu werden, der anderen keinen Schaden zufügt, dann wird es mehr Mitgefühl, mehr Liebe und mehr Güte in uns geben. In dem Maß, wie sich diese Qualitäten vergrößern, werden wir stabiler und mutiger werden, und unsere Willenskraft wird sich vergrößern. Das sind gute menschliche Qualitäten, meinen Sie nicht auch?

Wenn wir beispielsweise nicht gänzlich auf Alkohol verzichten können, dann trinken wir eben ein bisschen weniger. Ebenso sind Zigaretten sehr schädlich für unsere Gesundheit und unsere Zähne. Normalerweise haben wir schöne, weiße Zähne, und es ist dumm, sie mit Nikotin zu verfärben und sich dabei zu vergiften, oder etwa nicht? Obwohl wir uns Gesundheit wünschen, rauchen und trinken wir! Das ist ein Widerspruch.

Es ist nicht notwendig, dass Sie Nonne, Mönch oder ein Brahmacarya [ein in sexueller Enthaltsamkeit lebender Mensch] werden. Auch innerhalb eines normalen Lebens in der Gesellschaft können wir einen reinen und aufrichtigen Lebenswandel führen.

Mitgefühl und Warmherzigkeit sind so etwas wie eine universelle Religion, ob wir nun an die Wiedergeburt, einen Gott oder verschiedene Götter glauben oder nicht. Selbst für Buddhisten ist es letzten Endes unwichtig, ob sie an Buddha glauben oder nicht. Für uns alle ist es jedoch von überragender Bedeutung, ein guter Mensch zu sein, denn früher oder später werden wir alle sterben müssen. Wenn wir in unserer Todesstunde dann zurückschauen und all die vergangenen Jahre bereuen, dann wird es zu spät sein. Daher ist *jetzt* die Zeit, uns darum zu bemühen, ein besserer Mensch zu werden.

Verbringen Sie jeden Ihrer Tage auf gute und nützliche Weise. Wenn Sie anderen nicht helfen können, dann schaden Sie ihnen zumindest nicht. Wenn dann der letzte Tag für Sie gekommen ist, dann werden Sie sehr glücklich und zufrieden sein können. Einige Ihrer Freunde und Familienangehörigen mögen dann zwar weinen, doch Sie selbst werden sich glücklich fühlen und werden nichts bereuen müssen. Wenn Sie in diesem Leben gute Samen legen, dann haben Sie schon jetzt die Garantie dafür, dass Ihr nächstes Leben ein besseres sein wird, auch wenn es niemanden gibt, der Ihnen hierfür einen Garantieschein ausstellt.

SIEBTES KAPITEL

Karma

Unseren Dialog über Karma würde ich gerne mit der Frage beginnen, was mich hierher geführt hat. Unsere Gespräche begannen Ende der 1960er Jahre mit meinen offiziellen Besuchen bei Ihnen, und nun bin ich schon wieder hier. Dafür gibt es keine bewusste Willensentscheidung von meiner Seite, lediglich einen inneren Drang, der mich hierher führt, einen Drang, über den ich allerdings keine große Kontrolle habe. Ist dies mein Karma, und ist dann mein sogenannter „freier Wille" lediglich eine Illusion?

Wir haben keine Kontrolle über das Karma und die Handlungen, die wir in der Vergangenheit angesammelt haben. Wenn wir keine bereinigenden Praktiken anwenden, müssen wir deren Resultate erfahren, ob wir dies wünschen oder nicht. Wir haben jedoch sehr wohl Kontrolle über unser eigenes Karma, wenn es darum geht, was wir in Zukunft erfahren werden, denn das wird durch unsere eigenen Handlungen jetzt in der Gegenwart bestimmt.

Alle unsere Erfahrungen sind Konsequenzen unserer vergangenen Handlungen, unseres Karmas. Auf relativer Ebene gibt es gewisse Unterschiede, wenn wir beispielsweise über das Sterben reden. So gibt es drei Arten des Sterbens: als Konsequenz des Karmas, wenn das eigene Verdienst sich erschöpft hat und vorzeitigen Tod durch Unfall. Diese drei sind jedoch miteinander verwoben und hängen, allgemein gesprochen, alle vom eigenen Karma, von der eigenen Vergangenheit ab, denn darin liegt auch die letztendliche Ursache für den eigenen Tod unter den jeweiligen Umständen.

Auf ähnliche Weise gibt es Krankheiten aufgrund von Karma, aufgrund von gestörtem Gleichgewicht der Elemente und Energien im eigenen Körper, aufgrund äußerer Einflüsse und dergleichen.

Hier ist es notwendig, die beiden Faktoren Ursachen und Bedingungen näher zu erläutern. Bedingungen beziehen sich auf die unmittelbaren Umstände. Wir können sie beeinflussen und Kontrolle darüber bekommen.

Dahingegen haben wir keine Kontrolle über das Karma, das wir durch unsere Handlungen in der Vergangenheit angesammelt haben. Diese Handlungen wurden ausgeführt und haben Spuren und Eindrücke in unserem Bewusstsein hinterlassen. Wir müssen das Ergebnis davon erfahren. Was wir in der Zukunft erleben werden, liegt in unseren eigenen Händen und wird von uns selbst bestimmt. Wenn wir beispielsweise ein Verbrechen begangen haben, dann müssen wir die Folgen dieser Handlung erleben, es sei denn, wir haben die Möglichkeit, bereinigende Maßnahmen zu ergreifen.

Bereinigende Maßnahmen, die wir durchführen können, sind also eine Art Hintertür. Durch Bekennen und andere läuternde Maßnahmen gibt es die Möglichkeit, Karma abzuschwächen und zu neutralisieren. Auf gleiche Weise kann positives Karma, das wir in der Vergangenheit angesammelt haben, durch starke unheilsame Handlungen, wie zum Beispiel Hass und Zorn, zerstört werden. Und schließlich ist es auch möglich, dass eine starke Handlung – Karma – stärker ist als eine andere und diese überwältigt.

Wenn jeder Mensch sein persönliches Karma ins nächste Leben mitnimmt, wie können wir dann die rasante Zunahme der Weltbevölkerung erklären? Es gibt eine begrenzte Anzahl von Menschen, die sterben und ihr Karma in ihr nächstes Le-

ben mitnehmen. Selbst wenn wir die Vorstellung akzeptieren, dass Menschen in ihrem nächsten Leben die Form anderer Lebewesen, wie zum Beispiel von Tieren, annehmen, so scheint auch die Gesamtzahl an Lebewesen auf unserer Erde zuzunehmen. Schauen Sie sich nur die Zahl der Moskitos hier in Dharamsala an. Woher kommen all diese Lebewesen?

Aus buddhistischer Sicht gibt es nicht nur unser Universum, unsere Galaxie und unsere Erde, sondern unendlich viele Universen und Weltsysteme. Daher ist die Gesamtanzahl an Lebewesen unbegrenzt. Zu jedem beliebigen Zeitpunkt entstehen und vergehen nicht nur einzelne Galaxien, sondern auch ganze Universen. Einige Universen befinden sich im Stadium des Entstehens, einige, wie beispielsweise auch unser eigenes Universum, befinden sich im Stadium des Bestehens, andere wiederum sind im Auflösungsprozess begriffen. Nach der Auflösung eines Universums verbleibt lediglich weiter leerer Raum, und dann beginnt der Entstehungsprozess von Neuem. Das ist ein unendlich andauernder Prozess, und wir sind wie Touristen: Wir kommen, bleiben eine Weile und gehen dann wieder, ohne Spesen.

Warum wirbelt diese unendliche Reise des Bewusstseins in die Dualität von Vollkommenheit und Unvollkommenheit hinein? Warum diese Kluft zwischen Illusion und Wirklichkeit, und wie können wir sie überwinden?

Aryadeva sagt in seinen *Vierhundert Versen*, dass jegliche Materie, auch die atomaren Teilchen, eine anfangslose Kontinuität besitzt und somit keinen Anfang hat. Wenn wir beispielsweise die Kontinuität der Materie dieses Buchs untersuchen, dann würden wir seine Ursache, seine wesentliche Ursache, seine indirekte Ursache usw. untersuchen. Wenn wir diesen Prozess immer weiter zurückverfolgen, dann würden wir am Ende herausfinden, dass dies alles keinen Anfang hat. Doch wenn wir das Buch verbrennen, dann gibt es ein Ende des Phänomens, das wir „dieses Buch“ nennen.

Unser grundlegendes Bewusstsein hat keinen Anfang und kein Ende, auch nachdem wir die Buddhaschaft erlangt haben. Einige bestimmte Bewusstseinsarten jedoch, wie zum Beispiel Unwissenheit, Begierde und Hass, haben ebenfalls keinen Anfang, finden aber mit dem Erlangen der Buddhaschaft ein Ende. Dieses Buch hier kann ein Ende haben, da es die Möglichkeit eines Einflusses gibt, der das Gegenmittel gegen sein Fortbestehen ist und durch den es zerstört werden kann (beispielsweise Feuer). Auf gleiche Weise haben die negativen Bewusstseinsarten gegensätzliche Einflüsse, die als Gegenmittel dienen können, um sie auszulöschen.

Das Gleiche gilt für unsere Haltung, nach einem Selbst zu greifen und es als inhärent existierend zu betrachten. Da diese Haltung auf einem verfälschten und verzerrten Bewusstsein beruht, hat sie keine gültige Grundlage. Auf der anderen Seite ist das Bewusstsein, das die Leerheit erkennt, das Gegenmittel gegen fehlerhaftes Bewusstsein und hat eine solide Grundlage, da es eine gültige Erkenntnis ist. Da sich diese beiden Bewusstseinsarten in der Art der Wahrnehmung und des Umgangs mit dem Objekt direkt widersprechen, ist das gültige Bewusstsein das direkte Gegenmittel gegen das verfälschte Bewusstsein. Es liegt an uns, eine Entschlossenheit zu entwickeln, dies zu erkennen.

Wir müssen letztendlich also Entschlossenheit entwickeln und diese Gegensätzlichkeit auflösen, um die Buddhaschaft zu erlangen. Da diese beiden Bewusstseinsarten gegensätzlich sind und die eine auf gültiger und die andere auf ungültiger Grundlage basiert, kann die Bewusstseinsart, der eine valide Stütze fehlt, überwunden und aufgelöst werden. Die wahre Natur unseres Geistes ist rein und frei von jeglichen Befleckungen. Auch wenn jemand unbeherrscht ist und schnell wütend wird, dann ist er doch nicht ununterbrochen wütend. Solch ein wütender Mensch kann in anderen Momenten auch Liebe empfinden. Das grundlegende Bewusstsein dieses Menschen ist weder Hass noch Liebe.

Diese unterschiedlichen Aspekte des Bewusstseins sind vorübergehend, doch die grundlegende Natur von Bewusstsein ist Klarheit. Das zeigt, dass unserem Bewusstsein die Fähigkeit innewohnt, seine Täuschungen zu überwinden und schließlich die Befreiung oder das Nirwana zu erlangen.

Wie erklärt wissenschaftliches Denken diese Vorstellung, dass es „keinen Anfang" und „kein Ende" gibt? Ist das mithilfe logischer Beweisführung möglich?

Um dies zu verstehen, ist ein Verständnis der vier Arten der Beweisführung notwendig: logische Schlussfolgerung, die Beweisführung anhand von Funktionen, die Beweisführung anhand von Abhängigkeit und die Beweisführung anhand der Wirklichkeit.

Wenn wir beispielsweise erklären möchten, warum bestimmte Moleküle bestimmte Eigenschaften aufweisen, dann wäre die Antwort hierauf, dass dies in ihrer Natur liegt. Es gibt keine weitere Erklärung dafür und verhält sich wie ein Naturgesetz. Darauf aufbauend gibt es das Gesetz der Abhängigkeit. Da es aufgrund der Zusammensetzung ihrer Einzelbestandteile eine wechselseitige Abhängigkeit zwischen verschiedenen Phänomenen gibt, üben sie eine bestimmte Funktion aus und haben unterschiedliche Aspekte. Daher können wir sagen, dass Materie entsteht, ohne Bewusstsein und Erkenntnisfähigkeit zu besitzen, und dass Bewusstsein mit dieser Natur der Klarheit und Erkenntnisfähigkeit entsteht, weil das in der Natur der Materie und der Natur des Bewusstseins begründet liegt.

Doch wo ist der Anfang des Anfangs dieser Wirklichkeit und Illusion? Wenn wir die Leiden der Menschheit betrachten, dann müssen wir feststellen, dass Illusion weiter verbreitet ist als die letztendliche Wirklichkeit. Warum ist das so?

Das lässt sich mit der Unwissenheit erklären, dem ersten der zwölf Glieder des Entstehens in wechselseitiger Abhängigkeit. Warum existiert Unwissenheit?

Die Antwort lautet: Weil Bewusstsein keinen Anfang hat. Wenn wir einen Anfang der Kontinuität unseres Bewusstseins annehmen, dann müssten wir eine wesentliche Ursache für das Bewusstsein postulieren, die selber kein Bewusstsein ist. Das ist von grundlegender Bedeutung. Es gibt Geist, und es gibt Materie. Diese beiden sind voneinander verschieden. Es gibt jedoch eine Beziehung zwischen ihnen. Genauso wie Materie von Materie als Hauptursache abhängt, so hängt auch Bewusstsein von einem früheren Bewusstseinsmoment als Hauptursache ab.

Allgemein gesprochen gibt es zwei Arten von Ursachen: die Hauptursache oder wesentliche Ursache und die beisteuernde Ursache. Innerhalb der wesentlichen Ursache gibt es wiederum viele verschiedene Arten von Ursachen, wie zum Beispiel die direkte wesentliche Ursache, die indirekte wesentliche Ursache usw. Da Bewusstsein von einem früheren Bewusstseinsmoment als seiner Hauptursache abhängt, müssen wir einräumen, dass Bewusstsein keinen Anfang haben kann. Da Bewusstsein ohne Anfang ist, kann folglich auch unsere Unwissenheit keinen Anfang haben.

Wenn wir die Theorie vom Karma als Ursache und Wirkung akzeptieren, dann müssen wir also eine Kontinuität des Bewusstseins über den Tod hinaus annehmen. Wie erklären Sie den Zusammenhang zwischen Identität und Bewusstsein innerhalb des Kreislaufes von Geburt und Tod?

Die Antwort lautet: endlose Wiedergeburten. Es gibt ein Selbst, das dieser Kontinuität des Bewusstseins zugeschrieben wird – in meinem Fall zum Beispiel als Erstes, ein Lebewesen zu sein. Auf dieser Ebene sind wir alle gleich. Dann bin ich ein Asiate. Viele Menschen sind Asiaten, und viele sind keine Asiaten. Als Asiate bin ich ein Tibeter, und die meisten von den Anwesenden hier sind keine Tibeter. Dann gibt es weitere Unterschiede. Ich bin ein Mönch. Und als Mönch bin ich der Dalai Lama. Ein einzelnes Lebewesen kann gleichzeitig viele Facetten haben.

Doch die Umstände können sich ändern, und wenn mich die Menschen nicht mehr als Dalai Lama betrachten, dann gibt es diesen Dalai Lama nicht mehr. Doch die Person ist immer noch die gleiche, und der Mönch würde weiterhin bestehen. Wenn ich dann meine Mönchsrobe ablegen und meine Mönchsgelübde zurückgeben würde, dann wäre ich kein Mönch mehr, aber weiterhin ein Tibeter, weiterhin ein Mensch und weiterhin ein Lebewesen.

Wenn ich sterbe, höre ich auf, Tibeter und Mensch zu sein, bin aber weiterhin ein fühlendes Wesen mit Bewusstsein. Im nächsten Leben kann ich dann beispielsweise die Gestalt eines Menschen oder eines Tieres annehmen. Nehmen wir an, das Bewusstsein, das Lebewesen, ändert seine äußere Form und hat jetzt den Körper eines Tieres. Bei der folgenden Geburt kann sich diese körperliche Form wieder ändern und das Bewusstsein wieder menschliche Gestalt annehmen. So setzt es sich fort.

Das zugeschriebene Selbst durchdringt alles, vergangene Leben, dieses Leben, zukünftige Leben – das reine Selbst des Lebewesens. Es gibt unterschiedliche Arten von Selbst: Das Selbst, das aus den vergangenen Leben stammt und in jenen Leben dem Bewusstseinskontinuum zugeschrieben wurde, das Selbst, das in das nächste Leben übertragen wird, das Selbst, an dem in diesem speziellen Leben gehaftet wird, das Selbst als ein Mönch und so weiter. Solche Unterscheidungen kann man hier treffen.

Eure Heiligkeit, gibt es so etwas wie einen kollektiven Geist oder kollektives Karma? Wenn beispielsweise bestimmte Menschengruppen oder ganze Völker Leiden erdulden müssen, was ist dann das zugrunde liegende Karma?

Es gibt verschiedene Arten von Karma, und eine davon ist kollektives Karma, das gemeinschaftlich angesammelt wurde. Die Resultate daraus werden wiederum gemeinschaftlich erlebt. Es gibt andere Arten von Karma, die individuell angesammelt werden, und die Resultate daraus werden individuell erlebt. Die Tatsache beispielsweise, dass wir alle die Möglichkeit hatten, hier heute zusammenzufinden, ist das Ergebnis von Karma, das wir kollektiv angesammelt haben. Das bedeutet nicht, dass all dies Karma am gleichen Ort oder zur gleichen Zeit angesammelt worden ist.

Das tibetische Volk macht momentan einen schweren Leidensprozess durch. Die gemeinsame Ursache für dieses gemeinschaftliche Leiden ist nicht notwendigerweise Karma, welches von der gegenwärtigen Generation an einem Ort gemeinsam angesammelt wurde. Es kann auch sein, dass die gegenwärtige Generation die gleiche Art von Karma an unterschiedlichen Orten und zu unterschiedlichen Zeiten angesammelt hat. Doch es ist auch möglich, dass das kollektive Leiden einer bestimmten Gemeinschaft durch Karma verursacht wird, das von dieser Gemeinschaft in der Vergangenheit kollektiv und zur gleichen Zeit angesammelt wurde.

Vom Ersten Weltkrieg waren beispielsweise Millionen

Menschen betroffen. Viele Menschen produzierten Waffen mit einer bestimmten Absicht oder Motivation. So etwas schafft kollektives Karma.

Kann die Theorie vom Karma nicht auch dazu missbraucht werden, um gegenwärtige Aggression, Grausamkeiten oder Ungerechtigkeiten zu rechtfertigen und um die eigene privilegierte Position zu verteidigen?

Ich glaube, dass es diese Möglichkeit in einigen Fällen tatsächlich gibt. Heutzutage können wir ein immer größer werdendes soziales Gefälle feststellen. Einige Menschen sind sehr arm, andere sehr reich. Es ist wenig hilfreich und mitfühlend, armen und Not leidenden Menschen zu sagen, dass ihre Lage das Ergebnis ihres eigenen Karmas ist. Natürlich müssen wir uns letztendlich fragen, wer unser Karma geschaffen hat. Wir selbst! Unsere Erfahrungen von heute folgen unseren eigenen Handlungen in der Vergangenheit. Wir haben unser eigenes Karma geschaffen, das Karma liegt in unseren eigenen Händen und auf unseren eigenen Schultern.

Dass wir uns nicht an unsere vergangenen Handlungen erinnern können, die unsere gegenwärtige Situation geschaffen haben, bedeutet nicht, dass wir keine Verantwortung dafür tragen. Wir sind aber immer dazu verpflichtet, aus Mitgefühl jenen zu helfen, die leiden. Denn wenn wir unser eigenes gutes Karma erschöpft haben, dann kann sich unser eigenes Leid vergrößern, und wir können uns schließlich in einer ähnlich misslichen Lage befinden. Indem wir anderen uneigennützig helfen, können wir selber positives Karma ansammeln.

Empfängnisverhütung und Abtreibung sind umstrittene Themen, sowohl in Ländern wie China, in denen sie Bestandteil der politischen Familienplanung sind, als auch in liberalen

Ländern, wo das eine Frage der persönlichen Entscheidung ist. Wie betrachten Sie dies aus der Sicht des Karmas?

Um eine bessere Gesellschaft zu haben und um einen höheren Lebensstandard zu gewährleisten, sind Familienplanung und das Bemühen, das Bevölkerungswachstum in Grenzen zu halten, notwendig. Ob das richtig oder falsch ist, hängt letztlich auch von der Motivation ab. Wenn das Bevölkerungswachstum außer Kontrolle gerät, hat das größeres Leiden zur Folge. Aus einer guten Motivation heraus und in der Sorge um das Wohlergehen der gesamten Menschheit ist es richtig und angemessen, daran zu arbeiten, Leiden zu verringern. Dabei dürfen wir nicht vergessen, dass aus buddhistischer Sicht im Augenblick der Empfängnis das Bewusstsein in den Mutterschoß eintritt und bereits ab diesem Zeitpunkt ein neuer Mensch im Mutterleib heranwächst.

Achtes Kapitel

Reinkarnation

Millionen Menschen betrachten Sie als eine Reinkarnation von Avalokiteshvara, dem Bodhisattva des Mitgefühls. Sind Sie sich dessen bewusst, eine Reinkarnation Avalokiteshvaras zu sein?

Von Avalokiteshvara? Nein, nein, nein! Das ist eine Übertreibung. Ich bin nur ein einfacher buddhistischer Mönch.

Bei einigen der früheren Dalai Lamas, beim Ersten, Zweiten und bis zum Siebten Dalai Lama, gibt es aber klare Hinweise dafür, dass sie Emanationen von Avalokiteshvara waren, besonders beim Ersten und Zweiten Dalai Lama. Was mich persönlich betrifft, glaube ich nicht, dass ich ein originaler Dalai Lama bin wie diese. Ich spüre jedoch, dass ich eine besondere Verbindung mit dem Fünften und dem Dreizehnten Dalai Lama habe.

Es gibt unterschiedliche Formen von bewussten Reinkarnationen. In einigen Fällen handelt es sich tatsächlich um die gleiche Person oder das gleiche Lebewesen. In anderen Fällen ist es nicht das gleiche Lebewesen, sondern ein anderes, das seinen Platz einnimmt und seine Aufgaben weiterführt. Und in einigen Fällen ist die Reinkarnation als ein Familienangehöriger gekommen.

Falls Sie mich fragten, ob ich eine Reinkarnation der Dalai Lamas bin, dann würde ich das mit Ja beantworten, aber nicht unbedingt in dem Sinn, dass ich an der Stelle des Zehnten Dalai Lama gekommen bin, um sein Werk zu vollenden.

Eure Heiligkeit, wie bringen Sie Ihre Existenz als eine bewusste Reinkarnation mit Ihrem Anspruch auf rationales und wissenschaftlich fundiertes Denken und logische Analyse in Einklang?

Es gibt unterschiedliche Interpretationen von bewussten Reinkarnationen. Für mich bedeutet dies eine bewusst gewählte Wiedergeburt, um das Werk fortzuführen, das man in einem vorherigen Leben begonnen hat oder das jemand anders in seinem oder ihrem vorherigen Leben begonnen hat. In diesem Sinne glaube ich, dass ich eine Reinkarnation bin.

Wenn ich als Buddhist buddhistischer Logik und Philosophie folge und dann damit konfrontiert werde, dass bestimmte Dinge wissenschaftlich erwiesenermaßen nicht existieren, dann muss ich das akzeptieren. Wenn es beispielsweise nach gründlichen wissenschaftlichen Untersuchungen hieb- und stichfest bewiesen wäre, dass es keine Wiedergeburten geben kann, dann müssten wir Buddhisten das akzeptieren.

Dabei müssen wir unterscheiden zwischen dem Nicht-Finden eines Beweises und dem direkten Beweis, dass etwas nicht existiert. Aus buddhistischer Sicht bedeutet die Tatsache, dass etwas durch unsere philosophische Analyse nicht gefunden oder belegt werden kann, noch nicht, dass es auch tatsächlich nicht existiert.

Glauben Sie, dass Sie eine Reinkarnation des Dreizehnten Dalai Lama sind und dass es unabgeschlossene Aufgaben von ihm gibt, die Sie zu Ende führen?

Das muss ich mit Ja und mit Nein beantworten. Im Traumzustand habe ich den Dreizehnten Dalai Lama dreimal getroffen. Ich glaube nicht, dass ich notwendigerweise dasselbe Wesen bin wie er. Ich spüre aber, dass ich eine starke karmische Verbindung mit ihm habe. Der Dreizehnte Dalai Lama hat in Tibet große Fortschritte sowohl auf weltlichem als auch spirituellem Gebiet gemacht. Und ich glaube, dass er auf seiner Agenda langfristige Ziele hatte, für die seine Lebenszeit nicht ausreichte. Er starb zu früh, mit Ende fünfzig, und konnte die Arbeit, die er begonnen hatte, somit nicht vollenden.

Wissen Sie das ganz genau?
Nicht ganz genau. Aber das ist das, was ich fühle.

Der physische Körper zerfällt nach dem Tod. Was also wird wiedergeboren, unser Geist oder unser Bewusstsein?
Zuerst müssen wir uns die grundsätzliche Frage stellen: „Was ist das Selbst bzw. das Ich?" Dieser Körper ist ganz gewiss nicht unser Selbst, und auch der Geist allein ist nicht unser Selbst. Für mich ist Tenzin Gyatso ein menschliches Wesen. Doch aus buddhistischer Sicht und insbesondere aus der Sicht des Mahayana wird argumentiert, dass Tenzin Gyatso die Verbindung von diesem meinem Körper und Geist ist und in Abhängigkeit davon als menschliches Wesen bezeichnet wird. Und dieser Körper stammt von meinen Eltern ab und hängt von verschiedenen Ursachen und Bedingungen ab.

Das Lebewesen wird also in Abhängigkeit von der Verbindung von Körper und Geist als solches bezeichnet, und dies schließt auch die subtileren Ebenen des Körpers und die gröberen Ebenen des Geistes mit ein. Der Prozess der Wiedergeburt ist die Fortsetzung des subtilsten Geistes über den Tod hinaus. Im Hinduismus wird im Allgemeinen angenommen, dass eine unsterbliche Seele in einem neuen Körper wiedergeboren wird. Im Buddhismus hingegen wird die Existenz solch einer unsterblichen Seele abgelehnt, ebenso wie die dadurch implizierte dualistische Gegensätzlichkeit zwischen Geist und Materie.

Eine bewusste Reinkarnation eines verwirklichten Wesens ist die bewusste Wiedergeburt zu einer bestimmten Zeit an einem bestimmten Ort. Dabei kann es sich um dasselbe Lebewesen handeln oder um ein anderes Lebewesen, das gekommen ist, um die unvollendete Arbeit aus dem vergangenen Leben eines anderen Lebewesens zu vollenden.

Einige buddhistische Schriften sagen, dass letzten Endes das Raumpartikel die ursprüngliche Ursache für den Körper ist und dass dieses Raumteilchen auch die Ursache für das ganze vorherige Universum gewesen ist. Bewusstsein und Geist ändern sich jedoch in jedem Augenblick. Es kann also gezeigt werden, dass Ursachen und Bedingungen auf alles Einfluss ausüben, das der Veränderung unterworfen ist. Auch der Geist ist das Ergebnis von Ursachen und Bedingungen. Das ist die Grundlage der Theorie der Wiedergeburt.

Können Sie sich an Ereignisse aus Ihrem früheren Leben erinnern?

Manchmal fällt es mir schwer, mich daran zu erinnern, was heute Morgen geschah! Als ich jedoch klein war, ungefähr zwei oder drei Jahre alt, bemerkten meine Mutter und einige enge Freunde der Familie, dass ich Erinnerungen an mein früheres Leben zum Ausdruck gebracht habe. Das ist durchaus möglich. Aber wenn Sie mich nach etwas fragen, woran ich mich genau erinnern kann, dann muss ich sagen, dass das etwas unklar ist.

Wenn der Buddhismus wirklich offen für wissenschaftliche Untersuchungen ist, warum gibt es immer noch den Glauben an die Wiedergeburt? Denn es gibt keinen wissenschaftlichen Beweis dafür.

Wissenschaft, wie wir sie kennen, hat mit der Untersuchung von Phänomenen zu tun, die gemessen und berechnet werden können. Die Theorie über den Geist oder das Konzept des Selbst an sich können nicht gemessen werden. Bis jetzt sind, aus buddhistischer Sicht, die Wissenschaften etwas begrenzt gewesen. Geist und Bewusstsein befinden sich außerhalb des gegenwärtigen wissenschaftlichen Forschungsgebietes. Es hat aber inzwischen viele aufwendige Experimente am Gehirn über die Erfahrungen von sterbenden Menschen gegeben. Vielleicht führen diese Experimente zu einer Erweiterung des wissenschaftlichen Forschungsgebietes. Aber gleichzeitig müssen wir anerkennen, was die Wissenschaft nicht gefunden hat oder für nicht-existent erklärt.

Ist das nicht bei wiedergeborenen Lamas, die bis zu einem bestimmen Grade Erinnerungen an ihre früheren Leben haben, der Fall?

Die Wiedergeburt ist nicht nur eine buddhistische Vorstellung. Da gibt es zum Beispiel den Fall von zwei Mädchen in zwei unterschiedlichen Familien, eine in der Nähe von Palampur und eine in Ambala [in Nordindien]. Da die Mädchen im Alter von vier oder fünf Jahren ganz klare Erinnerungen aus ihren vergangenen Leben hatten, habe ich das genau untersuchen lassen. Die Mädchen sagten beide, dass in ihrem früheren Leben die jetzigen Eltern des anderen Mädchens die eigenen Eltern gewesen sind. Die Erinnerungen der Mädchen waren so überzeugend, dass schließlich jedes Elternpaar das jeweils andere Mädchen auch als eigenes Kind akzeptiert hat. Daher hat jedes dieser Mädchen nun vier Eltern, zwei aus diesem Leben und zwei aus dem früheren Leben.

Ich habe einen ähnlichen Fall untersuchen lassen, wo ein Junge ständig behauptete, dass er eine Frau und Kinder habe. Die Eltern glaubten ihm nicht, schlugen ihn und nannten ihn einen Lügner. Durch Zufall kam jemand aus genau dem Dorf zu Besuch, von dem der Junge behauptete, dass seine Frau und seine Kinder dort lebten. Es stellte sich heraus, dass es dort tatsächlich eine Frau und Kinder mit den Namen gab, die der Junge genannt hatte. Man brachte den Jungen in das Dorf, und aus einer Gruppe von drei oder vier Frauen zeigte er auf die richtige Frau und begann, über seine Kinder zu reden!

Denken Sie manchmal über Ihre Wiedergeburt in Ihrem nächsten Leben nach?

Natürlich! Shantideva sagt in seinem *Bodhicaryavatara:* „Solange der Raum besteht und solange es leidende Lebewesen gibt, so lange möchte auch ich hier bleiben, um diesen Lebewesen zu dienen und ihr Leiden zu lindern." Dieser Vers gibt mir innere Kraft, Zuversicht und einen klar umrissenen Sinn für mein Sein.

Solange meine Reinkarnation einen gewissen Vorteil hat und von Nutzen ist, bin ich dazu bereit, wiederzukommen. Ich bin mir ziemlich sicher, dass ich eine Wiedergeburt annehmen werde. An welchem Ort, in welcher Form und unter welchem Namen, das weiß ich allerdings noch nicht. Doch die Wiedergeburt des Dalai Lama ist eine ganz andere Frage. Es kann sein, dass eine Zeit kommt, in der die Institution des Dalai Lama keinen Nutzen mehr hat. In diesem Fall gäbe es keinerlei Grund dafür, diese Institution fortzuführen. Diese Frage ist also noch nicht entschieden.

Was meine Wiedergeburt betrifft, so bin ich fest davon überzeugt, dass ich mich reinkarnieren werde, bis ich das endgültige Ziel der Buddhaschaft erreicht haben werde. Und auch nach meiner Buddhaschaft werde ich irgendwo sein, in unterschiedlichen Manifestationen. Das entspricht meinem buddhistischen Glauben und Denken. Ich bin davon überzeugt, dass eine solche Lehre unseren Optimismus, unsere Willenskraft und unsere Entschlossenheit stärkt und unterstützt.

Einige Menschen glauben, dass wir durch Geburtenkontrolle viele Lebewesen daran hindern, eine Wiedergeburt in menschlicher Form anzunehmen. Andere wiederum betonen die Notwendigkeit von Geburtenkontrolle, da die begrenzten Ressourcen unseres Planeten unmöglich eine immer weiter wachsende Weltbevölkerung am Leben erhalten können. Wie denken Sie hierüber?

Das kann man mit einer Aussage Mahatma Gandhis zusammenfassen: „Unsere Welt hat genug für jedermanns Bedürfnisse, aber nicht genug für jedermanns Gier." Hierdurch wird das karmische Konzept von Reinkarnation besser ins Gleichgewicht gebracht. Wenn wir die Güter besser verteilen und wenn die Menschen nicht den Drang haben, mehr anzuhäufen, als sie in Wirklichkeit benötigen, dann hat die Welt genug, um uns alle zu ernähren. Wenn wir in diesem Sinne das Wohlergehen der Lebewesen gerechter verteilen können, dann balancieren sich diese beiden Theorien bis zu einem bestimmten Grad von selbst aus. Es gibt so viel Nahrung und Lebensmittel, die vernichtet und teilweise in die Meere gekippt werden, während Millionen von Menschen Hunger leiden müssen. Das ist meiner Ansicht nach teilweise sowohl ethische als auch karmische Schwäche.

Ein Teil der Verwirrung, die in Ihrer Frage zum Ausdruck kommt, rührt auch von der Frage, was genau wiedergeboren wird. Ist es das Wesen, die Identität, das „Ich", das wiedergeboren wird? Wird man Teil eines größeren Bewusstseins, wovon sich dann ein Teil wieder manifestiert? Ich denke, dass hier die Verwirrung liegt. Das beinhaltet die Vorstellung, dass es eine große Anzahl von Seelen gibt, die darauf warten, wieder in menschlicher Form wiedergeboren werden zu können. Hier wird suggeriert, dass es viele Wesen oder Identitäten gibt, die darauf warten, wiedergeboren zu werden. Wenn wir aber das „Ich" richtig verstehen, ändern sich unsere Antworten.

Aber ich weiß gar nicht, wer dieses „Ich" ist. Wenn ich wiedergeboren werde, erinnere ich mich nicht daran, wer ich zuvor gewesen bin. Solange ich mir nicht dessen bewusst bin, dass dies ich bin, macht das doch keinen Unterschied?

Die Frage ist natürlich, um wessen Bewusstseinskontinuum es sich handelt oder zu wem das Bewusstsein, das wiedergeboren wird, gehört. Die Antwort darauf ist, dass das Bewusstsein zu dem Lebewesen selbst gehört. Ob man dieses Selbst oder „Ich" finden kann, ist aber eine ganz andere Frage. Wenn ich sagen könnte, dass mein früheres Leben mein eigenes Sein ist, dann müsste ich mich daran erinnern können, und es würde nicht verborgen bleiben. Bestimmte Erfahrungen können wir erinnern, andere, sogar einige aus diesem jetzigen Leben, wiederum nicht. Nur weil wir sie nicht erinnern können, können wir nicht sagen: „Das war nicht ich."

In anderen Worten: Es gibt Menschen, die sehr klare Erinnerungen an ihre vergangenen Leben haben. Doch gewöhnliche Menschen können sich normalerweise nicht an ihre früheren Leben erinnern, da das Bewusstsein während des Todes und während des Zwischenzustands zwischen dem vorherigen und dem nachfolgenden Leben ein äußerst subtiles Bewusstsein ist. Während des Todes und während des Zwischenzustandes funktionieren die gröberen Bewusstseinsarten, auf denen auch unser Erinnerungsvermögen beruht, nicht sehr gut. Menschen mit etwas Erfahrung, wie man tiefere und subtilere Bewusstseinsarten nutzt, fällt es daher leichter, klare Erinnerungen an ihre früheren Leben zu haben.

Bitte erläutern Sie, was mit dem Geist zum Zeitpunkt des Todes geschieht. Was genau ist es, das sich von einem Leben zum nächsten bewegt und die karmischen Eindrücke mit sich trägt?

Das hängt ab von den vorherigen Leben – von der eigenen geistigen Fähigkeit, die man aufgrund von meditativer Versenkung und geistiger Übung entwickelt hat. Einige Erinnerungen, nachhaltige Erfahrungen und andere geistige Qualitäten des vergangenen Lebens bleiben im nächsten Leben erhalten. Doch der Körper verändert sich und die gröberen Ebenen des Geistes auch, so dass im nächsten Leben nicht so viele Spuren davon übrig bleiben. Doch es gibt immer kleinere Einflüsse und Eindrücke aus dem früheren Leben.

In der tibetischen Tradition gibt es Praktiken und Übungen, die uns lehren, wie wir zum Zeitpunkt des Todes die subtilen Bewusstseinsarten kontrollieren und lenken können. Was lenkt unseren Geist zu einer geeigneten Wiedergeburt im nächsten Leben, wenn wir unseren Körper zurückgelassen und die gröberen Bewusstseinsarten sich aufgelöst haben?

Das hängt sehr von der Qualität oder der Erfahrung ab, die vom subtilen Geist weitergetragen wird. Die Erfahrungen, die in engerer Beziehung zum subtilen Geist stehen, haben eine größere Chance, in das folgende Leben übertragen zu werden. Diese Kontinuität des subtilen Geistes ist eine Art von natürlichem Prozess. Gleichermaßen wird das „Selbst" dem subtilen Geist zugeschrieben, und der Transfer dieses „Selbst" in das nächste Leben ist ebenfalls eine Art von natürlichem Prozess. Wie bereits zuvor erläutert, hängt es sehr von der Qualität der Lebensführung im früheren Leben oder dem Karma ab, ob dieser subtile Geist positive oder negative Eindrücke mit ins folgende Leben nimmt.

Bewusstsein benötigt eine wesentliche Ursache, nämlich einen früheren Bewusstseinsmoment. Dieser einfache Grund beweist die Existenz von Wiedergeburt. Wenn wir für die Kontinuität unseres Bewusstseins weiter zurückblicken, bis zum Zeitpunkt der Empfängnis beispielsweise, dann können wir dieses Bewusstsein in sein früheres Leben zurückverfolgen. Es gibt also keinen Grund dafür, warum die Kontinuität des Bewusstseins zum letzten Zeitpunkt in diesem Leben, während des Todes, aufhören sollte.

Daher ist es sinnvoll, wenn wir uns auch über unsere zukünftigen Leben Gedanken machen. Ob wir gute oder ungünstige zukünftige Leben haben werden, hängt von unserem Verhalten und von unseren Handlungen in diesem Leben ab. Wenn wir also mit den Angelegenheiten dieses Lebens beschäftigt sind, sollten wir es nicht versäumen, auch über unsere zukünftigen Leben nachzudenken.

Schließlich gibt es noch einen weiteren Aspekt: Wir möchten alle Glück, und keiner möchte Leid. Falls materieller Fortschritt uns das vollständige Glück, nach dem wir uns sehnen, ermöglichen könnte, dann müsste es auf unserer Welt irgendwo Menschen geben, die vollkommen glücklich und zufrieden sind und nicht einmal geringstes Leid zu erdulden haben. Solange wir jedoch unseren Körper haben, wird es immer die Möglichkeit geben, dass wir Leiden ertragen müssen. Das liegt in der Natur des Daseinskreislaufes begründet. Unsere Geburt in diesen Körper hinein ist die Grundlage für unser Leiden und unsere schwierige Lage. Falls es also die Möglichkeit gibt, unsere immer wiederkehrenden Wiedergeburten zu beenden, dann ist das ein erstrebenswertes Ziel. Dieses Ziel nennen wir Moksha oder Befreiung.

Wären Sie bereit, Ihren Glauben an die Wiedergeburt aufzugeben, falls wissenschaftlich bewiesen werden könnte, dass es keine Wiedergeburt geben kann?

Ja, natürlich. Ich glaube, dass wir es aus buddhistischer Sicht akzeptieren müssten, falls wissenschaftliche Experimente oder Forschungen mit hundertprozentiger Sicherheit überzeugend beweisen könnten, dass es keine Kontinuität des Geistes und somit keine Wiedergeburt gibt. Wenn wir etwas analytisch untersuchen, dann betrachten wir normalerweise die Gründe, die dafür sprechen, aber auch die Faktoren, die dagegen sprechen. Bei der Theorie über die Wiedergeburt dreht es sich dabei um zwei Punkte: Erstens gibt es auch heute Menschen, die klare Erinnerungen an ihr vergangenes Leben haben. Und zweitens wird, falls es keine Kontinuität des Lebens gibt, die Frage aufgeworfen, wie das ganze Universum existieren kann.

Unsere Welt und unser Universum muss Gründe haben. Die Vorstellung eines Schöpfergottes beantwortet viele Fragen, wirft aber Widersprüche auf. Daher scheint es, zumindest für Buddhisten, weniger widersprüchlich und somit etwas leichter, die Wiedergeburtslehre zu akzeptieren: dass unser Leben also auf unseren eigenen vergangenen Handlungen basiert und das gesamte Universum somit immer wieder kommt und geht. Doch in diesen Fragen wird es wohl immer eine Dimension des Geheimnisvollen geben.

Da ich in diesem Leben viele Stechmücken getötet habe, werde ich nach der Theorie von Karma und Wiedergeburt wohl als Stechmücke wiedergeboren werden?

Wenn Sie nicht besondere Methoden der Läuterung und Bereinigung durchführen … Ich erinnere mich deutlich daran, dass ich diese unheilsame Handlung des Tötens von Mücken auch ausgeführt habe. Einmal habe ich in

Tibets Hauptstadt Lhasa eine Stechmücke getötet, und einige andere Male habe ich in Südindien Steckmücken getötet. Diese Handlungen reichen durchaus, um zu einer Wiedergeburt als Stechmücke zu führen.

Findet jedes angesammelte Karma die physischen oder äußeren Bedingungen in dieser Welt, die ihm entsprechen und zu seiner Vervollständigung führen?
Wenn zum Beispiel jemand das Karma angesammelt hat, als Mensch auf diesem Planeten wiedergeboren zu werden, dieser Planet aber aufgrund von äußeren Einflüssen zerstört worden ist oder aber sich erst noch entwickeln muss, dann wird sich dieser karmische Samen unter diesen Umständen noch nicht entwickeln können, oder das Lebewesen wird auf einem anderen Planeten mit ähnlichen Bedingungen wie auf dem unsrigen wiedergeboren werden. Um in einer bestimmten Form wiedergeboren zu werden, sind auch die äußeren Bedingungen für diese bestimmte Form notwendig. Um als Mensch wiedergeboren zu werden, reicht das Karma alleine nicht aus, man braucht auch Eltern.

Ist es zwingend notwendig, dass man an zukünftige und vergangene Leben glaubt?
Wenn wir nicht an die Lehre von der Wiedergeburt glauben und vergangene Leben nicht akzeptieren, müssen wir irgendeinen anderen Anfangspunkt für das Leben postulieren.

Doch ob wir nun an eine bestimmte Religion glauben oder nicht – wir sollten uns vorrangig darum bemühen, ein warmherziger Mensch zu sein. Das ist möglich, auch ohne an vergangene und zukünftige Leben zu glauben und ohne buddhistische oder karmische Theorien zu akzeptieren. In meinen Augen ist es bereits Religion genug, ein aufrichtiger, warmherziger Mensch zu sein.

Ich bin davon überzeugt, dass auch unreligiöse Menschen, wie beispielsweise Kommunisten, ein warmes und aufrichtiges Herz haben können. Ich habe solche Menschen persönlich kennengelernt. Es gibt Menschen mit gutem Herzen, die, aus innerem Antrieb motiviert, ihr eigenes Leben für das Wohl der anderen opfern, ganz unabhängig von der buddhistischen Theorie der Wiedergeburt oder anderen religiösen Anschauungen.

Liebe und Mitgefühl sind eine universelle Religion. In unserem Gespräch heute ist der Buddhismus unser Thema, daher spreche ich über diese Dinge aus buddhistischer Sicht. Wenn aber jemand ohne diese buddhistischen Praktiken einfach versucht, ein guter Mensch zu sein, dann ist das durchaus möglich und wird ebenfalls zum Erfolg führen. Wenn jemand die Existenz eines vollständig erleuchteten und befreiten Zustandes nicht akzeptiert, dann taucht auch die Frage von Bodhicitta nicht auf, da Bodhicitta ein Geisteszustand ist, der die Buddhaschaft anstrebt. Das ist ein möglicher Weg der Entwicklung aus buddhistischer Sicht.

Es gibt eine Frage, die sich viele Menschen stellen: Wenn die Buddhisten nicht an ein Selbst, eine Seele oder an das glauben, was auf Sanskrit „Atman" genannt wird, was ist es dann, was wiedergeboren wird?

Die Buddhisten betonen die Vorstellung von „Anatman", Nicht-Selbst oder Selbst-Losigkeit, und viel hängt vom richtigen Verständnis dieses Begriffes ab. Manchmal gibt es etwas Verwirrung, da dieser Begriff in unterschiedlichen Zusammenhängen benutzt wird. Wenn Buddhisten über Anatman sprechen, dann meinen wir nicht die vollständige Nichtexistenz unseres gewöhnlichen oder konventionellen Selbst, denn der Buddhismus akzeptiert sehr wohl die Existenz solch eines konventionellen Selbst. Mit Anatman meinen wir das Nichtvorhandensein eines Selbst, das in völliger Unabhängigkeit und ohne jeglichen Zusammenhang mit den fünf Aggregaten (Form, Empfindung, Wahrnehmung, geistige Formkraft, Bewusstsein) postuliert wird. Denn es ist die Gesamtheit dieser fünf Aggregate, die das ausmacht, was wir gewöhnlich als unser Selbst betrachten. Da jedes dieser fünf Aggregate ständig Veränderungen unterliegt, kann es kein unveränderliches und ewiges Selbst geben. Was negiert wird, ist somit ein Selbst, das völlig getrennt und unabhängig von den fünf Aggregaten ist.

Wenn wir mit Überzeugung über vergangene und zukünftige Leben sprechen, dann muss es eine Energie oder irgendetwas geben, das aus dem vergangenen Leben kommt, dann in diesen jetzigen Körper eintritt und ihn schließlich wieder verlässt, und diese Energie oder dieses Kontinuum muss von diesem physischen Körper verschieden sein.

Einige buddhistische Schulen glauben, dass es der Geist ist, der von einem Leben zum nächsten geht, denn wenn man sich Körper und Geist betrachtet, dann ist der physische Körper nur für dieses eine Leben da. Doch der Geist verbindet sich eng mit den verschiedenen Sinnen und Organen, die wiederum körperlicher Natur sind und sich auf dieses eine Leben beschränken. Es muss also ein äußerst subtiler Geist sein, der sich von einem Leben zum nächsten bewegt. Diesen äußerst subtilen Geist kann man als das „Selbst" bezeichnen, das ins nächste Leben geht, und das ist die Anschauung der Cittamatra-Schule („Nur-Geist-Schule") des Buddhismus. Innerhalb dieser Cittamatra-Schule gibt es weitere Unterschulen und Differenzierungen.

Eine andere buddhistische Schule vertritt jedoch die Ansicht, dass man auch diesen subtilen Geist, selbst wenn er noch so subtil sein mag, nicht als „meinen" Geist betrachten kann. Daher sei dieser Geist an sich das Selbst. Wenn aber der Geist an sich das Selbst ist, dann werden der Besitzer und sein Besitz eins.

Wenn der Tod der letztendliche Zustand des Bewusstseins ist, wie sieht es dann mit Geistern aus? Sind Sie jemals welchen begegnet?

Ich erinnere mich, dass ich als Kind manchmal Angst vor bösen Geistern hatte.

Im Buddhismus gibt es sechs unterschiedliche Bereiche der Wiedergeburt, in die hinein man wiedergeboren werden kann: die Bereiche der Götter, Halbgötter, Menschen, Tiere, Hungergeister und der Höllen. Diese Unterteilung findet aufgrund von unterschiedlichen Arten von Leiden und Glück statt, die in diesen verschiedenen Bereichen von den Lebewesen erfahren werden. Man kann aufgrund von unterschiedlichen Ebenen der Form, der Empfindung und des Geistes aber auch eine Unterteilung in die drei Welten machen, die in ihrer Gesamtheit das Samsara ausmachen und innerhalb deren sich die sechs Bereiche der Wiedergeburt befinden: die Welt der Begierde, die den Großteil des Samsara ausmacht und wo unterschiedliche Formen der Begierde vorherrschen, die Welt der Form und die formlose Welt.

Geister können jeder dieser drei Welten angehören. Einige Geister sind positiv, andere negativ. Genau wie Menschen auch, können einige sehr grausam und andere wiederum sehr freundlich und sanft sein. Wenn wir eine positive geistige Einstellung haben, wie zum Beispiel Bodhicitta, dann können uns böse Geister allerdings keinen Schaden zufügen.

Neuntes Kapitel

Nirwana

Die Lehre über das Nirwana ist ein einzigartiges und revolutionäres Geschenk der buddhistischen Weisheitsschule an die Menschheit. Nirwana ist auch der eine zentrale Begriff, in welchem letztendlich die Buddhaschaft, die Lebensgeschichte Buddhas und seine Abweichung von traditionellen Vorstellungen über Gott begründet liegen. Könnten Sie uns bitte erklären, was mit Nirwana gemeint ist?

Der Buddhismus sagt, dass die Lebewesen nicht aus einer Quelle stammen, die rein und frei von jeglichen Täuschungen ist. Wie schon erläutert, hat die Unwissenheit keinen Anfang. Der Daseinskreislauf und die darin erfahrenen Leiden haben somit ebenfalls keinen Anfang. Das Nirwana zu erlangen bedeutet, dass der einzelne Mensch an den Punkt kommt, wo sein Geist frei von jeglichen Täuschungen ist, und dieser Zustand wird Befreiung genannt.

Im Grunde genommen muss das Nirwana aus der Sicht der Leerheit erklärt werden, durch die Beendigung der Leiden. Diese Beendigung des Leidens ist die letztendliche Wirklichkeit, eine unendliche Weite der Phänomene, in die hinein sich alle Täuschungen und Befleckungen läutern und auflösen. Das ist nicht bloß eine leere Leerheit, sondern eine Leerheit voll eines Geistes, der frei von jeglichen Befleckungen ist. Diese Leerheit ist wie die Qualität, als Samsara leer zu sein – denn Leerheit ist auch die Natur von Samsara. In dieser Hinsicht gibt es keinen Unterschied zwischen Samsara und Nirwana.

Ist das Nirwana somit ein uns innewohnender Zustand, der darauf wartet, entdeckt zu werden, oder unser höchstes Potenzial?

Wenn wir über die Befleckungen oder nachteiligen Zustände des Geistes als etwas sprechen, das vorübergehend ist, dann erklärt das implizit auch, dass es eine Möglichkeit gibt, uns davon zu befreien. Wir haben dieses Potenzial, doch wir haben das Nirwana noch nicht in uns.

In seinem Text *Pramanavarttika* sagt Dharmakirti, dass die bloße Gegenwart der letztendlichen Ursache auch die Gegenwart der Wirkung oder des Beweises erfordert. Wenn wir beispielsweise sagen, dass sich auf einem Grashalm ein Insekt befindet, das hundertmal das karmische Potenzial in sich trägt, ein Elefant zu werden, dann müssten wir auch sagen, dass sich auf diesem Grashalm einhundert Elefanten befinden, was aber nicht der Fall ist.

Die Buddhanatur ist das Potenzial, das dem Bewusstsein jedes Lebewesens innewohnt und das zur vollen Verwirklichung gelangen kann, wenn es durch die richtigen Umstände aktiviert wird. Die Buddhanatur ist jedoch nicht der Buddha selbst.

Die Abwesenheit einer unabhängigen Existenz ist die letztendliche Beschaffenheit von allem – das ist Leerheit. Leerheit existiert. Phänomene, die in Abhängigkeit von anderen Faktoren existieren, haben kein unabhängiges Selbst, keine unabhängige Existenz, und sind somit Teil der Leerheit. Diesen letztendlichen Zustand der Verwirklichung zu erlangen – dass wir alle Teil der Leerheit sind –, ist unser Potenzial und Nirwana.

Reagiert man im Zustand von Nirwana immer noch auf Phänomene?

Es gibt immer noch die Unterscheidung in gut und schlecht, negativ und positiv. Dementsprechend nehmen wir natürlich immer noch wahr: „Dies ist etwas Gutes. Das ist etwas Schlechtes." Die höchste Form der Erleuchtung ist die vollkommene Buddhaschaft. Darin gibt es nicht einmal mehr Erscheinungen wirklicher Existenz.

Einmal, ich glaube in den späten 1960er oder frühen 1970er Jahren, habe ich intensiv über die Leerheit meditiert. Eines Tages stieß ich auf eine Textpassage von Tsongkhapa, in der er sagt: „Die Ansammlung der Aggregate ist nicht das Ich, und auch die Kontinuität der Ansammlung der Aggregate ist nicht das Ich. Nichts von diesen ist das Ich." Als ich dies las, hat mich das sehr ergriffen. Tsongkhapa hat damit die Essenz einer der Lehren des indischen Meisters Nagarjuna erläutert, in der dieser sagt:

> Eine Person ist nicht Erde, nicht Wasser,
> Nicht Feuer, nicht Wind, nicht Raum,
> Nicht Bewusstsein, und nicht alle diese zusammen.
> Und gleichzeitig gibt es keine Person,
> Die hiervon verschieden ist.

Nagarjuna sagt auch, dass wir das Ich nicht finden werden, wenn wir es mittels logischer Analyse suchen. Da habe ich ein wenig Einsicht in die Leerheit gewonnen, und in den folgenden Tagen hat sich meine Einstellung gegenüber Menschen und Dingen verändert.

Wie erklären Sie das Nirwana oder die Erleuchtung einem westlichen Menschen, der die Materie, die Sie als trügerisch bezeichnen, eher als beweisbare grundlegende Kraft der Existenz betrachtet?

Der Westen hat ein erstaunliches Wissen über die Materie hervorgebracht. Gleichzeitig erscheint mir das westliche Wissen über Geist und Bewusstsein etwas begrenzt und noch im Anfangsstadium. Aber ohne tiefgründiges Verständnis über das wahrnehmende Bewusstsein bleibt auch umfangreichstes Wissen über die Materie unvollständig.

Wissen wird nicht von Lebewesen im Allgemeinen, sondern speziell von uns Menschen angesammelt. Daher ist der Hauptzweck dieser Wissensvermehrung, der Menschheit von Nutzen zu sein. Wenn dem so ist, dann ist ein ausbalanciertes Wissen sehr wichtig, bei dem das Wissen aus innerer Erfahrung und das Wissen über die äußere materielle Welt Hand in Hand gehen. Wenn wir einen solchen balancierten Ansatz haben, macht das einen großen Unterschied, ohne dass wir unsere Identität oder unsere Charakteristiken als Menschen dabei verlieren.

Wenn wissenschaftliche Forschung lediglich an einseitiger Wissensanhäufung interessiert ist, ohne der Tatsache eines inneren Bewusstseins Rechnung zu tragen, dann vernachlässigt der Wissenschaftler automatisch etwas, nämlich die Erfahrung von Gefühl und innerem Erleben.

Wenn unser ganzer Ansatz sich lediglich auf die materielle Seite konzentriert und das Bewusstsein vollständig außer Acht lässt, dann gibt es keine Trennlinie zwischen Richtig und Falsch, Gerecht und Ungerecht. Manchmal hat man den Eindruck, dass westliche Gesellschaften zu großen Wert auf materiellen Fortschritt allein legen, dass fast die gesamte menschliche Energie auf materieller Ebene verbraucht und so das Bewusstsein vernachlässigt wird. Das wird zu unangenehmen Erfahrungen führen. Eine ausgeglichene Balance zwischen diesen beiden Ansätzen wird zu einer glücklicheren Gesellschaft führen.

Ich glaube, dass das Studium des Bewusstseins nicht notwendigerweise eine religiöse Angelegenheit ist, sondern auch für unser Wissen über den Menschen und über die Technik von Bedeutung ist. Das ist ein wichtiges Thema, und in dieser Hinsicht hat die östliche Philosophie, und besonders die buddhistische Philosophie, dem Westen viel zu bieten.

Wenn wir den Weg zum Nirwana in verschiedene Abschnitte unterteilten, wie würden Sie die erste Stufe erklären?

Um die Befreiung zu erlangen, müssen wir zuallererst den starken Wunsch entwickeln, sie zu erlangen. Aryadeva sagte in seinen *Vierhundert Versen*, dass es für jemanden, der sich geistig nicht von weltlichem Besitz freigemacht hat, unmöglich ist, die Befreiung zu erlangen. Daher ist es notwendig, das Leiden als solches zu erkennen und darüber zu reflektieren. Das Hauptleiden, um das es uns hier geht, ist das alles durchdringende Leiden bedingter Existenz.

Die fünf Skandhas (Aggregate), die in ihrer Gesamtheit das ausmachen, was wir als unser „Ich" bezeichnen, sind vergänglich, unterliegen ständiger Veränderung und sind das Ergebnis von Ursachen. Diese Ursachen sind unsere Handlungen (Karma), die wir in der Vergangenheit ausgeführt haben, und auch die Unwissenheit oder die geistigen Täuschungen, aufgrund deren wir diese Handlungen ausgeführt haben. Da unsere jetzige Form das Ergebnis von solcher Unbeständigkeit und Vergänglichkeit ist, ist Leiden ihre Natur.

Es gibt viele verschiedenen Arten, wie wir über das Leiden der Geburt nachdenken können. Vor unserer Geburt haben wir den Zwischenzustand zwischen Tod und Wiedergeburt beendet und sind in den Zustand des Klaren Lichts eingetreten, in welchem es keine offensichtlichen Leiden gibt und unsere Gefühle neutral sind. Während der Empfängnis und nachdem unser Bewusstsein in den Mutterleib eingetreten ist, beginnt der Prozess unserer körperlichen Entwicklung. Unsere körperliche Form nimmt Gestalt an und bildet sich immer deutlicher aus. Ab einem bestimmten Punkt beginnen wir, Freuden und Schmerzen zu erfahren. Zum Zeitpunkt unserer Geburt beginnen dann die wirklichen Leiden. Ab unserer Geburt sind wir bis zu einem bestimmten Alter hilflos wie ein neugeborenes Insekt. So fängt unser Leben an.

Rational betrachtet ist unser Körper also in keiner Weise irgendetwas, das sich zu verehren oder Anhaftung daran zu entwickeln lohnen würde. Die Bestandteile unseres Körpers sind unrein. Der Körper an sich ist unrein und ist das Ergebnis der unreinen Körper unserer Eltern. Die Ursache für diesen Körper sind die Fortpflanzungsflüssigkeiten unserer Eltern, welche auch unrein sind.

Und was produziert dieser unser Körper? Er produziert Kot, Urin und Schleim. In gewisser Weise scheint dies die Hauptfunktion unseres Körpers zu sein: Speisen und Getränke zu konsumieren und menschliche Ausscheidungen zu erzeugen. Wenn ich daran denke, wie viel Nahrung und Getränke ich bisher in meinem Leben zu mir genommen habe, dann muss es sich hierbei um eine ganz erstaunliche Menge handeln, ebenso wie meine Ausscheidungen von Kot, Urin und Schleim.

Darüber hinaus schaffen wir mit diesem unserem Körper viele Probleme, betrügen und bedrängen damit andere Menschen. Was ist also der Wert dieses unseres Lebens? Wenn wir so denken, dann ist unser Leben in der Tat sehr traurig. Egal wie schön oder stark unser Körper auch sein mag, sind seine Bestandteile wie Haut, Fleisch, Knochen usw. nicht so reizvoll und schön, sondern ziemlich unrein.

Niemand betrachtet eine Toilette und deren Inhalt als etwas Reizvolles und Schönes. Aber genau betrachtet ist unser Körper wie eine Toilette. Die unreinen und unappetitlichen Dinge in uns kommen nicht vom Himmel, sondern aus unserem Körper. Welchen Sinn und Nutzen hat es also, Anhaftung an den Körper zu entwickeln? Der Körper an sich ist nichts Heiliges.

Doch zum Glück haben wir mit diesem Körper auch unseren Geist. Wir können denken, analysieren und untersuchen. Das ist der Teil, der sich wirklich lohnt. Mit der Kraft unserer Intelligenz können wir unser Leben mit Sinn erfüllen.

Tiere und Insekten können eingeschränkte Arten von Altruismus entwickeln. Bienen und Ameisen beispielsweise sind sehr soziale Insekten und arbeiten in gegenseitiger Verantwortung und aufrichtiger Kooperation zusammen, sowohl in guten als auch in schlechten Zeiten. Das ist ihre soziale Struktur. Die menschliche Natur ist ebenso veranlagt. Wir können unmöglich alleine überleben. Wir sind ständig von anderen abhängig, ob uns das nun gefällt oder nicht.

Ja, ich verstehe – sich von diesem physischen Körper loszulösen ist die erste Stufe. Aber wie üben wir nun unseren Geist darin, sich von der Anhaftung weg zum Altruismus hin zu bewegen?

Die indischen Meister entwickelten zwei Hauptmethoden für die Entwicklung und das Training einer altruistischen Geisteseinstellung: *die Ursache-Wirkungs-Methode in sieben Schritten* und die Methode, *sich selbst mit anderen gleichzustellen und sich an ihre Stelle zu versetzen.* In der heutigen Praxis der Entwicklung von Bodhicitta werden diese beiden Methoden miteinander kombiniert.

– Der erste der sieben Schritte ist die Entwicklung von Gleichmut, einem Geisteszustand also, der einen Ausgleich anstrebt zwischen der starken Anhaftung, die wir für unsere Freunde haben, dem starken Hass gegenüber unseren Feinden und der indifferenten Haltung gegenüber der Mehrzahl von Menschen, für die wir kein Interesse zeigen.
– Der zweite Schritt ist, dass wir an unsere eigenen zahllosen Wiedergeburten im Daseinskreislauf seit anfangsloser Zeit denken. Daraus können wir folgern, dass je-

des einzelne aller Lebewesen schon einmal unsere eigene Mutter, unsere beste Freundin und unser Verwandter gewesen ist.

- Als Drittes denken wir nun an die Freundlichkeit und Güte, die uns von allen Lebewesen entgegengebracht wurde, als sie schon einmal unsere eigene Mutter gewesen sind. Diese Haltung des Erinnerns an die liebende Güte aller anderen Lebewesen unterscheidet somit nicht zwischen jetzigen Freunden und Feinden. Auch unsere sogenannten Feinde werden als gütig betrachtet.
- Der nächste Schritt ist es, die Güte, die uns von allen anderen Lebewesen entgegengebracht worden ist, zu erwidern. Dazu denken wir darüber nach, wie unsere eigene Mutter uns in diesem Leben ihre liebende Güte geschenkt hat und wie auch andere Eltern gütig und liebevoll zu ihren Kindern sind und diese fördern und unterstützen.
- Dann kommt der Schritt, Liebe zu entwickeln, einen Geisteszustand also, der sich um das Wohlergehen aller Lebewesen sorgt. Wenn wir diese Liebe für alle Lebewesen entwickelt haben, wünschen wir uns als Nächstes, dass alle Lebewesen von ihren Leiden befreit werden mögen. Das ist Mitgefühl.
- Darauf folgt eine außergewöhnliche geistige Haltung, in der wir die Verantwortung auf uns nehmen, alle anderen Lebewesen von ihren Leiden zu befreien.
- Der letzte Schritt ist dann tatsächliches Bodhicitta, also die altruistische Haltung, zum Wohle aller Lebewesen die Erleuchtung zu erlangen. Dies wird einerseits erfahren durch die Kraft unseres starken Mitgefühls für alle Lebewesen, also des Gefühls, dass es unerträglich ist, deren Leiden mit ansehen zu müssen, und andererseits durch das Verständnis, dass der Geist eines jeden Lebewesens von all seinen Leiden verursachenden Täu-

schungen befreit werden kann. Allen Lebewesen wohnt das Potenzial inne, den allwissenden Zustand der Buddhaschaft zu erlangen. Dies zu verstehen bringt, in Verbindung mit der starken Kraft des Mitgefühls, die Erfahrung von Bodhicitta hervor.

Das ist die *Ursache-Wirkungs-Methode in sieben Schritten.* Die zweite dieser beiden Hauptmethoden, *sich selbst mit anderen gleichzustellen und sich an ihre Stelle zu versetzen*, beinhaltet ebenfalls die Entwicklung von Gleichmut, jedoch auf etwas andere Weise:

– Alle Lebewesen sind sich gleich in ihrem Wunsch, Glück zu erlangen, und in ihrem Bestreben, Leiden zu vermeiden. Indem wir dies erkennen, stellen wir uns selbst mit allen anderen Lebewesen auf die gleiche Stufe.
– Als Nächstes bedenken wir die Nachteile, die sich ergeben, wenn wir uns nur um uns selbst sorgen. Ein selbstsüchtiger Mensch ist nur deswegen so, weil er alles Glück für sich alleine möchte. Doch am Ende wird er viele Feinde und nur wenige Freunde haben. Wenn wir uns jedoch mehr um die anderen kümmern, anstatt nur um uns selbst, dann werden wir das Gegenteil davon erfahren, nämlich mehr Freunde haben und weniger Feinde.

Kurz gefasst: Wie Shantideva in seinem Grundlagenwerk *Bodhicaryavatara* sagt, ist alles Leiden dieser Welt das Ergebnis selbstsüchtigen Denkens und alles Glück dieser Welt das Ergebnis nächstenliebenden und uneigennützigen Denkens. So können wir über die Nachteile einer selbstsüchtigen Haltung und über die Vorteile einer uneigennützigen und altruistischen Haltung nachdenken. Dadurch wechseln wir unsere eigene Position mit der der anderen Lebewesen aus.

Der nächste Schritt ist die Übung des Gebens und Nehmens, bei der wir uns vorstellen, das Leiden der anderen auf uns zu nehmen und in Glück umzuwandeln. Darauf folgt die eigentliche Entwicklung von Bodhicitta.

Um wirkliche Uneigennützigkeit und Nächstenliebe zu entwickeln, müssen wir lernen, unseren Hass und unsere Wut zu kontrollieren. Dafür brauchen wir die Übung in Geduld und Toleranz, denn ohne diese wird es uns nicht möglich sein, unseren Hass und Zorn im Zaum zu halten. Um Geduld und Toleranz entwickeln zu können, benötigen wir einen Feind. Denn ohne einen Feind können wir diese Qualitäten von Geduld und Toleranz nicht entwickeln. Das ist der springende Punkt. Wenn wir so reflektieren, dann können wir lernen, aus unseren Feinden wirklichen Nutzen zu ziehen, ganz unabhängig von deren Absicht und Motivation.

Was mich persönlich betrifft, so waren Feinde sehr hilfreich für mich. Wenn wir unsere Feinde als hilfreich und gütig ansehen können, dann wird es unmöglich, sie wie zuvor zu betrachten, eben als unsere Feinde. Der größte Prüfstein in unserem Leben sind unsere Feinde. Wenn wir uns darauf konzentrieren, dann wird alles andere sehr leicht und einfach.

Den eigenen Feind als Lehrer zu betrachten ist in der Tat ein fortgeschrittenes Stadium von Uneigennützigkeit und Nächstenliebe. Wie können wir die übertriebene Selbstsucht unseres irrenden und verblendeten Geistes unter Kontrolle bekommen, damit wir zunächst einmal nur aufrichtige Wertschätzung für eine altruistische Einstellung entwickeln können?

All unsere weltlichen Begierden und Wünsche wie zum Beispiel Ruhm, Wohlstand, Gesundheit und dergleichen hängen von der Güte der anderen ab und können nur in Abhängigkeit von anderen erfüllt werden. Selbst die Gelegenheit, dass wir hier zusammengekommen sind und diesen angenehmen Gedankenaustausch führen können, wurde erst durch die Unterstützung von vielen anderen Menschen ermöglicht: die Menschen, die dieses Haus gebaut haben, die diesen Teppich geknüpft haben, der Busfahrer, der Sie von Delhi hierher nach Dharamsala gefahren hat usw. All diese unzähligen Faktoren haben uns hier zusammenkommen lassen, und ohne diese beisteuernden Faktoren hätten wir nicht die Gelegenheit gehabt, uns hier zu treffen. An diesem Treffen haben viele Menschen mitgewirkt, bekannte und unbekannte, ohne deren Zutun wir uns nicht hätten treffen können.

Wenn wir auf diese Weise reflektieren, dann werden wir zu der Überzeugung gelangen, dass wir ohne die Hilfe der anderen niemals überleben könnten. Und denken Sie dann auch über das Karma nach: Die gute Gelegenheit für unser Treffen hier ist das Ergebnis unserer eigenen heilsamen Handlungen in der Vergangenheit. Was ist gutes oder heilsames Karma? Das sind Handlungen, die wir mit der Absicht ausgeführt haben, anderen zu helfen und von Nutzen zu sein. Somit benötigt auch die Ansammlung von gutem Karma die anderen Menschen und Lebewesen als Grundvoraussetzung.

Der Buddhismus als Religion und Sie ganz besonders betrachten Bodhicitta als den unübertroffenen Weg zur Befreiung. Warum?

Von allen buddhistischen Übungen wird die Übung in Bodhicitta als die kostbarste angesehen. Bodhicitta wurzelt im Mitgefühl. Ohne Lebewesen, die Leiden zu ertragen haben, können wir unmöglich Mitgefühl entwickeln. Wir können Mitgefühl nicht dadurch entwickeln, dass wir uns auf den Buddha konzentrieren. Nur indem wir unser Augenmerk auf das Leiden der Lebewesen richten, können wir Mitgefühl entwickeln. Somit wird die direkte Ursache für Bodhicitta nur dadurch ermöglicht, dass wir uns auf die Lebewesen konzentrieren. Wir können vom Buddha lediglich Segen für die Entwicklung von Bodhicitta erhalten. Aus dieser Sicht betrachtet, sind die anderen Lebewesen sogar gütiger als der Buddha selbst. Dabei ist es nicht notwendig, dass die anderen Lebewesen ihrerseits eine gute Absicht uns gegenüber haben. Die Objekte, die wir für wertvoll erachten und schätzen – beispielsweise die Beendigung des Leidens und die Wege, die zur Beendigung des Leidens führen – haben ihrerseits auch keine gute Absicht oder Motivation, aber wir erachten sie dennoch als wertvoll und schätzen sie.

Wir haben über die ungewöhnliche Haltung gesprochen, die Verantwortung dafür zu übernehmen, die anderen Lebewesen vom Leiden zu befreien. Bodhicitta, das durch diese ungewöhnliche Haltung hervorgerufen wird, ist äußerst kraft- und wirkungsvoll. Es ist die kombinierte Übung der beiden Methoden, worüber wir uns zuvor unterhalten haben: die *Ursache-Wirkungs-Methode in sieben Schritten* und *sich selbst mit anderen gleichstellen und sich an ihre Stelle versetzen*. Diese nützliche und wirkungsvolle Übung wird Ihnen innere Kraft, Ausgeglichenheit und ein warmes Herz verleihen. Eine derartige Haltung ist unsere wirkliche Zuflucht. Selbst nur eine ganz kleine Erfahrung in dieser Praxis wird Ihnen inneren Frieden und Stärke schenken.

Ist Bodhicitta als die zentrale Lehre des Buddhismus somit ein geeignetes Mittel für die Sicherung des Weltfriedens und für eine bessere, humanere Welt?

Ja. Auch Menschen, die nicht an ein zukünftiges Leben oder an das Nirwana glauben, können als gute Mitglieder der menschlichen Gemeinschaft diese Übungen praktizieren und für ihre geistige Verfassung Nutzen daraus ziehen. Das ist der erste Schritt zur Entwicklung von wirklichem und dauerhaftem Weltfrieden. Äußerer Friede kann nicht ohne inneren Frieden entwickelt werden – das ist wirklich ein tiefgründiger Kerngedanke und wertvoller Rat.

Für Praktizierende des Bodhisattvaweges sind alle Lebewesen Freunde, und jede Umgebung, egal unter welchen Bedingungen, zu welcher Zeit und an welchem Ort, ist der Praxis dienlich. Für solche Menschen sind die wirklichen Feinde im eigenen Inneren zu finden, nämlich Selbstsucht, das Greifen nach einem Selbst und irreführende falsche Anschauungen. Doch auch solch ein Mensch ist nicht frei von jeglicher Furcht. Aber wenn man sich so übt, dann erlangt man zumindest auf der Ebene des eigenen Geistes einen gewissen Frieden und eine gewisse Freiheit von Furcht. Das ist die Art und Weise, wie man den Wunsch entwickelt, die Befreiung und den Zustand der Allwissenheit zu erlangen.

Eure Heiligkeit, was ist Ihr Verständnis über und Ihre Einsicht in mystische Erfahrungen innerhalb der buddhistischen Tradition, und wie erklären Sie sich diese?

Ein wahrhaft Praktizierender kann verschiedene Arten mystischer Erfahrungen machen. Im anfänglichen Stadium sind diese Erfahrungen aber in keiner Weise zuverlässig. Wenn die oder der Praktizierende zu viel Anhaftung daran entwickelt oder diesen Erfahrungen eine große und außergewöhnliche Bedeutung beimisst, dann ist das vollkommen falsch und gefährlich.

Wenn wir dann in unserer eigenen geistigen Entwicklung mithilfe der Übungen fortgeschritten sind, dann kann das, was für uns selbst lediglich eine Manifestation oder Spiegelung unserer eigenen tieferen Erfahrung und somit für uns selber normal ist, für andere Menschen wie eine mystische Erfahrung aussehen. Hier sollte man deutlich unterscheiden.

Nirwana, Befreiung, Erleuchtung und Buddhaschaft sind Begriffe, die Eingang in den allgemeinen Sprachgebrauch gefunden haben, deren Bedeutung aber immer noch sehr unklar ist. Was geschieht beispielsweise mit dem Geist in diesen Zuständen?

Nach buddhistischer Philosophie gibt es, solange es noch die Person oder das Selbst gibt, immer auch einen Geist, sogar bis zur Buddhaschaft. Auch auf der Ebene eines Buddha gibt es immer noch eine individuelle Identität. Eine andere buddhistische Lehrmeinung besagt allerdings, dass der höchste Zustand ein Zustand ist, in dem die Person und der Geist aufhören zu existieren. Falls dies wirklich der Fall sein sollte, dann würde ich es vorziehen, das Nirwana nicht zu erlangen. Ich ziehe dieses jetzige Leben einem Zustand vor, in dem es kein Gefühl mehr gibt, denn das halte ich nicht für erstrebenswert.

Die Vaibhasika-Schule des Buddhismus beispielsweise sagt, dass das Mahaparinirwana (das endgültige Nirwana, in das ein erleuchteter Mensch zum Zeitpunkt seines Todes eintritt) ein Zustand ist, der nicht nur frei von jeglichen Geistestrübungen, sondern auch vom Geist selbst frei ist. Hier gibt es keine Kontinuität des Geistes mehr. Folgt man dieser Anschauung der Vaibhasikas, dann ist Buddha Shakyamuni jetzt nur noch eine historische Figur und existiert nicht mehr.

Nagarjuna hat diese Sichtweise widerlegt, indem er die Frage stellte, wo die Person sei, die diesen Zustand verwirklicht, wenn das letztendliche Nirwana auch vom Geist selbst frei sei. Wir müssen daher glauben, dass *jemand* diesen Zustand des Nirwana erlangt. Es muss eine Person geben, die diesen Zustand erlangt.

Wenn wir sagen, dass Nirwana oder die Befreiung ein Zustand ist, in dem der Geist vollständig frei von allen Täuschungen und Verunreinigungen ist, dann bedeutet das nicht, dass auch der Geist selbst aufhört zu existieren. Da gibt es immer noch etwas, etwas Positives, und wenn wir diese Art von Nirwana erreichen, dann sind wir darüber sehr glücklich. Wenn aber das Nirwana ein vollständiges Nichts wäre und alles zu einem Ende käme, würden wir es nicht erreichen wollen, nicht wahr?

Ist das Nirwana ein Zustand von Nichtfühlen oder ein Zustand von andersartigem Gefühl?
Oh ja, eine andere Art von Gefühl.

Was ist der Unterschied in dieser Art von Gefühl?
Das ist schwer zu sagen. Ich denke – lassen Sie mich diesen Zustand zuerst einmal selbst erlangen … [Lachen] In der Hauptsache ist das natürlich ein Gefühl von Verwirklichung. Unsere gesamte Einstellung gegenüber den Phänomenen verändert sich. Zum jetzigen Zeitpunkt stehen wir unter dem Einfluss von Unwissenheit, Hass, Anhaftung und all diesen unterschiedlichen negativen Gedanken und Emotionen. So ist es uns im Moment nicht möglich, die tatsächliche Wirklichkeit zu erkennen. Unsere Sicht ist getrübt. Aufgrund unserer Unwissenheit und unseres Greifens nach einer wirklichen Existenz erscheint uns alles so, als ob es aus sich selbst heraus existierte, und es gibt da diese starke, feste und dichte Erscheinungsweise der Phänomene. Wenn wir das Nirwana erlangen, lösen sich unsere Unwissenheit, unser Hass und unsere Begierde auf. Diese negativen oder übertriebenen Gedanken und Wahrnehmungen werden vollständig geläutert, und als Ergebnis davon wird sich unsere gesamte Einstellung gegenüber den Phänomenen vollkommen verändern.

Der Buddha hat einige an ihn gestellte Fragen nicht beantwortet, da er allwissend war. Sie haben meine Frage über die Möglichkeit, unseren Weg zum Nirwana mit Lachen zu bahnen, auch nicht beantwortet. Geschah dies aus dem gleichen Grund?

Ich hatte Ihre Frage nicht verstanden, nicht weil ich allwissend bin, sondern weil es Hindernisse gibt, die mein Wissen versperren.

Zehntes Kapitel

Bewusstsein

Bewusstsein ist ein hochkomplexes Phänomen und auch für den modernen Menschen in der heutigen Zeit nur schwer zu fassen, unabhängig davon, ob unsere Betrachtungsweise nun wissenschaftlich oder spirituell ist. Könnten Sie uns bitte erläutern, wie der Buddhismus Bewusstsein definiert?

Generell kann man Bewusstsein aus buddhistischer Sicht in zwei Kategorien unterteilen: geistiges Bewusstsein und sensorisches Bewusstsein. Die Entstehung von sensorischem Bewusstsein wie zum Beispiel dem Augenbewusstsein hängt von bestimmten Bedingungen ab, äußeren Bedingungen wie den wahrgenommenen Objekten und inneren Bedingungen. Auf der Grundlage dieser beiden benötigt das Sinnesorgan noch einen weiteren Faktor, nämlich den vorausgegangenen Moment des Bewusstseins selbst.

Nehmen wir zum Beispiel diese Blume und das Augenbewusstsein, welches diese Blume sieht. Die äußere Bedingung für das Sehen der Blume ist die Blume, und ihre Funktion ist es, das Augenbewusstsein anzuregen, das ein Gewahrsein der verschiedenen Aspekte dieser Blume hervorbringt.

Die buddhistische Schule der Vaibhasikas akzeptiert diese Theorie der verschiedenen Aspekte nicht und sagt, dass das Augenbewusstsein direkten Kontakt mit dem Objekt selbst hat. Das ist sehr schwierig zu erklären, denn diese Schule behauptet, dass die Objekte nicht durch deren Aspekte, sondern durch direkten Kontakt wahrgenommen werden. Andere buddhistische Schulen wiederum sagen, dass die Objekte sehr wohl unterschiedliche Aspekte haben, durch die das Bewusstsein das Objekt wahrnimmt.

Die moderne wissenschaftliche Theorie akzeptiert ebenfalls diese unterschiedlichen Aspekte eines Objekts, wodurch das Objekt wahrgenommen wird, was mir logischer erscheint. Das Augenbewusstsein nimmt eine Form wahr (und nicht etwa ein Geräusch), die im Sinnesorgan einen Abdruck hinterlässt, wovon das Sinnesbewusstsein abhängt. Was aber ist die Ursache, die solch ein Augenbewusstsein hervorbringt, das durch Klarheit und Wissen charakterisiert ist? Die Ursache ist ein vorausgehender Moment des Bewusstseins, aus dem das Augenbewusstsein entsteht.

Auch wenn wir über Zustände sprechen, in denen sich die gröberen Arten des Geistes auflösen, so dauert das subtile Bewusstsein ununterbrochen fort. Wenn zum Zeitpunkt der Wahrnehmung eine der notwendigen Bedingungen, beispielsweise der vorausgegangene Moment des Bewusstseins, nicht vorhanden ist, dann werden selbst das Zusammentreffen des Sinnesorgans und des äußeren Objektes nicht dazu in der Lage sein, das Augenbewusstsein hervorzubringen, welches die Blume sieht.

Beim geistigen Bewusstsein verhält sich das anders, und die Art, wie unser Sinnesbewusstsein und unser geistiges Bewusstsein ein bestimmtes Objekt wahrnehmen, sind sehr unterschiedlich. Da unser Sinnesbewusstsein nichtkonzeptuell ist, nimmt es alle unterschiedlichen Qualitäten des Objektes gemeinsam wahr.

Geistiges Bewusstsein hingegen ist hauptsächlich konzeptuell und nimmt das Objekt mittels eines Abbildes wahr. Geistiges Bewusstsein versteht ein Objekt durch Ausschluss dessen, was es nicht ist. Wir müssen gründlich der Frage nachgehen, ob diese unterschiedlichen Bewusstseinsarten durch die chemischen Stoffe unserer Gehirnaktivitäten hervorgerufen werden oder nicht.*

Sie haben als spiritueller Lehrer und Führer ein noch nie da gewesenes Engagement an den Tag gelegt, die Wissenschaften für die Untersuchung und Erforschung spiritueller Phänomene mit einzubeziehen. Wie genau die Zusammenhänge zwischen Geist und Gehirn erklärt werden können, hängt auch von der Bereitschaft der Wissenschaftler ab, dies zu erforschen. Welche Einstellung haben Wissenschaftler gegenüber dem, was Bewusstsein genannt wird, und worin unterscheiden sie sich von Ihrem Standpunkt?

Schon seit vielen Jahren treffe ich mich regelmäßig mit Wissenschaftlern aus den Bereichen der Kernphysik, Neurologie und Psychologie. Diese Zusammenkünfte sind immer wieder sehr interessant und lehrreich. Wir Buddhisten können viel aus wissenschaftlichen Experimenten und den neuesten Erkenntnissen auf wissenschaftlichem Gebiet lernen. Gleichermaßen zeigen einige Wissenschaftler auch ein großes Interesse, mehr über buddhistische Erläuterungen über den Geist und das Bewusstsein zu erfahren.

* Im Buddhismus hat „Bewusstsein" (auf Sanskrit Vijnana) eine weitere und tiefere Bedeutung als das englische „consciousness" oder das deutsche Wort „Bewusstsein" und umfasst die sechs Bewusstseinsarten unserer fünf Sinnesorgane (Augenbewusstsein, Ohrenbewusstsein, Nasenbewusstsein, Geschmacksbewusstsein, taktiles Bewusstsein) und unser geistiges Bewusstsein, durch das die Wahrnehmungen der Sinnesbewusstseinsarten kommentiert, bewertet, zu früheren in Bezug gesetzt werden usw. Jede der Sinnesbewusstseinsarten entsteht durch Kontakt eines Objekts mit dem entsprechenden Sinnesorgan. Die beiden Lehren über das Nicht-Selbst (Anatman) und über das Entstehen in wechselseitiger Abhängigkeit (Pratityasamutpada) bilden die Kernlehren aller buddhistischen Schulen. Bei der ersten dieser beiden Lehren bildet das Bewusstsein das letzte der fünf Aggregate, die unser „Selbst" ausmachen, und in der zweiten dieser Lehren ist das Bewusstsein das dritte der zwölf Glieder des Entstehens in wechselseitiger Abhängigkeit (A.d.Ü.).

Ich habe diese Fragen bisher mit vielen Menschen erörtert, habe aber noch keine wirklich zufriedenstellende Antwort gefunden. Wenn wir zum Beispiel die Annahme vertreten, dass Bewusstsein nichts anderes als das Ergebnis von Interaktion zwischen Molekularteilchen in unseren Gehirnzellen ist, dann müssten wir sagen, dass jede einzelne Bewusstseinsart von bestimmten Molekularteilchen und deren Aktivitäten im Gehirn verursacht wird.

Nehmen wir für dieses Postulat die verschiedenen Erfahrungen zur Hand, die man beispielsweise in Bezug auf diese Rose hier haben kann. Jemand mag annehmen, dass dies hier eine Plastikrose ist. Etwas später kann dieser Mensch Zweifel an seiner Annahme haben und nun denken, dass dies nicht unbedingt eine Plastikrose sein muss. Das anfängliche irrtümliche Bewusstsein verwandelt sich nun in einen wankenden Zweifel. Als Nächstes könnte dieser Mensch annehmen, dass es sich vielleicht um eine echte Rose handelt, aber immer noch als Vermutung. Aufgrund bestimmter Umstände, wie zum Beispiel durch das Berühren oder durch das Riechen an der Rose, findet die Person dann heraus, dass es sich um eine echte Rose handelt.

In all diesen unterschiedlichen Phasen ist das Bewusstsein dieses Menschen auf ein einzelnes Objekt gerichtet, durchläuft dabei aber unterschiedliche Bewusstseinsstadien: von der falschen Annahme zum Zweifel, zur Vermutung und schließlich zu gültiger Wahrnehmung und gültiger Erkenntnis. In diesen unterschiedlichen Stadien erlebt dieser Mensch unterschiedliche Bewusstseinszustände. Wenn Bewusstsein in vollem Umfang von Prozessen in unserem Gehirn abhängt, wie können wir diese unterschiedlichen Bewusstseinszustände durch eine Veränderung der Molekularteilchen in unserem Gehirn erklären?

Ein anderes Beispiel: Wir sehen jemanden und denken, dass dieser Mensch unser Freund ist, obwohl er in Wirklichkeit gar nicht unser Freund ist. Wir irren uns, und unser Bewusstsein in diesem Moment ist ein sich irrendes Bewusstsein. Im ersten Moment irren wir uns. Doch dann hören wir, wie jemand anderes sagt, dass das gar nicht unser Freund ist. In diesem Moment des Hörens dieser Information wandelt sich die irrtümliche Wahrnehmung in eine gültige Wahrnehmung.

Oder wie sieht es mit den Erfahrungen von fortgeschrittenen Meditierenden aus? Wenn ein fortgeschrittener Praktizierender in einen sehr tiefen Zustand der Meditation eintritt, hören sowohl die Atmung als auch der Herzschlag auf. Einige meiner Freunde, die sich in diesen fortgeschrittenen Techniken üben, können für mehrere Minuten ohne Atmung und Herzschlag in tiefer Meditation verweilen. Wenn jemand für mehrere Stunden in solch einem Zustand verweilt, welche Funktion übt dann das Gehirn während dieser Zeit aus?

Auf der Basis dieser Überlegungen und Beobachtungen vertrete ich den Standpunkt, dass es ein Phänomen gibt, das wir Bewusstsein nennen und das auch unabhängig von den Gehirnzellen seine typischen Eigenschaften besitzt. Natürlich stehen die gröberen Ebenen des Bewusstseins sehr eng mit dem physischen Körper und mit dem Gehirn in Beziehung. Doch die wirkliche Natur des Bewusstseins ist von Gehirn und Körper verschieden. Je subtiler die Bewusstseinsarten werden, desto unabhängiger sind sie von molekularen Abläufen in Körper und Gehirn.

Bestimmte körperliche Funktionen einer oder eines Meditierenden können also zum Stillstand kommen, wenn ein tiefes Stadium des Bewusstseins erreicht wird. Doch das Bewusstsein dauert weiterhin an. Da in diesem Zustand tiefer Versenkung bestimmte körperliche Funktionen aufhören, kommen auch die groben Bewusstseinsebenen zu einem

Stillstand, und die subtileren Ebenen des Bewusstseins manifestieren sich.

Bewusstsein ist somit ein äußerst vielschichtiges Phänomen. Welchen Bewusstseinszustand erfahren wir beispielsweise während des Sterbens?

Es gibt unterschiedliche Bewusstseinszustände: den Wachzustand, den Traumzustand, den Tiefschlafzustand und den Zustand der Bewusstlosigkeit, beispielsweise während einer Ohnmacht – eine der subtilsten Ebenen des Bewusstseins.

Den Erläuterungen des höchsten Yogatantra folgend, laufen während des Sterbeprozesses acht unterschiedliche Stadien ab: zunächst die Auflösung der Elemente der Erde, des Wassers, des Feuers, des Windes und des Raumes. Dann durchlaufen wir die Stadien roten Ausdehnens, schwarzer Beinaheverwirklichung und des Klaren Lichtes des Todes. Einige Menschen haben diese Stadien der Auflösung während des Sterbens bis zu einem gewissen Punkt erlebt und sind dann zurückgekehrt. Ich habe Menschen getroffen, die solch eine Erfahrung gemacht haben und von dem ungewöhnlichen Geschehen fasziniert waren.

Dem höchsten Yogatantra folgend, scheinen diese Menschen während des Sterbens eine tiefe Bewusstseinsebene erfahren zu haben und sind dann ins Leben zurückgekehrt. Wenn jemand im Moment des Klaren Lichts des Todes eine Wiedergeburt in einem Daseinsbereich annimmt, in welchem es einen Zwischenzustand (tibetisch Bardo genannt) gibt, dann durchläuft das Lebewesen diesen Zwischenzustand. Wenn das Lebewesen beispielsweise als Mensch wiedergeboren wird, dann erlebt es diesen Zwischenzustand, bevor das Bewusstsein in den Mutterschoss eintritt. Auch im Falle einer künstlichen Befruchtung läuft der gleiche Prozess ab. Der Lebenszyklus beginnt und endet mit der Erfahrung des Klaren Lichtes.*

Wenn wir die ununterbrochene Kontinuität des Bewusstseins nicht akzeptieren, dann lautet die große Frage: „Wie ist die Welt entstanden?“ Es ist unbestritten, dass unser Universum eine Entstehungsphase hatte, sich nun in einer Phase des Bestehens befindet und schließlich in eine Phase der Auflösung übergehen wird. Falls wir die Urknalltheorie akzeptieren, stellt sich die Frage nach den Gründen für das Zustandekommen des Urknalls. Wenn wir in dieser Frage den Standpunkt vertreten, dass Dinge ohne irgendeine Ursache existieren können, dann treten viele logische Ungereimtheiten auf. Wenn wir auf der anderen Seite eine letzte Ursache postulieren, dann müssen wir die Theorie von einem Schöpfer akzeptieren. Aber bei diesem Standpunkt treten ebenfalls viele logische Ungereimtheiten auf.

Aus buddhistischer Sicht entwickelt sich ein Universum deswegen, weil die Lebewesen am Entstehen des Universums beteiligt sind, und zwar aufgrund ihres Karmas, in diesem Universum wiedergeboren zu werden. Wenn wir die anfangslose Kontinuität des Bewusstseins akzeptieren, können wir somit die Zyklen des Lebens in gewisser Weise erklären. Obwohl solch ein Standpunkt weniger Fragen aufwirft als die anderen beiden Standpunkte, bleiben einige Fragen immer noch offen – beispielsweise die Frage: „Warum hat das Bewusstsein keinen Anfang?“

Wenn wir die ununterbrochene Kontinuität von Bewusstsein und von Lebewesen akzeptieren, gibt es also weniger offene Fragen. Somit ziehen wir Buddhisten eine un-

---

* Für eine detaillierte Beschreibung der Abläufe während des Sterbeprozesses und des Zwischenzustandes zwischen zwei Leben, vgl. auch: Tenzin Gyatso, XIV. Dalai Lama: Der Weg zum sinnvollen Leben. Das Buch vom Leben und Sterben.

vollständige Antwort mit weniger Kontroversen und logischen Konflikten einer vollständigen Antwort mit mehr logischen Konflikten und Kontroversen vor. Wir akzeptieren die Tatsache, dass das subtile Bewusstsein keinen Anfang und kein Ende hat. Auch in der Erleuchtung, der Buddhaschaft, existiert das subtile Bewusstsein weiter. Es gibt kein Ende.

Was ist der Unterschied zwischen kognitivem Geist und Bewusstsein?

Es gibt zwei Arten geistigen Bewusstseins: konzeptuell und nicht-konzeptuell. Nichtkonzeptuelles geistiges Bewusstsein wird auch als direkte Wahrnehmung bezeichnet. Alle buddhistischen Schulen akzeptieren drei Arten der direkten Wahrnehmung: sensorisch, geistig und yogisch, wobei die letztere mithilfe der Meditation erzielt wird.

Es gibt sechs primäre Bewusstseinsarten, angefangen vom Augenbewusstsein bis hin zum geistigen Bewusstsein. Sie alle werden von geistigen Faktoren begleitet, den fünf geistigen Faktoren, die immer funktionieren und den geistigen Faktoren, die manchmal vorhanden sind und manchmal nicht. In den buddhistischen Texten wird dargelegt, dass das Augenbewusstsein beispielsweise eine Form wahrnimmt, sich aber nicht dessen bewusst ist, dass es eine Form ist. Aufgrund ihrer unterschiedlichen Funktion können die Bewusstseinsarten auch in zwei Gruppen unterteilt werden: Bewusstseinsarten mit gültiger Erkenntnis und Bewusstseinsarten mit nicht-gültiger Erkenntnis.

Um die gewünschten Ziele zu erreichen, müssen wir gültiger Erkenntnis folgen. Die Resultate von gültiger Erkenntnis können ununterbrochen oder aber unterbrochen sein. Es gibt drei verschiedene Arten nicht-gültiger Erkenntnis: Nichtwahrnehmung des Objekts, fehlerhaftes Bewusstsein und Zweifel:

- *Nichtwahrnehmung* des Objekts ist ein Bewusstsein, das dem Objekt ähnelt, dieses jedoch nicht wahrnehmen und erkennen kann. Nichtwahrnehmung beinhaltet auch ein Bewusstsein, das bloße Vermutung ist.
- Ein fehlerhaftes *Bewusstsein* verzerrt das wahrgenommene Objekt.
- *Zweifel* ist ein schwankendes Bewusstsein, wovon es drei unterschiedliche Arten gibt: Eine Art von Zweifel wird zur Wahrheit hingezogen, die zweite tendiert zur falschen Wahrnehmung, und die dritte Art des Zweifels befindet sich irgendwo zwischen diesen beiden in der Mitte.

Es gibt unterschiedliche Ebenen nicht-gültiger Erkenntnis. Um diesen entgegenzutreten, gibt es unterschiedliche Stufen, um das Bewusstsein umzuwandeln. Auf der ersten Stufe müssen wir der einsgerichteten falschen Ansicht entgegenwirken. Dazu gibt es Mittel wie zum Beispiel Syllogismen, mit deren Hilfe die eigene Position verdeutlicht und die Kraft der einsgerichteten falschen Ansicht zerstört wird.

Nachdem die Kraft der einsgerichteten falschen Ansicht nachgelassen hat, kommt das Stadium von Zweifel und noch mehr Zweifel. Diese werden mithilfe weiterer Syllogismen und der Anwendung von logischer Beweisführung überwunden. Hier erlangen wir ein Verständnis des Objekts, das auf Schlussfolgerungen beruht, und wenn wir dann Vertrautheit mit dem Objekt erlangt haben, erreichen wir die Stufe, wo das Bewusstsein nichtkonzeptuell wird.

Und schließlich gibt es drei Arten der Weisheit, und zwar die Weisheit, die jeweils aufgrund von Zuhören, Reflektion und Meditation erlangt wird. Das sind lediglich ein paar kurze und grundlegende Erklärungen über das Bewusstsein.

Um die Erläuterungen über das Bewusstsein im Detail zu verstehen, müssen wir zuerst die Darlegung der unterschiedlichen Objekte des Bewusstseins verstehen, dann die Mittel, durch die die unterschiedlichen Darlegungen erkannt werden können, und zuletzt auch die Art, in der das Bewusstsein mit dem Objekt in Austausch tritt. Denn es gibt unterschiedliche Möglichkeiten, in denen die Bewusstseinsarten mit den jeweiligen Objekten interagieren.

Für nicht-konzeptuelles Bewusstsein gibt es das sogenannte in Erscheinung tretende Objekt, nicht aber Objekte der Konzeptualisierung wie beispielsweise beim konzeptuellen Denken. Bei konzeptuellem Denken gibt es das, was konzeptuelles Objekt genannt wird. Es gibt auch bestimmte Arten von Objekten, die Objekte der Wahrnehmung genannt werden. So gibt es unterschiedliche Ebenen von Objekten.

Gibt es im subtilen Bewusstsein, von dem Sie sprechen, einen Unterschied zwischen Bewusstsein über das Bewusstsein an sich und Bewusstsein über etwas?

Es ist sehr schwierig, sich ein Bewusstsein ohne ein Objekt vorzustellen, da der Begriff Bewusstsein ja bedeutet, sich über etwas, über ein Objekt bewusst zu sein. Ich denke, dass der Begriff „Bewusstsein“ vom Handlungsstandpunkt aus betrachtet für die gröberen Ebenen des Geistes verwendet wird. Das subtile Bewusstsein wird bei gewöhnlichen Menschen nur in einem Zustand der Bewusstlosigkeit, beispielsweise während einer Ohnmacht, offensichtlich.

Wenn wir die acht Stadien der Auflösung während des Sterbeprozesses betrachten, dann ist das siebte Stadium die schwarze Beinaheverwirklichung. Dieses Stadium wird in zwei Abschnitte aufgeteilt: Im ersten Abschnitt behalten wir immer noch eine subtile Erinnerung, und im zweiten

Abschnitt verlieren wir auch diese. Die Erfahrung des Klaren Lichtes erfolgt dann aufgrund unserer eigenen Handlungen, unseres Karmas. Das ist wie ein natürlicher Auflösungsprozess, in dem die Aggregate, die wir aufgrund unserer karmischen Handlungen erlangt haben, ein Ende nehmen. Wir durchlaufen diesen Prozess auf natürliche Art und Weise.

Es ist möglich, einen solchen Zustand des Klaren Lichts auch mithilfe von Übungen in Yoga, der subtilen Arbeit mit Energiewinden usw. zu erfahren. Die oder der Meditierende kann durch diese Übungen und durch die Kraft der eigenen Verwirklichung während der Meditation solche Erfahrungen hervorrufen. Obwohl in einem solchen Augenblick die subtilste Ebene des Geistes erfahren wird, bleibt man sich dessen bewusst und verliert dabei nicht die Kontrolle. Die oder der Meditierende muss dann diese Erfahrung in die Sphäre der Wirklichkeit lenken, in die Natur der Leerheit. Beantwortet das Ihre Frage?

Ja, vielen Dank.

Haben Träume irgendeine Bedeutung? Wie sollen wir Träume deuten, vor allem dann, wenn sie angsterfüllt oder undurchschaubar sind?

Bestimmte Träume können immer wieder auftauchen und eine bestimmte Bedeutung haben. Der Zeitpunkt des Träumens ist auch von Bedeutung. Die Träume, die wir vor oder während der Morgendämmerung haben, können bestimmte Hinweise enthalten. Beobachten Sie daher Ihre Träume vor oder während der Morgendämmerung. Wenn man hier ernsthaftes Interesse hat und weitergehen möchte, können Träume auch mithilfe von bestimmten Yogaübungen untersucht werden. Durch diese Übungen werden unsere Träume klarer und deutlicher. Normalerweise sind Träume etwas, das wir als illusorisch und ohne jeglichen Wirklichkeitsgehalt betrachten.

Entsprechend der höchsten buddhistischen Schule, Prasangika-Madhyamaka, werden alle Erfahrungen unseres Bewusstseins, auch während des Wachzustandes, in Abhängigkeit von der Erscheinung des Objekts als irrtümlich bezeichnet. Wir nehmen sie falsch wahr. Unsere Erfahrungen in Träumen können daher noch viel irrtümlicher sein.

Unter welchen Umständen kann das Traumbewusstsein aus der Realität hinausgehen?

Wenn wir über das Traumbewusstsein und den Traumkörper sprechen, dann reden wir über eine ganz andersartige Erfahrung, in welcher der Traumkörper autonom und unabhängig vom gewöhnlichen, grobstofflichen Körper ist. Wir befinden uns da auf einer ganz anderen Ebene. Der Traumkörper kann die tatsächliche Wirklichkeit erkennen.

Dieser besondere Traumkörper kann den physischen Körper verlassen. Vor einigen Jahren habe ich jemanden getroffen, der eine solche Erfahrung gemacht hat, allerdings nicht aufgrund eigener spiritueller Praxis, sondern aufgrund von Karma und Erfahrungen in vergangenen Leben. Dieser Mensch fühlte sich mit dieser Erfahrung äußerst unwohl und fragte mich, was er tun solle. Während des Schlafes ist er in seinem Traumkörper weggegangen, sah seine Freunde und nahm andere tatsächliche Dinge wahr. Das ist im Falle des Traumkörpers möglich.

Ist Meditation der einzige Weg, um unser Unbewusstes verstehen und um die Kraft unserer Träume nutzen zu können?

Wir müssen die Wirklichkeit unseres Selbst mittels tiefer Meditation verstehen lernen, es gibt keinen anderen Weg.

Je subtiler unser Bewusstsein wird, umso tiefgründiger wird unsere Meditation. Unser Bewusstsein ist während des Traumzustandes subtiler als während unseres Wachzustandes. Meditation, die wir im Wachzustand durchführen, ist mit dem Traumzustand vergleichbar. Das sind sehr wirkungsvolle Methoden.

Manchmal haben wir bestimmte Träume, die darauf hinweisen, dass wir am nächsten Tag wichtige Neuigkeiten erfahren werden. In unserem Bewusstsein ist das Potenzial angelegt, in die Zukunft zu blicken. Obwohl wir nicht dazu in der Lage sind, dieses Potenzial vollständig zu verwirklichen, können gewisse Anzeichen auftreten, die jedoch nicht immer sehr zuverlässig sind.

Elftes Kapitel

Leerheit

Eure Heiligkeit, Leerheit oder Shunyata ist die vielleicht faszinierendste und gleichzeitig rätselhafteste Lehrmeinung des Buddhismus. Was ist Leerheit?

Shunyata, Leerheit, ist nicht „Nichts", sondern die Abwesenheit von etwas Absolutem. Buddhistisch gesehen bedeutet Leerheit die Abwesenheit von unabhängiger Existenz. Auch wenn ein bestimmtes Objekt oder Phänomen existiert, dann ist dessen Existenz von anderen Faktoren abhängig und liegt nicht in ihm selbst begründet.

Als die Wissenschaftler begannen, die Quantentheorie zu erklären, haben sie gezögert, den Begriff der „Wirklichkeit" in dem Sinne zu verwenden, als ob „Wirklichkeit" ein völlig unabhängiges und isoliertes Phänomen wäre. Für viele Menschen bedeutet Wirklichkeit etwas Unabhängiges und Eigenständiges, aber genau betrachtet gibt es so etwas nicht. Die Wirklichkeit existiert nicht unabhängig und aus sich selbst heraus, sondern hängt in ihrer Existenz von anderen Faktoren ab, von Ursachen und Bedingungen.

In dieser Nichtexistenz aufgrund der Abwesenheit von unabhängiger Existenz gibt es eine Ähnlichkeit zwischen neuesten wissenschaftlichen Forschungsergebnissen und buddhistischen Erläuterungen. In der Abwesenheit unabhängiger Existenz liegt auch Vergänglichkeit und ständiger Wandel begründet. Auf atomarer und subatomarer Ebene verändert sich stets alles.

Kann man Leerheit bildlich gesprochen mit einem Samen vergleichen?

Nein, nicht wirklich. Leerheit ist nicht wie ein Samen und auch nicht wie der Raum, der die Grundlage für das Universum bildet. Leerheit wird erklärt auf der Basis von etwas, das existiert und das eine Verbindung zur Wirklichkeit hat. Jedes einzelne Phänomen hat Leerheit als grundlegendes Wesensmerkmal. Und jedes Phänomen wird von seiner eigenen Natur der Leerheit durchdrungen, der Abwesenheit von inhärenter, unabhängiger Existenz.

Leerheit ist eine Qualität, die letztendliche Qualität von allen Dingen. Beispielsweise haben Phänomene, die von Ursachen und Wirkungen abhängen, die Qualität der ständigen Veränderung in jedem Augenblick. Leerheit ist eine allen Phänomenen innewohnende Qualität, welche die Grundlage dafür bildet, dass die Phänomene sich ständig verändern.

Wenn dem so ist, dann sind unsere Sinneswahrnehmungen von grundlegend irrtümlicher Natur, und wir können keine Informationen, die wir durch unsere Sinne erhalten, für bare Münze nehmen. Wenn wir uns dementsprechend verhielten, dann würde unser Leben ziemlich schwer und mühsam werden.

Hier geht es um etwas anderes. Wenn wir das Bewusstsein der Sinneswahrnehmungen als fehlerhaft betrachten, dann blicken wir nicht verächtlich darauf hinab. Der eigentliche Sinn und Zweck unserer Bemühungen, Leerheit zu verstehen, ist es, durch die Informationen, die wir von unseren Sinnen erhalten, mehr Glück zu erlangen, und nicht mehr Leiden! Die Frage ist also, ob die Sinnesbewusstseinsarten fehlerhaft sind oder nicht. Wir müssen verstehen, dass ein einzelnes Bewusstsein gleichzeitig fehlerhaft und fehlerfrei sein kann. Die Unterscheidung muss vom Objekt her getroffen werden.

Wir reden hier über das offensichtliche Objekt, das von uns wahrgenommen wird, und dem Objekt, wie wir uns darauf beziehen. Und wir reden hier über fehlerfreies Sinnesbewusstsein, beispielsweise ein Augenbewusstsein, das eine Blume sieht. Wenn es um das wahrgenommene Objekt, die Blume, geht, dann ist ein Augenbewusstsein, das die Blume wahrnimmt, fehlerfrei und gültig. Gleichzeitig nimmt dieses Augenbewusstsein die Blume auch als wirklich existent wahr, und aus dieser Sicht betrachtet ist es fehlerhaft.

Könnten Sie dann bitte den Begriff „wirklich existent" näher erläutern?

Man muss wirklich sehr tief über diese Dinge nachdenken und meditieren. Das ist kein Thema, das von einer Fachfrau oder einem Fachmann auf diesem Gebiet kurz erklärt und das vom Gegenüber sofort verstanden werden könnte. Es verhält sich nicht so wie beim Zeigen auf ein Auto: „Da ist ein Auto", wo der Angesprochene sofort versteht: „Oh! Ja! Da ist ein Auto. Ja, jetzt erkenne ich ganz genau, dass dies ein Auto ist." Um die Leerheit verstehen zu können, müssen Wissen und die eigene Erfahrung Hand in Hand gehen, und man braucht viel Zeit dafür. Das ist nicht etwas, das wir innerhalb von ein paar Tagen oder Wochen begreifen können. Es kann sogar Jahre dauern, immer wieder nachdenkend und darüber meditierend, bis sich ein wenig Verständnis darüber einstellt. Dann wird das langsam immer deutlicher.

Wenn wir die Bedeutung des Begriffs „wirklich existent" im Zusammenhang mit der Leerheit zu erklären versuchen, dann bedeutet das nicht, dass er „richtig" oder „falsch" ist. Da fehlerfreie Erkenntnis die Existenz von

Phänomenen nicht auflöst, existieren diese natürlich zweifelsfrei und sind somit existent. Da die Phänomene aber nicht so existieren, wie sie unserem getrübten Bewusstsein erscheinen, sind sie nicht „wirklich existent“, sie sind nicht inhärent existent: Denn wenn wir nach ihrem Wesenskern suchen, dann können wir diesen nicht finden.

Mit „wirklich existent“ ist also „inhärent existent“ gemeint, etwas, das unabhängig und aus sich selbst heraus existiert, ohne von Ursachen und Bedingungen abzuhängen. Wir müssen in unserem Geist ein Verständnis über diese Leerheit entwickeln, sonst drehen sich diese Worte bloß immer im Kreis herum …

Die Methode, die wir für die Untersuchung der Wirklichkeit anwenden, könnte unsere Wahrnehmung der Wirklichkeit färben. Was wir wahrnehmen, wird beeinflusst von dem, wonach wir Ausschau halten. Wenn wir eine logische Methode anwenden, finden wir A. Wenn wir uns auf die direkte Wahrnehmung verlassen, finden wir vielleicht B. Ist das richtig so?

Ja, das ist mittels logischen Denkens möglich. Aber wenn wir uns mit der Erkenntnis der Leerheit auseinandersetzen, dann versuchen wir, die tatsächliche Wirklichkeit, so wie sie ist, zu verstehen. Hier müssen wir zwischen dem postulierten Standpunkt, bloßen Projektionen und unvollständigen Ansichten unterscheiden. Das angestrebte Ergebnis, um das wir uns bemühen, ist die Erkenntnis der Tatsachen, die Erkenntnis der natürlichen unverfälschten Wirklichkeit und nicht bloß die Bekräftigung irgendeines postulierten Standpunktes. Es geht um die Wirklichkeit, so wie sie ist, und nicht um ein Postulat.

Der philosophische Standpunkt der buddhistischen Schule der Cittamatra, die auch als „Nur-Geist-Schule“ bezeichnet wird, wo zwischen dem äußeren Objekt und dem subjektiven Geist unterschieden wird, ist beispielsweise nur ein postulierter Standpunkt und stimmt mit der tatsächlichen Wirklichkeit nicht überein.

Nagarjuna sagt in seiner grundlegenden Schrift *Mulamadhyamakakarika (Die grundlegende Weisheit des mittleren Weges)* deutlich, dass man zwischen dem Eigentümer und dem, was dieser besitzt, deutlich unterscheiden sollte. Bei unserem „Selbst" oder „Ich" handelt es sich um eine bloße Zuschreibung. Doch ohne zu zögern sagen wir „Ich gehe", „Ich bin hungrig", „Ich bin müde", „Ich werde älter" usw. Wir denken dabei nicht weiter nach, denn sobald wir innehalten und beginnen, dieses „Ich" genauer zu untersuchen, werden wir es nirgendwo finden können, was ein Zeichen für das Fehlen von etwas Absolutem ist.

Daher bedeutet Leerheit nicht Nichts, sondern lediglich die Abwesenheit eines absoluten Kerns. Im Zusammenspiel mit vielen anderen Faktoren übt unser „Ich" bestimmte Funktionen aus und „funktioniert" daher, kann aber unabhängig von diesen vielen anderen Faktoren nicht gefunden werden. Wir können nicht den Finger darauf legen und sagen: „Hier! Das ist es." Genau genommen können wir überhaupt nichts mit dem Finger aufzeigen und genau bezeichnen, noch nicht einmal den Buddha selbst. Abgesehen vom Körper, der Rede und dem Geist eines Buddhas können wir nicht sagen, was ein Buddha ist. Die letztendliche Bedeutung von Selbst-Losigkeit (im Sinne von Abwesenheit eines inhärent existierenden Selbst) ist, dass das „Ich" keine absolute Essenz, keinen absoluten Wesenskern besitzt. Dieses „Ich" wird lediglich in Abhängigkeit von vielen Ursachen und Bedingungen als solches bezeichnet und wandert von einem Leben zum nächsten. Diese Bezeichnung eines „Ich" findet auf der Grundlage des Zusammenspiels von Körper und Geist statt.

Es gibt unterschiedlich subtile Ebenen des Körpers und Geistes. In diesem jetzigen Leben wird jemand auf der

Grundlage ihres oder seines Körpers und Geistes als Mensch bezeichnet. Wenn sich dann dieser menschliche Körper auflöst, gibt es kein physisches Selbst mehr, doch ein subtileres Selbst existiert weiterhin. Buddha hat immer wieder gesagt, dass alles eine bloße Zuschreibung oder Bezeichnung ist.

Wenn wir aber sagen, dass alle Phänomene bloße Zuschreibungen oder Bezeichnungen sind, dann bedeutet das nicht, dass alles, was wir bezeichnen, als das existiert, womit wir es bezeichnet haben. So funktioniert das nicht. Auch wenn Sie immer wieder und mit Nachdruck den Körper und Geist eines Tieres als menschliches Wesen bezeichnen, wird das Tier dennoch nicht zu einem Menschen werden. Das wäre unlogisch. Unsere Zuschreibungen und Bezeichnungen dürfen also akzeptierten Normen und Konventionen nicht widersprechen.

Vielleicht wäre es an dieser Stelle hilfreich, etwas tiefer in die Bedeutung von abhängiger und unabhängiger Existenz einzutauchen.

Zunächst einmal müssen wir zwischen konventioneller und inhärenter Existenz unterscheiden. Doch lassen Sie mich zuerst darüber sprechen, womit das Entstehen in wechselseitiger Abhängigkeit (Pratityasamutpada) begründet wird. Dann werden die Dinge etwas klarer.

Entstehen in wechselseitiger Abhängigkeit ist gleichbedeutend mit Interdependenz. Abhängigkeit und Unabhängigkeit sind einander direkt entgegengesetzte Phänomene, die etwas dazwischenliegendes Mittleres ausschließen. Es gibt somit überhaupt nichts, das weder das eine noch das andere von diesen beiden ist.

Beispielsweise sind Blume und Nicht-Blume direkte Gegensätze und somit einander direkt entgegengesetzte Phänomene. Jedes beliebige Phänomen fällt entweder unter die Kategorie „Blume“ oder aber „Nicht-Blume“. Es gibt keine dritte Möglichkeit. Lassen Sie uns nun eine Blume und einen Tisch betrachten. Obwohl sich diese beiden Phänomene gegenseitig ausschließen, gibt es doch etwas, das weder das eine noch das andere ist, etwas dazwischenliegendes Mittleres, da diese beiden Phänomene nicht einander direkt entgegengesetzt sind. Abhängige und unabhängige Existenz sind jedoch einander direkt entgegengesetzte Phänomene.

Alle Phänomene, die das Ergebnis von Ursachen und Bedingungen sind, sind in ihrer Existenz von ihren Ursachen und Bedingungen abhängig. Auf gleiche Weise ist etwas, das ein Ganzes ist, in seiner Existenz von seinen Bestandteilen abhängig. Solange ein Phänomen die Eigenschaft von Form und somit von räumlicher Ausdehnung aufweist, ist es aus seinen eine Richtung aufweisenden Bestandteilen zusammengesetzt. Phänomene, die keine Eigenschaft von räumlicher Ausdehnung aufweisen, beispielsweise das Bewusstsein, sind aus anderen Bestandteilen zusammengesetzt. Im Falle des Bewusstseins sind dies zeitliche Bestandteile wie „früher", „jetzt" und „nachfolgend".

Gibt es nun irgendein Phänomen, das nicht aus Einzelbestandteilen zusammengesetzt ist? Auf physikalischer Ebene kann man bis auf die subatomare Ebene gehen, wo es kaum möglich ist, die subatomaren Teilchen in weitere Einzelbestandteile zu zerlegen. Doch auch hier muss es eine Richtung aufweisende Bestandteile geben. Somit kann es auch auf subatomarer Ebene nichts geben, das nicht aus Einzelbestandteilen zusammengesetzt ist. Was meinen Sie: Gibt es irgendein Phänomen, das teilchenlos ist? Gibt es Teilchenlosigkeit?

Falls subatomare Teilchen wirklich teilchenlos und nicht aus eine Richtung aufweisenden Einzelbestandteilen zusammengesetzt wären, wie könnten wir dann sagen, dass etwas, das aus diesen subatomaren Teilchen zusammengesetzt ist, ein Ganzes bilden könne? Wenn ein subatomares Teilchen keine eine Richtung aufweisende Einzelbestandteile hätte, dann müsste der Teil des Teilchens, der nach Osten zeigt, gleichzeitig auch nach Westen zeigen. In diesem Fall wäre es unmöglich, aus diesem Grundmaterial irgendetwas zusammengesetztes Ganzes zu produzieren!

In den Schriften der buddhistischen Madhyamaka-Schule wird die Existenz von teilchenlosen Phänomenen widerlegt, von Phänomenen also, die aus keinen Einzelbestandteilen bestehen. Die Existenz eines jeglichen Phänomens hängt also von seinen eigenen Einzelbestandteilen ab. Das sind zwei Arten der Abhängigkeit: Abhängigkeit von Ursachen und Wirkungen und Abhängigkeit von den Einzelbestandteilen.

Eine andere Art von Abhängigkeit ist, dass gar nichts auffindbar ist, wenn man nach der Essenz oder dem Wesenskern sucht. Wenn wir uns mit den bloßen Erscheinungen zufriedengeben, dann ist alles in Ordnung. Doch wenn wir uns nicht damit zufriedengeben, wie die Phänomene uns auf der Oberfläche erscheinen, sondern nach deren Essenz und Daseinsgrund suchen, dann können wir nichts finden. Wenn wir dann schließlich an den Punkt gelangen, dass wir erkennen, dass dieser Wesenskern mittels analytischer Untersuchungen nicht auffindbar ist, dann taucht die Frage auf, ob das ein Hinweis darauf ist, dass die Phänomene überhaupt nicht existieren.

Wenn wir jedoch sagen, dass Dinge und Phänomene überhaupt nicht existieren, dann würde dies unserer eigenen Erfahrung widersprechen. Denn unsere Erfahrung zeigt uns, dass es da einen Menschen gibt, der die Essenz nicht finden konnte und der das „Unauffindbare" gefunden hat. Diese gültige Erkenntnis und Wahrnehmung des Menschen, der nach der Essenz und der „Unauffindbarkeit" des Objekts gesucht hat, widerspricht der Behauptung, dass die

Objekte und Phänomene überhaupt nicht existieren. Da muss es also etwas geben, die Dinge existieren eindeutig.

Doch wenn wir nach der Essenz suchen, ist diese nicht auffindbar. Daher müssen wir die Schlussfolgerung ziehen, dass Objekte und Phänomene existieren, aber lediglich auf der Grundlage von Bezeichnung und Zuschreibung. Phänomene hängen davon ab, dass ihnen etwas zugeschrieben wird. Egal, aus welcher Perspektive wir Objekte betrachten, sie weisen immer die Eigenschaft von Abhängigkeit auf. Abhängigkeit von kausalen Faktoren, von Einzelbestandteilen, und von Bewusstsein, das Phänomene bezeichnet: Das sind die drei Arten der Abhängigkeit.

Wir müssen untersuchen, wie die tatsächliche Wirklichkeit beschaffen ist. Wie erscheint uns ein Phänomen oder Objekt? Dann sollten wir überprüfen, ob die Art und Weise, wie uns etwas erscheint, und die, wie es in Wirklichkeit existiert, miteinander übereinstimmen. Wenn wir genau hinsehen, erkennen wir, dass es eine Kluft gibt zwischen dem, wie uns die Dinge erscheinen und dem, wie sie in Wirklichkeit existieren.

Gibt es ein Analyseverfahren, das mir dabei helfen könnte, die Leerheit tatsächlich wahrzunehmen?

Es gibt viele Dinge, über die wir zu keinen Schlussfolgerungen kommen können, indem wir sie untersuchen, und wir müssen sie einfach akzeptieren und so belassen, wie sie sind. Wenn man dann zu sehr ins Detail geht, kann das unter Umständen absurd werden.

Nehmen wir die Leerheit als Beispiel. Es gibt Leerheit, und es gibt die Funktion, die Leerheit ausführen kann. Es muss also eine Grundlage geben, die diese Funktion ausüben kann. Wenn wir die Leerheit untersuchen, können wir in etwa sagen, dass dies die Abwesenheit von unabhängiger Existenz ist. Wenn wir die Leerheit dann ganz genau untersuchen – die Leerheit hiervon, die Leerheit davon, sogar die Leerheit als letztendliche Wirklichkeit – und wenn wir dieses Analyseverfahren weiterführen und nach der Essenz der Leerheit suchen, dann können wir diese nicht finden. Wir können nur herausfinden, dass Leerheit von der Art abhängt, wie sie bestimmt wird, und vom Objekt, aufgrund dessen sie bestimmt wird.

Ich hatte einmal eine sehr interessante Diskussion mit Wissenschaftlern über die Forschungsbereiche der Neurobiologie und Psychologie. Ich denke, dass die westliche Psychologie im Vergleich zur östlichen Psychologie eine relativ junge Wissenschaft ist und ihre Untersuchungsmethoden von unseren in einigen Punkten verschieden sind.

Aus meiner Erfahrung zu urteilen, gibt es Wissenschaftler, die behaupten, dass sie radikale Materialisten seien, und die noch nicht einmal die Existenz des Geistes akzeptieren. Doch im weiteren Verlauf meiner Kontakte mit Wissenschaftlern unterschiedlicher Disziplinen haben einige von ihnen ein immer größeres Interesse an den buddhistischen Erklärungen über den Geist, die Materie, die Atome und die Phänomene im Allgemeinen gezeigt. Buddhisten können aus wissenschaftlichen Untersuchungen und Forschungsergebnissen einen Nutzen ziehen. Und unsere buddhistischen Erläuterungen geben einigen Wissenschaftlern neue Denkansätze für ihre Forschungen. Das sind meine Erfahrungen.*

---

* Der Dalai Lama trifft sich regelmäßig zum gemeinsamen Austausch mit Wissenschaftlern unterschiedlicher Forschungsrichtungen, beispielsweise bei den seit 1987 stattfindenden Mind&Life-Konferenzen oder anderen Anlässen. Zwei solcher Anlässe waren zum Beispiel der Kongress „Wissenschaft und Spiritualität" im Sommer 2007 in Freiburg (Breisgau) und die Podiumsdiskussion des Dalai Lama am 1. August 2009 in der Commerzbankarena in Frankfurt/Main mit den Hirnforschern Prof. Dr. Tania Singer und Prof. Dr. Gerald Hüther. Weiterführende Informationen zu den Mind&Life-Konferenzen finden sich unter www.mindandlife.org. Ein Ergebnis des Freiburger

Trotz meines aufrichtigen Wunsches, die essenzielle Leerheit der Dinge zu akzeptieren und zu verstehen, kämpfe ich immer noch mit meinem Geist und mit diesen Vorstellungen über die Wirklichkeit.

Wenn wir einen negativen Geisteszustand wie Hass oder Begierde erfahren, dann wird das verursacht durch unsere Vorstellung, dass das Objekt, das wir hassen oder begehren, gut oder schlecht ist. Dabei wird unsere Wahrnehmung von dem Objekt als gut oder schlecht quasi von einer zusätzlichen Schicht besonderer Gutheit oder Schlechtigkeit verzerrt, die wir auf das Objekt legen. Das geschieht deswegen, weil wir, während wir Hass oder Begierde erleben, glauben, dass das Objekt, auf das sich unser Hass oder unsere Begierde richtet, wirklich schlecht oder wirklich gut ist. Wir Buddhisten sagen, dass all diese negativen Geisteszustände ihren Ursprung in der Unwissenheit haben. Diese Unwissenheit greift nach der wirklichen Existenz der Phänomene und lässt davon nicht mehr ab.

Lassen Sie mich ein Beispiel geben. Betrachten wir hierzu zwei grundlegende Zustände unseres Geistes. Ein Geisteszustand entsteht durch die Bestätigung der anscheinend wahrhaften Existenz eines Objektes. Der zweite Geisteszustand hängt von der Bestätigung dessen ab, was wir auf das Objekt projiziert haben, wie zum Beispiel starke Begierde oder Hass. Wenn wir Begierde oder Hass empfinden, gibt es da nicht nur die Erscheinung und unsere Wahrnehmung des begehrten oder verhassten Objekts oder Menschen, sondern auch eine Art von innerer Bestätigung unseres Begehrens oder Hassens. Wir nehmen an, dass das Objekt hundertprozentig positiv sei, und empfinden Begierde und Anhaftung. Oder wir nehmen an, dass

---

Kongresses ist das Buch: Damit das Denken Sinn bekommt, herausgegeben von Gerald Hüther, Wolfgang Roth und Michael von Brück (A.d.Ü.).

das Objekt hundertprozentig negativ sei und empfinden Hass und Ablehnung.

Doch wenn das Objekt unseres Hasses beispielsweise ein Feind ist und wenn dieser Feind hundertprozentig negativ und hundertprozentig ein Feind wäre, dann müsste diese Person ein Feind aller Menschen sein. Doch mein Feind kann der beste Freund von anderen Menschen sein. Wenn ich meinen Feind also als hundertprozentig negativ wahrnehme, dann mag zwar in meiner handfesten Wahrnehmung, die unabhängig davon zu sein scheint, was ich projiziere, eine gewisse Wahrheit liegen.

Aber kein Feind kann hundertprozentig negativ sein. Das ist also eine Übertreibung und ein Ergebnis meiner starken Abneigung. Alle negativen Einstellungen basieren auf einer derartigen Bestätigung. Bei positiven Einstellungen muss das jedoch nicht unbedingt der Fall sein. Um unsere negativen Einstellungen zu überwinden, ist die Erkenntnis der Leerheit also von großer Bedeutung.

Wenn wir alles, was wir wissen, wahrnehmen und lieben, als Illusion betrachten und dessen inhärente Existenz negieren, führt das dann nicht zwangsläufig zu einem Konflikt auf der Ebene des Sichtbaren?

Es ist sehr wichtig, den Unterschied zu kennen zwischen der Art und Weise, wie sich unser nicht-konzeptueller Geist – zum Beispiel eine Sinneswahrnehmung – einem Objekt nähert, und derjenigen, wie sich unser geistiges Bewusstsein, das sehr oft konzeptuell ist, einem Objekt nähert. Wir müssen den Unterschied zwischen diesen beiden sehen.

Die Beweisführungen, die wir anwenden, um die Leerheit aufzuzeigen, sollten dergestalt sein, dass sie niemals die Gültigkeit unserer Sinneswahrnehmungen einschränken, verhindern oder unterdrücken. Wenn wir über Täuschungen sprechen, dann finden diese auf geistiger Ebene statt. Unsere Sinneswahrnehmungen sind keine Täuschungen. Selbst wenn wir uns in ihnen irren, sind sie dennoch keine leidbringenden Emotionen.

Neben unseren Sinneswahrnehmungen gibt es dann die unterschiedlichen Arten, wie wir ein Objekt geistig wahrnehmen, was dazu führt, dass wir das Objekt als inhärent existierend wahrnehmen oder aber nicht.

Und schließlich ist das Objekt lediglich ein Objekt, wenn es ohne irgendeine solche Qualität wahrgenommen wird.

Es gibt also drei Arten, wie wir ein Objekt wahrnehmen können. Wenn unser konzeptueller Geist ein Objekt wahrnimmt, dann blendet er etwas aus.

Die Erkenntnis der Leerheit ist daher ein geeignetes Gegenmittel dafür, ein Objekt zusammen mit der Qualität der inhärenten Existenz wahrzunehmen. Die Erkenntnis der Leerheit ist aber völlig unschädlich für ein Bewusstsein, welches das Objekt ohne solch eine Eigenschaft von inhärenter Existenz wahrnimmt, zum Beispiel ein Augenbewusstsein, das eine Blume wahrnimmt.

Es gibt eine gewisse Verwirrung über den Begriff „wirklich" oder „wahr", und diese Unklarheit gibt es selbst in der tibetischen Sprache. Ohne Gewöhnungsprozess und ohne sich mithilfe der Logik und Meditation in diesen Dingen gut auszukennen, ist es schwierig, das präzise zu verstehen. Das Gleiche trifft auch auf den Begriff „Svabhava" aus dem Sanskrit zu, der mit „Natur" oder „intrinsischer Natur" übersetzt wird und der in unterschiedlichem Zusammenhang und in Abhängigkeit von der relativen und absoluten Ebene unterschiedliche Bedeutungen haben kann.

Wenn wir also „wirkliche Existenz" sagen, dann sind die Bedeutungen von „wirklich" sehr vermischt, wenn wir keine eigenen Erfahrungen damit haben. Selbst mir fällt es sehr schwer, dies präzise zu erklären.

Der Geist muss die Leerheit untersuchen und gleichzeitig auch eine direkte Erfahrung dieser Leerheit haben. Gibt es somit einen Konflikt zwischen subjektivem und objektivem Geist? Und welcher Geist erfährt die Leerheit, wenn die Leerheit in sich ebenfalls nicht inhärent existierend ist?

Wenn wir über die Leerheit von wirklicher Existenz sprechen, unterscheiden wir nicht zwischen Subjekt und Objekt, da beide keine wirkliche Existenz aufweisen. Wenn wir danach suchen, dann können wir weder das wahrgenommene Objekt noch den wahrnehmenden Geist finden. Der Geist kann auch zum Objekt eines anderen wahrnehmenden Bewusstseins werden. Auf dieser relativen Ebene wird der Geist das Objekt. Wenn wir dann danach suchen, werden wir ihn als Objekt nicht finden. Der letzte Grund, warum wirkliche Existenz verneint wird, ist der, dass wir wirkliche Existenz nicht finden können, wenn wir nach ihrer Essenz suchen. Das ist der springende Punkt.

Wissenschaftler sind im Allgemeinen gegenüber allem skeptisch, das sie nicht direkt wahrnehmen oder nachweisen können. Ich glaube aber, dass auch die Wissenschaften gewissen Begrenzungen unterliegen, wenn sie sich lediglich darauf beschränken, was messbar ist. Leben, Bewusstsein und Geist sind Dinge, die noch nicht vollständig erforscht sind. Es gibt hier sicherlich Verbindungen mit dem Gehirn, und die modernen Wissenschaften widmen der Erforschung der Bindeglieder zwischen Geist und Gehirn inzwischen größere Aufmerksamkeit und werden so zu einem größeren Wissen über die Natur des Geistes und der Geistesfunktionen gelangen. Auch hier gibt es Interdependenz – was wir als Shunyata oder Leerheit bezeichnen.

Eure Heiligkeit, ist es möglich, das Entstehen in wechselseitiger Abhängigkeit (Pratityasamutpada) zu begreifen, ohne unseren getrübten Geist geläutert zu haben?

Wir können das Entstehen in wechselseitiger Abhängigkeit und seine zwölf Glieder auch mit einem gewöhnlichen Geist verstehen, der von Befleckungen (Unwissenheit und leidbringenden Emotionen) getrübt ist. Untersuchen Sie die Leerheit auf der Grundlage dieser grundlegenden Lehrmeinung, und Sie können die Leerheit erkennen. Denken Sie über die Leerheit nach und meditieren Sie über die Leerheit, dann können Sie die Leerheit fühlen.

Doch wir müssen zwischen dem Bewusstsein, das die Natur des Entstehens in wechselseitiger Abhängigkeit versteht, einem auf Schlussfolgerungen beruhenden Verständnis also, und der direkten Erfahrung an sich unterscheiden.

Gewöhnliche Menschen wie wir können ein auf Schlussfolgerungen beruhendes Verständnis der Leerheit entwickeln. Um aber eine direkte Erfahrung von Leerheit haben zu können, müssen wir die Wucht unserer Geistestrübungen verringern, denen gewöhnliche Menschen wie wir ausgesetzt sind. Die Leerheit schrittweise direkt zu erkennen, dient dann als weitere Unterstützung für die Läuterung unserer Geistestrübungen. Sie werden sehen, dass auf diese Weise ein Erkennen der Leerheit nicht ganz so schwierig ist.

Gibt es Übungen zur Leerheit, die helfen können?

Ja, sicherlich, sehr viele sogar. Und ich kann Ihnen mit Sicherheit sagen, dass es auch heute einige Menschen gibt, die die Leerheit erkannt und verwirklicht haben. Was mich selber anbelangt, bin ich mir da nicht so sicher. Vor etwa 15 oder 20 Jahren habe ich angefangen, intensiver über die Leerheit nachzudenken, wodurch mir einige Einblicke ermöglicht werden. Aber sehen Sie, im Fall des Dalai Lama ist das Hauptproblem die Zeit.

Wie meinen Sie das?

Ich kann nicht meine ganze Zeit dem Studium, der Reflexion und der Meditation widmen. Ich muss meinen Geist und meine Aufmerksamkeit auf viele verschiedene Aktivitäten richten. Das ist mein Problem.

Zwölftes Kapitel

Phänomene

Eure Heiligkeit, am Eingang Ihres Klosters in Dharamsala, Nordindien, findet sich folgende Inschrift:

> Alles Existierende ist wie eine Spiegelung,
> Klar, rein und unaufgewühlt;
> Es kann nicht begriffen und nicht in Worte gefasst werden,
> Ohne inhärente Natur, ohne Ort, von Ursachen und Handlungen in vollkommener Weise ins Leben gerufen.

Könnten Sie das bitte näher erläutern?

Vom Standpunkt eines gewöhnlichen Bewusstseins wie des unsrigen aus gesprochen, sind alle Phänomene wie Spiegelungen. Obwohl die Phänomene uns auf eine bestimmte Art und Weise erscheinen, existieren sie in Wirklichkeit auf eine andere Art und Weise. Sie erscheinen uns als wirklich existent, sind aber nicht wirklich (oder inhärent) existent. Daher gibt es also einen Widerspruch, der mit dem Bild der Spiegelung verdeutlicht wird: Genau wie die Spiegelung eines Gesichtes in einem Spiegel so erscheint, als ob es wirklich ein Gesicht wäre, dabei ist es aber in Wirklichkeit kein Gesicht.

In der zweiten Zeile wird gesagt, dass alle Phänomene klar, rein und unaufgewühlt sind. Dies kann man auf zwei Arten interpretieren, einmal entsprechend dem Sutra und einmal entsprechend dem Tantra. Man muss dies im Zusammenhang der Textstellen, aus denen zitiert wird, erklären. Ich werde Ihnen eine Erläuterung darüber geben, so wie ich das verstehe und mich daran erinnere.

Diese drei Faktoren – klar, rein und unaufgewühlt – beziehen sich auf die drei Arten von Hindernissen oder Schleiern, die man aufgeben und überwinden soll: die Hindernisse der Geistestrübungen, und die Hindernisse, die unser Wissen überlagern, und Hindernisse, die unsere Versenkung oder Meditation blockieren. Diese Aussage bezieht sich ebenso auf die reine Natur aller Phänomene, auf die Leerheit, die keine Befleckungen und keinerlei Unreinheiten aufweist. Fasst man dies zusammen, kann diese Zeile demnach so erklärt werden, dass man durch ein vollkommenes Verständnis von nicht inhärenter Existenz von den drei Arten von Hindernissen befreit wird.

Die dritte Zeile „Es kann nicht begriffen und nicht in Worte gefasst werden" bedeutet, dass eine derartige Erfahrung von gewöhnlichen Menschen wie uns mittels unseres konzeptuellen Verstandes nicht erfasst und mit gewöhnlichen Worten und konventioneller Sprache niemals vollständig ausgedrückt werden kann.

Die letzte Zeile „Ohne inhärente Natur, ohne Ort, von Ursachen und Handlungen in vollkommener Weise ins Leben gerufen" bezieht sich meines Wissens auf die drei Tore der Befreiung und erklärt die Leerheit der Phänomene an sich, ihrer Ursachen und ihrer Wirkungen.

Dem Prinzip der Leerheit entsprechend, beginnt unsere Erkenntnis der Wahrheit damit, dass wir die nicht-existente Natur aller Phänomene akzeptieren. Aber diese unsere greifbare Welt muss doch irgendeine Grundlage besitzen! Was ist die Grundlage, Form und Bezeichnung von all dem, das wir unsere Welt nennen und was Sie als „Phänomene" bezeichnen?

Form ist ein benanntes Phänomen, doch seine Grundlage ist nicht Form. Lassen Sie mich dafür anhand des „Selbst" ein Beispiel geben. Nehmen wir dafür eine Person, die alle fünf Aggregate (Skandhas) besitzt: Form, Empfindungen, Wahrnehmungen, geistige Formkräfte und Bewusstsein. Diese fünf Aggregate stellen in ihrer Gesamtheit das dar, was wir gewöhnlich als eine Person bezeichnen. Diese Person ist somit ein Phänomen, das auf der Grundlage der Ansammlung dieser fünf Aggregate als Person bezeichnet wird. Innerhalb dieser fünf Aggregate können wir jedoch nichts finden, von dem wir sagen könnten, dass es diese Person sei, von der wir hier reden. Und unabhängig von der Gesamtheit dieser Aggregate und unabhängig von den Einzelbestandteilen dieser Aggregate können wir diese Person auch nicht finden. Es ist jedoch auch nicht so, dass diese Person überhaupt nicht existierte. Wo aber ist dann diese Person?

Es gibt eine bestimmte Beziehung zwischen der Grundlage der Benennung und dem benannten Phänomen. Dabei handelt es sich jedoch nicht um eine Beziehung zwischen Ursache und Wirkung oder um eine Beziehung wie zwischen dem Allgemeinen und konkreten Beispielen. Es handelt sich um eine bloße interdependente Beziehung.

Das ist eine der Wurzeln der Philosophie der Madhyamaka, der Schule des Mittleren Weges, die auf die indischen Meister Nagarjuna und Aryadeva zurückgeht. Es handelt sich hier um den wichtigsten und für unser Verständnis schwierigsten Punkt. Wenn wir über die benannte Grundlage reden, dann ist das Identifizieren dieser benannten Grundlage eine äußerst schwierige Aufgabe. Da Phänomene nicht wirklich existieren, gibt es für die Art und Weise ihres Daseins nur eine einzige Möglichkeit, nämlich die ihrer wahren Konvention. Obwohl wir zwischen dem Objekt, also dem Phänomen, und dem Subjekt, also dem Geist, einen Unterschied machen, ist dieser Geist des Subjekts auch ein Phänomen. Vom Standpunkt eines einzelnen bestimmten Bewusstseins aus gesehen, gibt es das Objekt-Phänomen und den Subjekt-Geist. Aber auch das Bewusstsein selbst ist ein Phänomen, da es einen anderen subjektiven Geist gibt, der es als Objekt wahrnimmt und erkennt.

So kann man die Bedeutung von nicht-inhärenter Existenz in etwa erklären. Wir geben diese Bezeichnung in Abhängigkeit von einer Grundlage, die nicht das Phänomen selbst ist.

Es gibt eine Untergruppierung der Madhyamaka-Schule, die Prasangika heißt und auf Buddhapalita und Chandrakirti zurückgeht. Die Anhänger dieser Schule sagen, dass Phänomene lediglich aufgrund von Zuschreibung bestehen. Wenn das stimmt, widerlegt es die äußerliche Existenz des Objekts. Ist ein solcher Standpunkt nicht anfällig für die falsche Haltung des Nihilismus?

Wenn die Anhänger der Schule der Prasangika sagen, dass Phänomene lediglich als „reine Designation" oder als „reine Benennung" existieren, dann widerlegt diese „reine Designation" die (Existenz der) äußeren Objekte nicht. Ebenso wenig widerlegt dies die Tatsache, dass Phänomene nicht von gültiger Erkenntnis wahrgenommen werden. Obwohl es ein Phänomen gibt, das kein Name ist, existiert es lediglich durch die Kraft der Konvention. Wenn die Prasangika zu dem Schluss kommen, dass die Essenz der Phänomene nicht gefunden werden kann, wenn man mittels logischer Analyse danach sucht, dann ist das kein Hinweis auf die Nichtexistenz der Phänomene, sondern vielmehr ein Hinweis auf die nicht-inhärente Existenz der Phänomene.

Das ist nicht so, als ob man nichts finden würde, denn man findet sehr wohl etwas. So sagt Nagarjuna in der Einleitung seines Textes *Die grundlegende Weisheit des mittleren Weges (Mulamadhyamakakarika)*, dass die Untersuchung von inhärenter Existenz an einem Phänomen durchgeführt werden sollte, das auf der konventionellen Ebene die Qualitäten des Gehens und Kommens, des Entstehens und Vergehens usw. hat. Auf der Grundlage eines solchen Phänomens müssen wir inhärente Existenz widerlegen. Man könnte beinahe sagen, dass dieser Tisch hier nicht-inhärent ist, da er existent ist. Da er existiert, muss er in Abhängigkeit von anderen Faktoren existieren. Die Tatsache seiner Existenz ist bereits Beweis für seine nicht-inhärente Existenz.

Wenn andererseits die Anhänger der Nur-Geist-Schule mittels logischer Analyse nach der Existenz äußerer Phänomene suchen und dafür das Objekt in seine Einzelbestandteile zerlegen oder analysieren, dann finden sie kein Ganzes. Da sie nicht die bloße Designation postulieren können, die allein kraft der Designation existiert, behaupten sie, dass es unabhängig von einem wahrnehmenden Bewusstsein keine äußeren Objekte gibt. Sie behaupten, dass äußere Objekte getrennt vom wahrnehmenden Geist nicht existieren.

Ich weiß selbst nicht so recht, von Anfang an scheint das ein wenig unklar: Wenn die Anhänger der Nur-Geist-Schule mittels logischer Untersuchung nach einem äußeren Objekt suchen, indem sie es in seine Einzelbestandteile zerlegen, und das Objekt dann nicht finden können, taucht die Frage auf, ob solche Dinge wie Form usw. existieren. Die Antwort der Vertreter dieser Schule hierauf ist, dass es ein Objekt gibt, dass dieses aber von keiner anderen Substanz ist als der Geist. Das Objekt und der Geist oder das Bewusstsein haben somit die gleiche Substanz. Dieser Lehrmeinung folgend, gibt es daher keine äußeren Objekte, und inneres Bewusstsein ist wirklich existent und unabhängig.

Die Anhänger der hinduistischen philosophischen Schule der Samkhya behaupten, dass Phänomene von Natur aus unvergänglich, vorübergehend jedoch vergänglich sind. Sie haben einen unterschiedlichen Standpunkt. Das bedarf einer Klärung.

Wenn wir uns von den Dingen lediglich aufgrund ihrer Vergänglichkeit lossagen sollten, dann sollten wir uns auch von dem Weg lossagen, den wir suchen, da auch er vergänglich ist. Die Frage ist nicht, ob etwas vergänglich oder unvergänglich ist. Die Frage ist vielmehr, ob es sich lohnt, nach etwas Bestimmtem zu streben und es zu erlangen. Falls ja, ist es angemessen, den Wunsch danach zu entwickeln. So können wir eine sinnvolle Unterscheidung treffen und uns von bestimmten Dingen lossagen.

Es gibt also angemessenes und unangemessenes Begehren. Angemessenes Begehren ist es, wenn wir mittels Nachforschung und logischer Untersuchung erkennen, dass die Erlangung eines bestimmten Zieles lohnend ist. In so einem Fall können unser Streben und unser Begehren richtig sein, beispielsweise bei dem Wunsch, die Erleuchtung zu erlangen, oder bei unserem Verlangen, für das Wohl aller Lebewesen zu arbeiten. Das sind daher Ziele, die wir bewusst in unserem Geistesstrom entwickeln und kultivieren sollten. Es ist lohnend, sich anzustrengen, um ein Gespür dafür zu entwickeln, dass alle Lebewesen zu mir gehören und mit mir verbunden sind.

Bei unangemessenen Wünschen begehren wir auch etwas, doch wenn wir tiefer darüber nachdenken, stellen wir fest, dass wir das nicht wirklich brauchen. Wenn wir beispielsweise in einen Supermarkt gehen, gibt es da viele wunderbare Dinge, die wir alle haben möchten und nach denen wir Verlangen und manchmal auch Gier entwickeln. Dann schauen wir in unser Portemonnaie, zählen unser Geld, fragen uns, ob wir all diese vielen Dinge wirklich brauchen, und stellen fest: „Ach, ich brauche all dies nicht wirklich.“ Zumindest aus meiner Erfahrung ist das so. Um zu überleben und um ein gutes Leben zu führen, brauchen wir die meisten dieser Dinge nicht wirklich.

Für einen Menschen, der nicht ordiniert ist, nicht in einem Kloster und nicht in der Abgeschiedenheit einer Einsiedelei lebt, ist es üblich, ein Familienleben zu führen. Ob man nun ordiniert ist oder nicht – das Wichtigste ist es, nicht unter den Einfluss der Geistesgifte Unwissenheit, Anhaftung und Hass zu geraten, was gar nicht so einfach ist. Wenn ein guter Praktizierender ein Mönch oder eine Nonne ist, kann es unter Umständen passieren, dass einige Menschen glauben, dass es sich hier in der Tat um einen außergewöhnlichen Menschen und Praktizierenden handelt, der aber wenig einflussreich und für die Gesellschaft als Ganzes nicht so nützlich ist.

Seien Sie daher gute Praktizierende und bleiben Sie ein gutes Mitglied der menschlichen Gesellschaft, ein produktiver Mensch. Bleiben Sie in Ihrer Familie und in Ihrem Umfeld, verdienen Sie Ihren Lebensunterhalt, und seien Sie ein guter, integrer Mensch mit innerem Frieden. Schaffen Sie innerhalb Ihrer Familie und Ihres Umfeldes eine friedvolle Atmosphäre, die dann auch zu einer friedvollen Atmosphäre innerhalb Ihrer Gesellschaft beitragen wird. Ein Mensch mit Bodhicitta und einer uneigennützigen, nächstenliebenden Haltung kann der Gesellschaft von größerem Nutzen sein, wenn er ein Familienleben führt.

Wenn wir jedoch den spirituellen Weg hauptsächlich aus eigenem Interesse und für den eigenen Nutzen gehen wollen, dann ist ein klösterliches Leben durchaus empfehlenswert. Aber auch ein Mönch oder eine Nonne kann natürlich für die Gesellschaft von Nutzen sein. Manchmal ist es empfehlenswert, ein Familienleben zu führen, und in den buddhistischen Schriften gibt es viele Beispiele von Bodhisattvas, die ein Familienleben geführt haben. Arhats, die ein Familienleben geführt haben, finden jedoch nur selten Erwähnung.

Sind die Phänomene, wie wir sie verstehen, nur unsere Designation und Benennung, obwohl das Phänomen in Abhängigkeit von seinen Ursachen entsteht und dennoch nicht die Ursache ist, sondern lediglich ein mentales Konstrukt?

Obwohl Phänomene in Abhängigkeit von konzeptuellem Denken benannt werden, kann nichts lediglich dadurch, dass wir es mit einer Benennung versehen, ins Leben gerufen werden. Es ist nicht so, dass irgendein Phänomen, das von einem Bewusstsein als etwas benannt wird, nur dadurch zu dem wird, als was es bezeichnet wurde. Das Phänomen kann nicht manipuliert werden, so wie das Bewusstsein sich das wünscht. Wenn konventionelles Bewusstsein oder konventionelles Denken tun könnte, wie ihm beliebt, gäbe es keinen Unterschied zwischen gültiger und ungültiger Erkenntnis und keinen Unterschied zwischen Richtig und Falsch. Da Phänomene existieren und da ihre inhärente Existenz mithilfe von logischen Schlussfolgerungen widerlegt wurde, bleibt nur eine Möglichkeit übrig, ob uns das nun gefällt oder nicht, dass nämlich die Phänomene nur dem Namen nach, nur durch Designation existieren, wobei das nicht bedeutet, dass alles, was wir beliebig bezeichnen, zu dem wird, wie wir es bezeichnet haben.

Das Phänomen ist nicht die Grundlage – das ist meine Frage. Gibt es einen Unterschied zwischen der Grundlage und dem Phänomen?

Zur Beantwortung dieser Frage benötigen wir eine Erklärung der folgenden drei Faktoren: der Grundlage der Benennung (Designation), des konzeptuellen Gedankens, der die Benennung oder Bezeichnung durchführt, und des tatsächlich bezeichneten Objekts. Wenn das Bewusstsein von der Grundlage der Bezeichnung aus nach dem bezeichneten Phänomen sucht, dann kann es nichts finden, das als dieses Phänomen postuliert werden kann. Die Grundlage der Bezeichnung ist nicht das bezeichnete Phänomen. Doch geben wir die Bezeichnung auch nicht einem Objekt, das *nicht* das ist, als was es bezeichnet wird. Ansonsten könnten wir einen Elefanten ein Pferd nennen. Das Label der Bezeichnung heften wir also nicht an ein Phänomen, das nicht mit der Bezeichnung übereinstimmt.

Da wir das Label der Bezeichnung also keinem Ding geben können, das nicht das bezeichnete Phänomen ist, und da wir ebenso wenig innerhalb der Grundlage der Bezeichnung etwas finden können, das wirklich das Phänomen selber *ist*, bleibt nur die eine Möglichkeit übrig, die Bezeichnung in Abhängigkeit von der Grundlage durchzuführen. Wenn es kein Phänomen gibt und wir es dennoch mit etwas bezeichnen, dann würde dies gültigen Konventionen widersprechen. Es gibt also etwas auf konventioneller Ebene, und was wir am Ende erhalten, ist bloße Bezeichnung (Designation).

Ich spüre, dass im Verständnis des Wesens der Wirklichkeit auf einer bestimmten Ebene alles eins ist, was Sie ja auch immer wieder sagen. Aber wenn wir hier über Phänomene und über Wahrnehmung sprechen, dann hört sich das so an, als ob es sich um zwei, drei, vier oder fünf verschiedene Dinge handelt.

Die Zwei Wirklichkeiten (relative Wirklichkeit und absolute Wirklichkeit) befassen sich mit der Erklärung eines Objekts, das aus zwei unterschiedlichen Blickwinkeln betrachtet wird. Da die Zwei Wirklichkeiten sich mit einem Objekt befassen, bilden sie in Wirklichkeit eine Einheit, werden aber manchmal so betrachtet, als ob sie sich gegenseitig ausschließen würden.

Lassen Sie uns hierfür das Beispiel eines Menschen nehmen, der sehr klug und fähig ist, aber auch sehr hinterhältig. Wir möchten diesen Menschen aufgrund seiner ausgezeichneten Fähigkeiten einstellen. Doch da er nicht vertrauenswürdig ist, müssen wir vorsichtig sein und gewisse Gegenmaßnahmen ergreifen. Obwohl wir es mit ein und derselben Person zu tun haben, gibt es einen gewissen Widerspruch. Es gibt zwei Aspekte, die wir in Betracht ziehen müssen, einen sehr negativen Aspekt und einen sehr positiven.

Wenn wir diese Blume betrachten, dann gibt es die Ebene der relativen Wirklichkeit, auf der alle Konventionen stattfinden, wie zum Beispiel Farbe, Form, Geruch usw. Und dann gibt es da auch die Ebene der absoluten Wirklichkeit. Da dieses Objekt oder Phänomen der Blume in wechselseitiger Abhängigkeit entsteht, fehlt es der Blume an einer unabhängigen, inhärenten oder wirklichen Existenz. Das ist so, als ob wir dasselbe Objekt von zwei unterschiedlichen Seiten betrachten würden, so wie die zwei Seiten derselben Münze.

Da Phänomene in wechselseitiger Abhängigkeit entstehen, sind sie alle stark miteinander verbunden. Selbst diese Zwei Wirklichkeiten und unser Verstehen über sie sind miteinander verbunden und vernetzt.

Einige Texte sagen, dass auf der gewöhnlichen Ebene die Lebewesen unterschiedliche Entitäten und unterschiedliche Wesen sind. Wenn sie dann aber die Erleuchtung erlangen, werden sie letzten Endes alle eins und lösen sich alle in einen einzigen Weisheitsozean auf. Das Wasser aus unterschiedlichen Flüssen unterscheidet sich nach Farbe, Geschmack und Geschwindigkeit. Doch wenn das Wasser dieser Flüsse in den unendlichen Ozean mündet, dann verliert es seine zuvor ausgeprägte Identität und wird zu einem Wasser mit der gleichen Farbe und dem gleichen Geschmack.

Das bedeutet nicht, dass, wenn ein Mensch die Buddhaschaft erlangt, er oder sie die eigene persönliche Identität verliert. Das ist nicht der Fall. Im Erlangen der Buddhaschaft erlangt der Mensch den gleichen Rang wie die anderen auf dieser Ebene und wird genau wie diese anderen, doch das individuelle Selbst oder „Ich“ ist immer noch da.

Wir haben uns selbst in große Schwierigkeiten gebracht, indem wir verschiedene Unterscheidungen getroffen haben zwischen Schwarz und Weiß, ein Entweder-Oder, und gegen dieses und jenes Einwände erhoben haben. Wir schauen auf die Welt, als ob sie komplizierter wäre, viele Widersprüche und Paradoxe hervorbrächte und das Ende von relativer und absoluter Erfahrung bestätigte. Doch die Wirklichkeit ist nicht so ausschließlich.

Dennoch gibt es positive und negative Phänomene. Was ist der Unterschied?

Wenn Buddhisten über die Leerheit sprechen, dann ist Leerheit ein negatives Phänomen und Kenntnis ein positives Phänomen. Das bedeutet nicht, dass Leerheit nichtexistent ist, sondern vielmehr, dass Leerheit die bloße Abwesenheit von inhärenter Existenz ist. Das ist dasselbe, wenn wir über den Raum sprechen. Die buddhistische Vorstellung von Raum ist die bloße Abwesenheit eines Hindernisses, von Form. Das bedeutet nicht, dass es keinen Raum gibt, sondern dass wir uns dem nicht annähern können.

Dies zu verstehen ist sehr schwer, und es kann nur von jemandem vollständig verstanden werden, der die Leerheit erfahren, die falschen Vorstellungen über das Wesen der Phänomene überwunden und die inhärente Existenz negiert hat. Die Art und Weise, wie Phänomene durch bloße Designation oder Zuschreibung existieren, kann nur durch die Erfahrung der Leerheit verstanden werden. Für uns gewöhnliche Menschen sind die Erscheinung der Phänomene und ihre wirkliche Existenz sehr vermischt. Daher können wir nicht wirklich zwischen der tatsächlichen Erscheinung des Objekts und der wirklichen Existenz des Objekts unterscheiden.

Hier kann man auch darüber reflektieren, was die Anhänger der Yogacara-Schule, die auf Maitreyanatha, Asanga und Vasubandhu zurückgeht, meinen, wenn sie sagen, dass alle Phänomene bloße Projektionen des Geistes seien, und wenn in der Schule der Madhyamaka, die auf Nagarjuna und Aryadeva zurückgeht, gesagt wird, dass alle Phänomene bloße Zuschreibungen des Geistes seien. Es ist lohnend, den Unterschied zwischen diesen beiden Aussagen genau zu betrachten. Dabei muss man auch den Kontext, in dem eine solche Aussage getroffen wurde, mit in Betracht ziehen.

Eure Heiligkeit, besitzt Ihrer Meinung nach die Logik den höchsten Stellenwert?

Die Logik sollte etwas sein, das man auf direkte Erfahrung zurückführen und damit in Verbindung bringen kann. Es gibt jedoch Phänomene unterschiedlicher Art. Unsere jetzige Ebene der Intelligenz kann sich einigen Phänomenen nähern. Dann gibt es wiederum andere Phänomene, die wir nicht wahrnehmen und denen wir uns auch nicht annähern können, wenn wir nicht einen fortgeschrittenen Bewusstseinszustand erlangt haben. Doch auch diese fortgeschritteneren Stadien bleiben logischen Gesetzmäßigkeiten treu.

Ein deutliches Erkennungsmerkmal des Mahayana-Buddhismus ist es, dass zwischen zwei Arten von Belehrungen unterschieden wird: endgültigen Belehrungen einerseits und Belehrungen, die einer Interpretation bedürfen, andererseits. Einige Lehren Buddhas können wörtlich verstanden werden, andere wiederum nicht. Wie können wir feststellen, was wörtlich genommen werden kann und was nicht? Dies können wir nur durch logisches Denken ermitteln, denn die definitiven und die zu interpretierenden Bedeutungen der Worte Buddhas werden in den buddhistischen Texten selbst unterschiedlich erklärt.

Wenn wir feststellen möchten, ob die Worte in einer der Schriften Buddhas nun definitive oder zu interpretierende Aussagen sind, müssten wir ohne Zuhilfenahme der Logik eine andere Schrift zu Rate ziehen, und das wäre letztendlich ein endloser Prozess. Wenn Buddha heute noch lebte, könnten wir ihn um die Erklärung der definitiven Bedeutung bitten. Da uns dies nicht möglich ist und um endloses Argumentieren zu vermeiden, können wir mithilfe von logischem Denken in dieser wichtigen Frage eine Unterscheidung treffen.

So wird in den Schriften gesagt, dass ein Gelehrter oder ein Mensch, der eine Position vertritt, die logischem Denken widerspricht, kein authentischer Gelehrter sei und keine gültige Lehrmeinung vertrete. Aus offensichtlichen Gründen sollten wir auch unterscheiden zwischen der Intention eines Textes und der Intention dessen, der über diesen Text spricht und lehrt. Letztendlich geht es darum, die Intention des Buddha mittels logischen Denkens zu verstehen. Daher ist der Standpunkt, der durch logisches Denken und logische Beweisführung nicht widerlegt werden kann, die unübertroffene Sichtweise des Buddha.

Sind unser Wunsch nach Unvergänglichkeit, unser Ego und unsere Selbstsucht die hauptsächlichen verblendeten Geisteszustände, gegen die sich die Lehren über Leerheit und über die Phänomene richten?

Die Frage, die hier auftaucht, ist, ob der Geist von seinen Befleckungen befreit werden kann, und die Antwort lautet

„Ja". Der erste Grund, warum der Geist von seinen Befleckungen befreit werden kann, ist folgender: Alle negativen Geisteszustände haben ihre Wurzel in unserer Tendenz, nach einem Selbst und nach wirklicher Existenz zu greifen. Wir können zeigen, dass solch ein Bewusstsein irrtümlich und verzerrt ist. Indem wir solch ein Greifen nach einem Selbst und nach wirklicher Existenz widerlegen, können wir die Wurzel aller Irrtümer durchschneiden. Der zweite Grund, warum der Geist von seinen Befleckungen befreit werden kann, ist die Buddhanatur, das uns innewohnende Potenzial, die Buddhaschaft zu erlangen. Mit diesen beiden Beweisführungen können wir Gewissheit darüber erlangen, dass der Geist von seinen Befleckungen befreit werden kann.

Zuerst müssen wir also verstehen, dass die Weisheit, welche die Leerheit und die Selbst-Losigkeit im Sinne der Abwesenheit eines inhärent existierenden „Ich" erkennt, ein direktes Heilmittel gegen ein Bewusstsein ist, das nach wirklicher Existenz greift und daran festhält. Zudem hat die Weisheit, welche die Leerheit erkennt, eine gültige Grundlage, wohingegen ein Bewusstsein, das nach wirklicher Existenz greift, keine gültige Grundlage hat.

Die Weisheit, welche die Ich-Losigkeit erkennt, ist eine Qualität des Geistes, nicht eine Qualität des Körpers und hat somit kein Ende. Jede Qualität, die auf dem Körper basiert, ist lediglich vorübergehend. Jede Qualität, die auf dem Geist oder dem Bewusstsein basiert, ist stabiler, da es eine ununterbrochene Kontinuität des Geistes gibt. Diese Qualität des Geistes hat eine äußerst solide Grundlage, und wenn diese Qualität erst einmal in ihrer ganzen Fülle erlebt worden ist, braucht sie für ihr weiteres Wachsen keine neuerliche Kraftaufwendung mehr. Dieser Qualität wohnt die Möglichkeit grenzenlosen Wachstums inne, da der Geist selbst auch grenzenlos ist. Ein Bewusstsein dagegen, das nach wirklicher Existenz greift und daran festhält, ist ein irrtümliches Bewusstsein, gegen das es ein äußerst wirkungsvolles Gegenmittel gibt. Wenn wir uns damit vertraut machen, kann das irrtümliche Bewusstsein geschwächt und schließlich ganz aufgelöst werden.

Wenn dem so ist, wie kann uns die Lehre darüber, dass die Phänomene prinzipiell nicht inhärent existierend sind, auf dem Weg unserer spirituellen Entwicklung weiterhelfen?

Unheilsame Handlungen des Körpers und der Rede sind Manifestationen unserer geistigen Befleckungen und müssen am Anfang unserer Bemühungen, im ersten Stadium, reduziert werden. Später, im zweiten Stadium, müssen wir diese Befleckungen dann am Entstehen hindern. Im dritten Stadium schließlich müssen wir daran arbeiten, die Eindrücke, die diese Befleckungen in unserem Geist hinterlassen haben, zu beseitigen. Durch diese drei Stadien erzielen wir die folgenden Resultate:

– *Erstens*: Das Resultat davon, dass wir Abstand von den unheilsamen Handlungen des Körpers und der Rede nehmen, ist es, dass wir in einem höheren Daseinsbereich als Menschen wiedergeboren werden.
– Das Resultat des *zweiten* Stadiums, das vollständige Aufgeben aller geistigen Täuschungen, ist das Erlangen der Befreiung, des Nirwana.
– *Drittens:* Das Stadium, in dem wir sogar die Eindrücke aufgeben, die von den Befleckungen in unserem Geist hinterlassen worden sind, wird der allwissende Zustand der höchsten Erleuchtung eines Buddha genannt.

Wenn man auf der Basis des reinen Phänomens, der nicht inhärent existierenden Natur des Geistes, alle Befleckungen vollständig geläutert hat, hat man den Zustand der Beendigung des Leidens erlangt.

Wenn wir in solchen Bahnen denken, erkennen wir, dass es so etwas wie die Beendigung des Leidens tatsächlich gibt und dass es tatsächlich möglich ist, sie auch im eigenen Geist zu verwirklichen. Es ist völlig natürlich, dass wir uns danach sehnen, Leiden zu vermeiden. Wenn wir erkennen, dass es eine Möglichkeit gibt, uns vom Leiden zu befreien, müssen wir an der Verwirklichung eines solchen Zustandes arbeiten. Aus diesem Grund wird der Weg zur Befreiung erklärt.

Daher sagt der Buddhismus, dass wir nicht zur Erfahrung der Befreiung gelangen können, wenn wir nicht die Weisheit erlangt haben, welche die Ich-Losigkeit erkennt.

DREIZEHNTES KAPITEL

Die Kraft der Meditation und Visualisation

Eure Heiligkeit, was ist Meditation?

Meditation ist aus buddhistischer Sicht so etwas wie ein Instrument, um unseren Geist in positive Bahnen zu lenken und um unsere geistige Kapazität zu erweitern. In der Meditation (Samadhi) lenken wir unsere geistige Energie auf ein einzelnes heilsames Objekt, konzentrieren uns darauf und können so einen nicht-dualistischen Geisteszustand erfahren, in dem das wahrnehmende Bewusstsein mit dem wahrgenommenen Objekt der Meditation verschmilzt. Somit ist Meditation auch ein Mittel, um unsere geistige Energie und unsere geistige Wachheit und Schärfe zu vergrößern.

Kann Meditation säkular sein oder muss sie einer bestimmten religiösen Tradition folgen?

Nein, nein! Es ist einfach eine Übung des Geistes.

Gibt es irgendeine Beziehung zwischen Meditation und Religion?

Meditation ist ein Instrument, um den Geist zu formen und zu transformieren. Unabhängig davon, wo Sie arbeiten, ob als Geschäftsfrau, Wissenschaftler, Arzt, Lehrerin oder in einem anderen Beruf, ist es für Sie von großem Nutzen, wenn Ihr Geist wacher, ruhiger und schärfer ist. Der Geist ist eine grundlegende treibende Kraft in unserem Leben, daher ist Geistestraining auf jedem erdenklichen Gebiet sehr nützlich. Im Wesentlichen ist Meditation also keine religiöse Angelegenheit.

Genau betrachtet, verkünden alle Weltreligionen die gleiche Botschaft von Liebe, Mitgefühl, Vergebung und zwischenmenschlicher Harmonie. Das bedeutet aber nicht, dass man automatisch eine Religion annehmen muss, wenn man sich diesen Werten verpflichtet fühlt. Wir müssen einen Unterschied machen zwischen rein religiösen Themen wie beispielsweise Glauben, Doktrin usw. und grundlegenden guten menschlichen Qualitäten. Das sind zwei verschiedene Dinge.

Ich persönlich bin der Meinung, dass die Hauptaufgabe aller bedeutenden Religionen darin besteht, einfach unsere grundlegenden guten menschlichen Qualitäten zu verstärken. Wenn wir glückliche Menschen sein und in glücklichen menschlichen Gemeinschaften zusammenleben wollen, ist es widersinnig, diese grundlegenden menschlichen Qualitäten zu vernachlässigen. Es liegt auf der Hand, dass ohne diese Qualitäten der einzelne Mensch, die Familie und auch die Gesellschaft als Ganzes nicht glücklich sein werden.

Welche Beziehung gibt es zwischen Meditation und dem Erlangen von Glück?

Ich bin schon immer der Meinung gewesen, dass Glück der eigentliche Sinn unseres Lebens ist. Dabei gibt es zwei Arten von Glück. Eine Art von Glück entspringt körperlichem Wohlbefinden, und die andere Art entsteht auf geistiger Ebene und kann durch Geistesübung vergrößert werden.

Es ist offensichtlich, dass von diesen beiden das Glück auf geistiger Ebene höher steht und einflussreicher ist. Denn wenn unser geistiger Zustand ausgeglichen und glücklich ist, dann machen uns kleinere körperliche Beschwerden und sogar geringfügige Schmerzen nichts aus. Wenn aber unser Geist aufgewühlt und ruhelos ist, dann werden wir auch unter den besten und angenehmsten äußeren Umständen nicht wirklich glücklich sein. Das ist ganz offensichtlich. Unser geistiges Erleben ist also viel wichtiger als unser körperliches Erleben.

Da geistiges Erleben von solch überragender Bedeutung ist, taucht automatisch die Frage auf, ob wir unseren Geist trainieren können. Wenn wir Menschen uns mit anderen Lebewesen wie beispielsweise den Tieren vergleichen, dann sehen wir, dass wir im Allgemeinen mit Intelligenz und logischem Denkvermögen ausgestattet sind. Nur wir Menschen haben Techniken entwickelt, unseren Geist zu trainieren und zu schärfen. Diese Techniken nennen wir üblicherweise Meditation, und es wäre bedauerlich, wenn wir dieses große in uns wohnende Potenzial nicht nutzen würden.

Gibt es unterschiedliche Arten der Meditation, und warum ist Meditation in unserem täglichen Leben von Bedeutung?

Ganz allgemein gesprochen gibt es zwei Arten der Meditation. Die eine ist analytisch und macht von logischem Denken Gebrauch. Die andere nutzt das ruhige Verweilen des Geistes auf einem einzelnen Punkt, ohne Veränderung und ohne Analyse – „Einsgerichtetheit“. In beiden Fällen ist unsere Hauptabsicht die, dass unser Geist das verwirklicht, was wir erlangen wollen.

Unsere geistige Einstellung hat einen nicht zu unterschätzenden Einfluss auf unser tägliches Leben. Wenn wir beispielsweise morgens aufwachen und unser Geist frisch und glücklich ist, dann wird der Rest des Tages mit großer Wahrscheinlichkeit gut verlaufen, selbst wenn wir Problemen begegnen. Wenn unser Geist aber gereizt und in Aufruhr ist, dann können uns selbst kleine Dinge zum Explodieren bringen. Unsere geistige Haltung ist also ein äußerst wichtiger Faktor in unserem täglichen Leben.

Welche Bedeutung sollten wir dem Ort unserer Meditation beimessen?

Für einen Anfänger ist der Ort der Meditation ziemlich wichtig. Wenn wir dann fortgeschritten sind und unsere Erfahrungen gesammelt haben, üben äußere Faktoren nur noch wenig Einfluss aus. Für Menschen, die an abgelegenen Orten zurückgezogen leben und meditieren können, tauchen nicht so viele Probleme und Ablenkungen auf. Doch normalerweise sind wir an unsere Orte gebunden, ob wir das mögen oder nicht, Sie beispielsweise in Delhi, und ich hier in Dharamsala. Das sind unsere festen Wohnorte, und sie können nicht einfach beliebig geändert werden.

Der Ort unserer Meditation sollte idealerweise ruhig sein. Und wenn wir auf die Einsgerichtetheit des Geistes meditieren, brauchen wir einen völlig abgeschiedenen Ort – ohne Lärm. Das ist sehr wichtig. Bei bestimmten yogischen Übungen spielt es auch eine Rolle, in welcher Höhe sich der Ort befindet. Da eine größere Höhe von Vorteil ist, sind Orte in hohen Bergen am besten geeignet.

Dann gibt es noch einen weiteren Faktor: Orte, an denen früher erfahrene Meditierende gelebt und praktiziert haben, sind von diesen Menschen gesegnet und von ihren Energien aufgeladen worden. Später können Menschen mit weniger Erfahrung in der Meditation die Schwingungen oder den Segen von diesen Orten erhalten und dadurch, vergleichbar mit einer Batterie, aufgeladen werden.

Sie sprechen von zwei unterschiedlichen Arten der Meditation, die beide unseren Geist schulen. Wie kann ich entscheiden, welche der beiden am besten für mich geeignet ist?

Nun, wie schulen wir unseren Geist? Wie gesagt, gibt es diese beiden unterschiedlichen Arten der Meditation. Die eine ist analytische Meditation, die meiner Meinung nach aufgrund unserer menschlichen Intelligenz und unserer

Fähigkeit zu unterscheidendem Bewusstsein sehr nützlich ist. (Da ich jetzt nicht Tibetisch, sondern Englisch spreche, kann es passieren, dass ich unpassende Begriffe verwende. Denn mein Englisch ist nur unzureichend, und auch mein Verständnis ist sehr begrenzt.) Als Ergebnis unserer menschlichen Intelligenz und unseres unterscheidenden Bewusstseins haben wir die Fähigkeit, mehr Wissen zu erlangen. Die Haltung „Solange ich den Grund dafür nicht verstehe, kann ich das nicht akzeptieren" ist eine sehr gesunde Einstellung. Aus buddhistischer Sicht ist solch eine skeptische Haltung angemessen und notwendig. Wir sollten nichts voreilig akzeptieren, sondern ein wenig abwarten, Nachforschungen anstellen, Experimente durchführen und nach den Gründen suchen.

Wenn Sie einmal den Grund erkannt haben und mithilfe von Experimenten Erfahrungen gewonnen haben, können Sie etwas akzeptieren. In diesem Punkt stimmt die buddhistische Haltung mit der wissenschaftlichen Herangehensweise überein. Es ist unbedingt erforderlich, von unserem Verstand Gebrauch zu machen und damit unsere Thesen und Behauptungen zu überprüfen.

Mittels der analytischen Meditation untersuchen wir die Situation, verwenden unsere Urteilskraft, beziehen unsere Erfahrungen aufgrund unserer Experimente mit ein und gelangen schließlich zu einer aufrichtigen Überzeugung. Wenn wir einmal Überzeugung entwickelt haben, werden unsere Meinung und unser Vertrauen stärker. Selbst wenn Sie dann von jemandem herausgefordert werden, wird Ihre Überzeugung nicht ins Wanken kommen, da Sie selber experimentiert und die Situation genau analysiert haben.

Bei der einsgerichteten Meditation hingegen meditieren Sie auf einen einzelnen Fokus, wobei es nicht notwendigerweise um die Entwicklung einer festen Überzeugung geht. Wenn Ihnen gegensätzliches Beweismaterial präsentiert wird, kann es sein, dass Sie augenblicklich Ihre geistige Einstellung ändern. Daher ist die analytische Meditation viel effektiver und wichtiger.

Wenn Sie bei der analytischen Meditation eine Situation untersuchen, sollte Ihr Geist seine ganze Kraft kanalisieren, damit die Untersuchung wirkungsvoller wird und tiefer gehen kann. Dafür ist eine gewisse Art der Einsgerichtetheit notwendig. Wenn wir also Erfahrungen in der einsgerichteten Meditation haben, stärkt und unterstützt dies die Qualität unserer analytischen Meditation.

Könnten Sie näher auf die Technik der Einsgerichtetheit eingehen? Einige Menschen schließen ihre Augen, andere wiederum nicht. Welches ist die richtige Methode?

Für die Meditation ist ein Ort mit möglichst wenig Geräuschen, beispielsweise von Flugzeugen, Autos oder Lastwagen, also ohne Gehupe, Gelächter und Gerede, am besten. Doch müssen wir den uns zur Verfügung stehenden Ort nutzen, so gut es geht. Daher ist der frühe Morgen die beste Zeit der Meditation, wenn die LKW-Fahrer noch am Schlafen sind. Zu dieser Zeit ist der Geräuschpegel im Allgemeinen am niedrigsten, und unser Geist ist wach und frisch.

Geistiges Training bedeutet, unseren Geist zu formen. Das wird durch den Geist selbst erreicht und nicht durch äußere Mittel. Daher muss unser Geist frisch und völlig wach sein, ohne irgendein Gefühl von Müdigkeit. Wenn wir solch einen geistigen Zustand nutzen können, ist das am wirkungsvollsten. Spät am Abend ist unser Geist oft träge und schlaff, und wir sind müde.

Für einen Anfänger ist es vielleicht ein einfacher und guter Anfang, zu versuchen, sich in sich selbst zurückzuziehen. Unser Geist ist immer im Körper und nicht außerhalb unseres Körpers zu finden. Doch unser Geist richtet sich normalerweise ständig nach außen, was sehr schade ist. Wir müssen unserem Geist daher eine neue Anweisung und Ausrichtung geben.

Bis zum jetzigen Zeitpunkt haben Sie die äußere Welt gründlich erkundet. Jetzt ist es an der Zeit, den Geist selbst zu erkunden. Lenken Sie daher Ihre Aufmerksamkeit nach innen. Manchmal mag es hilfreicher sein, wenn Ihre Augen geschlossen sind. Auf lange Sicht hin gesehen spielt es aber keine große Rolle, ob Ihre Augen geöffnet oder geschlossen sind.

Stellen Sie sich vor Ihrem geistigen Auge etwas vor, konzentrieren Sie sich darauf und halten Sie den Hauptteil Ihres Bewusstseins darauf gerichtet. Ziehen Sie Ihren Geist, einschließlich des Sehsinnes, des Hörsinnes usw., von der Außenwelt zurück. Treffen Sie ganz am Anfang Ihrer Meditation den Entschluss, dass Sie in den folgenden Momenten Ihre Sinne nicht von äußerlichen Objekten ablenken lassen werden. Und falls Ihre Sinne dennoch nach außen gezogen werden, dann lassen Sie den Hauptteil Ihres Bewusstseins diesen Ablenkungen nicht folgen.

Auch innerhalb Ihres Geistesstroms sollten Sie Ihre Gedanken kontrollieren und entschiedene Anstrengungen unternehmen, Ihre Gedanken nicht in die Vergangenheit oder in die Zukunft abschweifen zu lassen. Wenn Sie so Ihren Geist für einen Augenblick von jeglichen Gedanken freihalten können, dann verlängern Sie diese Zeitspanne ein wenig. Wenn Ihnen das möglich ist, kann es sein, dass Sie ein Gefühl für die Leerheit oder das Nichtsein bekommen – wie weiter Raum oder wie ein tiefer Ozean, auf dessen Oberfläche die Wellen ständig kommen und gehen, in dessen Tiefen jedoch das Wasser stets völlig ruhig, unaufgewühlt und klar ist. Das ist eine Möglichkeit, wie wir den Geist selbst betrachten können.

Auch wenn es nicht einfach ist, so ist es dennoch lohnend, zu meditieren und sich immer wieder darin zu üben.

Was bedeutet es, über Mitgefühl zu meditieren?

Sich mit einem bestimmten Menschen eng verbunden zu fühlen, ist kein aufrichtiges Mitgefühl, auch wenn das manchmal so verstanden wird. Wenn Sie sagen „Das hier ist mein guter Freund", dann ist Ihr Gefühl meist von Anhaftung geprägt und hängt sehr stark vom Gegenüber ab. Solch ein mit Anhaftung vermischtes Gefühl der engen Verbundenheit mit diesem Menschen wird sich ändern, sobald sich der andere Mensch verändert und beispielsweise nicht mehr freundlich zu Ihnen ist. Daher können Sie dieses Gefühl nicht gegenüber Ihren Feinden oder gegenüber Menschen entwickeln, die Sie gar nicht kennen.

Aufrichtiges Mitgefühl basiert hauptsächlich auf der Erkenntnis, dass andere Menschen genau so sind wie ich selber. Genau wie ich möchten die anderen Menschen auch Glück erlangen, und genau wie ich möchten sie ebenfalls Leiden vermeiden. Auf dieser Grundlage aufbauend entwickelt sich ein Gefühl von Nähe und Fürsorglichkeit. Das ist aufrichtiges Mitgefühl. Ein derartiges Mitgefühl können Sie auch gegenüber Ihren Feinden entwickeln. Dabei kann der Feind ein einzelner Mensch oder auch eine Gemeinschaft sein, der oder die uns Probleme bereitet und uns Schaden zufügt.

Wir können also Menschen, die uns feindlich gesinnt sind, aus einer anderen, neuen Perspektive betrachten, nämlich genau so, wie wir auch uns selbst betrachten. Genau wie wir selbst haben auch die anderen einen Anspruch darauf, Leid zu überwinden und Glück zu erlangen. Auf dieser Grundlage können wir ein aufrichtiges Gefühl von Fürsorge und aufrichtiges Mitgefühl für andere entwickeln.

Um tiefer über Mitgefühl zu meditieren, denken Sie an Not leidende, bedauernswerte Menschen, beispielsweise Menschen, die unter Hunger, schweren Krankheiten oder geistigen Beeinträchtigungen zu leiden haben. Wenn Sie an solche Menschen denken und sich ihr Leid deutlich vor Augen führen, werden sie ein starkes Gefühl von Fürsorge und Mitgefühl entwickeln. Diese Emotionen von Mitgefühl unterscheiden sich sowohl von den Emotionen der Anhaftung als auch von den Emotionen des Hasses, die manchmal ganz spontan auftreten. Aufrichtiges Mitgefühl kann sich am Anfang unserer Übung nicht einfach spontan entwickeln, sondern entsteht durch Nachdenken und logische Analyse und basiert letztendlich auf der Vernunft.

Wenn Sie starkes Mitgefühl entwickelt haben, meditieren Sie mit Ihrer ganzen Geisteskraft darüber. Tauchen Sie in dieses Mitgefühl ein und meditieren Sie ohne weitere Gedanken und ohne jegliche Ablenkung über dieses Mitgefühl. Bewahren Sie sich dieses Mitgefühl dann in Ihrem Herzen und versiegeln Sie schließlich Ihren Geist damit in der Entschlossenheit, dass Sie es nicht mehr loslassen werden. Wenn Sie sich dann durch irgendetwas geschwächt fühlen und Schwierigkeiten gegenüberstehen, denken Sie wiederum an dieses Mitgefühl und rufen Sie es wach, meditieren Sie dann darüber.

Im Verlauf von Tagen, Wochen und Monaten wird sich Ihre geistige Ausrichtung schließlich ändern. Wenn wir Mitgefühl entwickelt haben, fällt es uns leichter, Ärger, Hass und die anderen mächtigen negativen Emotionen abzuwehren. Genau betrachtet, haben diese negativen Emotionen keine stabile Grundlage, doch momentan sind sie noch sehr stark und nur schwer kontrollierbar.

Wenn Sie sich in Mitgefühl üben und wenn Sie Mitgefühl als geistige Haltung schätzen lernen, werden Sie die negativen Auswirkungen von Hass und Wut erkennen und sehen, wie Hass Ihrer Gesundheit schadet. Wer oft Wut empfindet, kann Blutdruckprobleme bekommen und unter schlechtem Schlaf, mangelndem Appetit und dergleichen mehr leiden. Es kann sogar so weit kommen, dass Sie anfangen, sich mit Ihren engsten Freunden zu streiten.

Hass und Wut bringen nur Unglück und Unheil, egal, ob auf individueller oder familiärer, ob auf nationaler oder internationaler Ebene. Manchmal bringen sie uns zwar macht- und kraftvolle Energien. Diese Energien sind jedoch blind, und so können wir uns nicht sicher sein, ob sie sich destruktiv oder konstruktiv auswirken.

Es gibt ein Medikament namens Prozac, das im Westen besonders beliebt ist. Es verändert die biochemischen Abläufe im Gehirn und ermöglicht es, mehr Glück zu erleben. Was ist Ihre Antwort auf einen derartigen Versuch, Glücksgefühle hervorzurufen?

Zunächst einmal kenne ich dieses Medikament nicht und habe keinerlei Erfahrungen damit. Ich glaube aber, dass die Glücksgefühle, die durch solche Medikamente ausgelöst werden, in Wirklichkeit eine Art von Halluzination sind und darin dem Genuss von Alkohol ähneln: Wenn man zu viel davon zu sich nimmt, kann es sein, dass man die Kontrolle über seine Sinne verliert.

Sehen Sie, in unserem Leben gibt es immer größere oder kleinere Probleme. Wie wir damit umgehen, hängt sehr stark von unserer geistigen Einstellung ab. Wenn Sie nun aber aufgrund einer chemischen Substanz, die Sie zu sich genommen haben, plötzlich denken „Ah, alles ist in Ordnung", dann ist das eine Täuschung. Unser Grundproblem ist, dass wir in Unwissenheit gefangen und daher bereits von einer dicken Mauer der Illusion umgeben sind.

Wir brauchen daher nicht noch mehr Illusionen. Ich denke, dass es besser ist, realistisch zu sein und der Wirklichkeit ins Auge zu blicken.

Könnten Sie uns etwas über Vipashyana als eine Meditationstechnik sagen?

Dem indischen Meister Asanga folgend ist Vipashyana oder Besondere Einsicht ein subtiler geistiger Zustand, den wir erreichen, nachdem wir Untersuchungen angestellt und dabei eine stabile Konzentration aufrechterhalten haben. Dadurch können wir unseren Geist besser einsetzen und verwenden.

Es gibt zwei Hauptarten von Vipashyana: Die eine bezieht sich auf konventionelle Phänomene und die andere auf die Leerheit. Bei auf konventionelle Phänomene gerichteter Vipashyana-Meditation gibt es eine Möglichkeit, sich auf den Atemfluss zu konzentrieren. Vipashyana kann auch durch die Visualisation von Gottheiten praktiziert werden, die aus uns ausstrahlen und sich wieder mit uns vereinigen. Schließlich gibt es eine dritte Art der Vipashyana-Meditation, sogenanntes weltliches oder vergleichendes Vipashyana, wo wir uns auf die Nachteile des Begierdebereichs und die Vorteile der höheren Bereiche der Form und der Formlosigkeit konzentrieren.

Kann uns Vipashyana dabei helfen, auf die Leerheit zu meditieren und diese zu verstehen? Wie geschieht das?

Ich werde kurz die Meditation auf die Leerheit innerhalb der Beweisführung der Abwesenheit von Einem und Vielem erläutern. Wenn wir auf die Leerheit meditieren wollen, dann müssen wir zunächst das Meditationsobjekt identifizieren, also die Leerheit des Objektes, über das wir meditieren. Wenn wir uns nicht das zu verneinende Objekt deutlich klarmachen, können wir keine klare Vorstellung von dessen Abwesenheit bekommen. Daher müssen wir zuerst ein Verständnis darüber entwickeln, was verneint werden soll. Dafür ist es einfacher, zunächst über das eigene Selbst zu reflektieren.

Wenn Sie sagen „Ich gehe“, „Ich esse“ oder „Ich stehe“, reflektieren Sie darüber, welches Selbst oder „Ich“ da Ihrem Geist erscheint. Oder versuchen Sie, sich an unangenehme Situationen zu erinnern, in denen man Ihnen zu Unrecht die Schuld an etwas gegeben hat. Oder vergegenwärtigen Sie sich angenehme Situationen, in denen Sie beliebt waren, man Sie gelobt hat und dergleichen.

In solchen Erfahrungen haben Sie einen stark schwankenden Geisteszustand, und Sie können dieses „Ich“ deutlicher wahrnehmen. Überlegen Sie nun: Wenn dieses „Ich“ meinem Geist erscheint, erscheint es als etwas, das von meinem Geist und meinem Körper getrennt ist? Erscheint es wie eine unabhängige und selbständige Einheit? Dieses „Ich“, das Ihnen so greifbar und lebendig erscheint, dass Sie mit Ihrem Finger darauf zeigen könnten, und das völlig unabhängig von Ihrem eigenen Geist und Körper erscheint, ist eine völlig falsche Projektion unseres Geistes und das Objekt der Verneinung in unserer Meditation. Das Erkennen dessen, was verneint wird, ist der erste grundlegende Schritt.

Wenn solch ein unabhängiges „Ich“ oder Selbst wirklich existierte, müssten wir uns fragen, ob es dann als eins mit Körper und Geist oder als getrennt von Körper und Geist existiert, oder ob es eine dritte Möglichkeit gibt, wie dieses unabhängige „Ich“ existieren könnte. Wir müssen diese verschiedenen Möglichkeiten genau untersuchen. So können wir herausfinden, dass dieses „Ich“, wenn es wirklich als eine eigene und unabhängige Einheit existierte, entweder eins mit dem Körper und Geist (unseren Aggregaten) oder aber verschieden davon sein müsste. Denn eine dritte Möglichkeit für seine Existenzweise gibt es nicht. Das ist der zweite grundlegende Schritt.

Es gibt also nur diese beiden Möglichkeiten, dass dieses unabhängige „Ich“ oder Selbst entweder eins mit unseren Aggregaten oder aber vollkommen verschieden davon ist. Wenn dieses unabhängige „Ich“ eins mit den Aggregaten und von ihnen ununterscheidbar wäre, dann müssten unser Geist und unser Körper, genau wie dieses „Ich“, auch eins sein, da sie ja mit diesem Selbst identifiziert werden. Wenn dieses Selbst aber von Körper und Geist verschieden wäre, dann müsste dieses Selbst auch mannigfaltig sein, da ja auch Körper und Geist mehr als eins und daher mannigfaltig sind. Wenn dieses unabhängige Selbst oder „Ich“ tatsächlich als etwas von den Aggregaten Verschiedenes existierte, müsste es auch dann noch auffindbar sein, wenn die Aggregate bereits aufgehört haben zu existieren. Doch das ist nicht der Fall.

Lassen Sie mich dies an einem Beispiel verdeutlichen: Während der Dämmerung, wenn es nicht so viel Licht gibt, kann es sein, dass ein aufgerolltes Seil wie eine Schlange aussieht und jemandem Furcht einjagt. In diesem Fall gibt es, abgesehen vom Bild einer Schlange im Geist des Menschen, der sich vor der Schlange fürchtet, von der Seite des Objekts, des Seils, aus gesehen in keiner Weise irgendeine wirkliche Existenz einer Schlange. Mit der Wahrnehmung eines „Ich“ verhält es sich genauso: Wenn wir in Anbetracht unserer Aggregate die Erscheinung eines „Ich“ wahrnehmen, so gibt es innerhalb unserer Aggregate nicht einmal ein kleinstes Teilchen, das als solches „Ich“ bezeichnet werden könnte, auch wenn diese Erscheinung aufgrund der Aggregate entsteht.

Im Beispiel des Seils in der Dämmerung existiert eine Schlange lediglich aufgrund unserer falschen Projektion, und es gibt keine wirkliche Existenz der Schlange. Genauso existiert im Falle unserer Aggregate ein unabhängiges

„Ich“ nur aufgrund unserer falschen Projektion, aufgrund unserer auf den Aggregaten basierenden Bezeichnung, und es gibt keine wirkliche Existenz eines „Ich“. In beiden Fällen existiert von der Seite des Objekts nichts, was in Wirklichkeit eine „Schlange“ oder ein „Ich“ wäre.

Im Lehrsystem des Madhyamaka wird die grundlegende Existenz der Objekte als etwas angenommen, das auf die grundlegende Leerheit der Objekte hinweist. Gibt es die Möglichkeit einer direkten Wahrnehmung dieser Nichtexistenz für diejenigen von uns, die eine solche Nichtexistenz oder Leerheit noch nicht mithilfe von Vipashyana erkannt haben?
Um Weisheit zu entwickeln, die die Leerheit erkennt, ist es nicht zwingend notwendig, Vipashyana (Besondere Einsicht) oder Shamatha (Ruhiges Verweilen) erlangt zu haben. Um aber die Weisheit, die die Wirklichkeit erkennt, kräftiger werden zu lassen, und um weitere Entwicklungsschritte zu vollziehen, benötigt man Vipashyana und Shamatha.

Was Sie gesagt haben, ist sehr richtig: Dinge, die konventionell existieren, können durch konventionelle Funktionen beeinflusst werden. Schon auf der Grundlage konventioneller Existenz lässt sich die Leerheit erklären. Doch da die Dinge keine inhärente Existenz haben, sind all diese scheinbar unterschiedlichen Ebenen möglich. Was meinen Sie mit „Wahrnehmung der Leerheit“? Meinen Sie damit, dass wir uns nicht auf logisches Denken verlassen?

Ja, ich meinte, dass, wenn etwas wahr ist, es auch mit unserer eigenen Erfahrung übereinstimmen müsste. Das wäre das Kriterium.
Eine tatsächliche Erfahrung der Leerheit im anfänglichen Stadium – eine frische Erkenntnis der Leerheit – muss aufgrund eines logischen Prozesses entstehen. Es ist nicht zwingend notwendig, dafür formalisierte logische Schluss-

folgerungen zu durchlaufen, wie ich das erklärt habe. Doch muss man am Anfang logisches Denken anwenden und zunächst ein schlussfolgerndes Verständnis der Leerheit entwickeln, das dann später zu einer direkten Erfahrung führen kann.

Durch Vipashyana etabliert sich in unserem Geist die Vergänglichkeit, und das ist ein Schritt zur Ich-Losigkeit hin. Tantrische Meditation mithilfe einer äußeren Form für die Visualisationsübung hingegen könnte eine Ablenkung darstellen. Ich verstehe nicht, wie tantrische Meditationsgottheiten mit der Einfachheit des Vipashyana, zur Ich-Losigkeit zu gelangen, zusammenpassen. Ist Vipashyana im Vergleich zu tantrischen Meditationen nicht der einfachere Weg?

Es ist nicht einfach, tantrische Meditation zu praktizieren. Doch das Außergewöhnliche tantrischer Meditation, ihr besonderer Sinn und ihre besondere Bedeutung bestehen darin, dass *ein* Geist gleichzeitig *zwei* heilsame Haltungen praktiziert.

Wenn sich unser Geist, entsprechend den Lehren des Sutrayana (im Gegensatz zum Tantrayana), auf die Leerheit konzentriert, praktizieren wir eine heilsame Haltung, durch die wir große Weisheit, jedoch nicht großen Verdienst ansammeln können. Wenn wir uns dann zu anderen Zeiten in der Entwicklung von Bodhicitta und Mitgefühl üben, dann praktizieren wir die andere heilsame Haltung, durch die wir großen Verdienst, jedoch nicht große Weisheit ansammeln können.

In der tantrischen Meditation verwandelt sich die Weisheit, welche die Leerheit erkennt, in Gottheiten, ihre Mandalas und Umgebungen, und als Gottheit weitet sie sich in die letztendliche Natur dieser Gottheit aus, welche Leerheit ist. So praktizieren wir beides und sammeln gleichzeitig großen Verdienst und große Weisheit an. Als Erklärung ist das leicht gesagt, in der Praxis aber sehr schwer. Diese tantrische Praxis kann letztendlich auch als eine Übung des Vipashyana kategorisiert werden, da es viele unterschiedliche Ebenen von Vipashyana-Übungen gibt.

Im tibetischen Buddhismus wird die Visualisation der weiblichen Gottheit Tara und anderer Gottheiten, die Manifestationen des Buddha sind, als bedeutende Meditationstechnik angesehen. Könnten Sie das bitte näher erläutern?

Die Erklärung aus der Sicht tantrischer Praxis ist die, dass es unterschiedliche Arten von Aktivitäten gibt, in denen Praktizierende sich üben können. Diese Aktivitäten stehen in Bezug zu den verschiedenen Attributen eines Buddha und seinen Verkörperungen in unterschiedlicher Gestalt.

Für die Übung auf dem Weg ist es eigentlich nicht notwendig, den Buddha zu visualisieren. Auch ohne irgendeine Form der Visualisation können Sie einfach über die Leerheit meditieren und so den Aspekt der Weisheit verwirklichen, und sie können über Bodhicitta und Mitgefühl meditieren und so den Aspekt der Methode verwirklichen. Innerhalb der tantrischen Praxis ist es jedoch gewöhnlich notwendig, Visualisationen durchzuführen, da das daraus resultierende Ergebnis ein Zustand ist, der sowohl den Formkörper (Rupakaya) als auch den Wahrheitskörper (Dharmakaya) eines Buddha beinhaltet.

Der Hauptgrund, warum wir die Buddhaschaft erreichen wollen, ist der, dass wir anderen Lebewesen in bestmöglichem Umfang helfen können. Die Qualität eines Buddha, die allen Lebewesen hilft und von Nutzen ist, ist sein Formkörper und nicht sein Wahrheitskörper. Wenn Bodhisattvas den aufrichtigen Wunsch entwickeln, die Buddhaschaft zu erlangen, konzentrieren sie sich daher hauptsächlich auf den Formkörper des Buddha.

Um dies zu erlangen, müssen die notwendigen Ursachen

und Bedingungen angesammelt werden. Dieses Gesetz von Ursache und Wirkung durchdringt alle Phänomene, die Buddhaschaft mit eingeschlossen. Daher muss für diesen Formkörper eines Buddha die wesentliche Ursache angesammelt werden (die Visualisation einer Gottheit). Die Praxis der Weisheit kann dies nicht sein, denn der Formkörper wird durch die Ansammlung von Verdienst entwickelt. Der Formkörper ist wie der Eindruck, der aus Verdienst hervorgeht.

Auf der anderen Seite fungiert Weisheit, welche die Leerheit erkennt, als wesentliche Ursache für die Erlangung des Wahrheitskörpers eines Buddha. Da es zwei verschiedene Arten von resultierenden Körpern gibt, gibt es auch zwei unterschiedliche wesentliche Ursachen. Obwohl die Übung in Freigebigkeit, ethischem Verhalten und dergleichen auch eine mitwirkende Ursache für den Wahrheitskörper sein kann, kann sie nicht die wesentliche Ursache für die Erlangung des Wahrheitskörpers sein. Falls dem so wäre, würde dies dem natürlichen Gesetz von Ursache und Wirkung widersprechen.

Die zentrale Übung des Tantra – die Meditation auf die Energien, die Winde – ist der Faktor, der als die vollständige wesentliche Ursache für die Erlangung des Formkörpers fungiert. Wenn diese Art besonderer Energie nicht zusammen mit der Weisheit entwickelt wird, könnte es unmöglich eine Verbindung zwischen den beiden Aspekten der Weisheit und der Methode geben. Daher sollten wir einen geistigen Zustand entwickeln, der, obwohl eine einzige Einheit, sowohl den Weisheitsaspekt für die Erlangung des Wahrheitskörpers als auch den Methodeaspekt für die Erlangung des Formkörpers eines Buddha vollständig in sich vereint.

Wenn wir fragen, wie der Formkörper eines Buddha aussieht, gibt es darauf keine endgültige Antwort. Wir können nicht sagen, dass der Formkörper beispielsweise genau wie eine Buddhastatue aussieht. Wir können uns das aber zumindest als etwas vorstellen, das sich im Rahmen menschlicher Vorstellungskraft bewegt. Innerhalb tantrischer Übung sollten wir das Objekt solch einer Form oder das Bildnis einer Gottheit visualisieren, das ähnliche Eigenschaften wie der resultierende Formkörper aufweist, uns auf diese Form konzentrieren und über dessen Leerheit reflektieren.

Wir haben dann die Erscheinung der Gottheit und gleichzeitig auch ein Verständnis ihrer wirklichen Natur der Leerheit. Solch ein Geisteszustand verwirklicht daher beide Qualitäten vollständig, die Visualisation der Gottheit einerseits und das Verständnis ihrer Leerheit andererseits.

Wenn wir über eine Gottheit meditieren, beinhaltet das auch die Rezitation des Mantra dieser Gottheit, doch die eigentliche Praxis sollte die Meditation und das Fokussieren unseres Geistes auf die Gottheit sein. Wenn man sich aber gegen Ende der Meditationssitzung müde fühlt, kann man, anstatt dem Geist noch mehr Arbeit aufzubürden, auch den Mund etwas arbeiten und ihn das Mantra der Gottheit rezitieren lassen.

Repräsentieren diese unterschiedlichen Gottheiten unterschiedliche Wesensmerkmale des Buddha?

Ja. Wenn wir über die verschiedenen Merkmale der Gottheiten sprechen, gibt es zwei Aspekte des Verständnisses. Ein Aspekt ist, dass diese Gottheiten unterschiedliche Betrachtungsweisen der verschiedenen Qualitäten des Buddha sind. Der andere Aspekt tritt dann zutage, wenn Praktizierende eine bestimmte Form des Buddha als ihre hauptsächliche Meditationsgottheit annehmen und auf dieser Basis meditieren und sich üben. Wenn diese Praktizierenden dann die Erleuchtung erlangen, verwandeln sie sich in diese Gottheit. In diesem Fall sind Meditationsgottheiten wie beispielsweise Tara, Avalokiteshvara oder Manjushri Wesen, die vom Buddha verschieden sind. Doch gleichzeitig sind diese Gottheiten auch Manifestationen des Buddha.

Eure Heiligkeit, wie sollten wir die Zufluchtsobjekte anordnen?
In den buddhistischen Schriften wird dies erklärt. Wenn Sie sich es leisten können, all diese religiösen Objekte und Statuen zu besitzen, dann stellen Sie sie auf. Doch wenn Sie sich das nicht leisten können, spielt das keine große Rolle.

Der große Yogi und Meditierende Tibets, Milarepa, besaß nichts außer ein paar Papierrollen, welche die Anweisungen seines Lehrers Marpa enthielten und die er in seiner Meditationshöhle angebracht hatte. Obwohl Milarepa also fast gar nichts besaß, brach eines Nachts ein Dieb in die Höhle ein. Milarepa lachte und sagte zu dem Dieb: „Wenn ich noch nicht einmal tagsüber irgendetwas in dieser Höhle finden kann, was gibt es dann, was du des Nachts hier finden könntest?" Ein wirklicher Meditierender spürt niemals irgendeinen Mangel an materiellen Dingen.

Ist somit die Motivation der oder des Meditierenden das, worauf es am meisten ankommt?
Ja, richtig. Dazu gibt es die Geschichte eines großartigen Praktizierenden in Tibet. Eines Tages ordnete er seine Opfergaben besonders schön an, setzte sich hin und dachte dann kurz nach: „Warum habe ich dies getan?" In diesem Moment erkannte er, dass er die Opfergaben nur deswegen besonders schön angeordnet hatte, weil er damit einen seiner Wohltäter und Sponsoren beeindrucken wollte, den er an diesem Tag zu Besuch erwartete. Seine unreine Motivation ekelte diesen Praktizierenden dann derart an, dass er eine Handvoll Staub nahm und über die Opfergaben warf.

Ein anderer Meditierender war früher in seinem Leben ein Dieb gewesen. Als er einmal eine Familie besuchte, bemerkte er, wie seine rechte Hand sich wie von selbst nach einem kostbaren Gegenstand ausstreckte. Da ergriff er mit seiner linken Hand die rechte und rief: „Da ist ein Dieb! Da ist ein Dieb!“

Diese Beispiele illustrieren beide eine sehr wirksame Art, sich zu üben, da in jedem Moment das Richtige getan wird. Egal, ob wir nun den Boden fegen, saubermachen, unserer Arbeit nachgehen oder Vorbereitungen für irgendetwas treffen, sollte unsere Motivation stets rein und aufrichtig sein. Beim Saubermachen beispielsweise sollten wir nicht nur den Wunsch nach einem sauberen und ordentlichen Ort haben, sondern auch, unseren Geist zu reinigen und in Ordnung zu bringen. Weltliche Belange sollten in unserer Praxis keine Rolle spielen.

Wenn wir dann die Gottheiten visualisieren, ihnen Opfergaben darbringen und Mantras rezitieren, ist es so, als ob wir Vorbereitungen getroffen hätten, um wichtige Gäste zu empfangen. Wenn wir Gäste erwarten, dann räumen wir normalerweise zuerst auf und putzen unsere Wohnung. Bevor wir meditieren, sollten wir also zuerst unser Zimmer aufräumen. Der Wunsch, dies zu tun, sollte dabei nicht von negativen Geisteszuständen wie Begierde, Hass oder Ähnlichem verunreinigt sein.

Wie und warum treffen wir die Auswahl, wenn wir eine Meditationsgottheit visualisieren?

Dazu möchte ich Ihnen zunächst erläutern, was mit einem Buddha gemeint ist. Der Begriff „Buddha“ stammt aus dem Sanskrit und hat eine tiefgründige Bedeutung, die darauf hinweist, dass der Geist dieses Menschen von allen Verunreinigungen vollkommen gereinigt worden und sein Potenzial in vollem Umfang zur Entfaltung gebracht worden ist.

Eine andere Bezeichnung für den Buddha ist „Tathagata“, der So-Gegangene, derjenige also, der in die Natur der Soheit, der wahren Wirklichkeit, eingegangen und aus ihr gekommen ist. Wenn wir die Bedeutung eines vollkommen erwachten Menschen erklären wollen, der aus der wahren Wirklichkeit entstanden ist, gelangt man zu den drei Körpern eines Buddha. Diese sind der Wahrheitskörper (Dharmakaya), der Freudenkörper (Sambhogakaya) und der Manifestationskörper (Nirmanakaya). In den Schriften des Mahayana können wir sehr detaillierte Beschreibungen dieser drei Körper eines Buddha finden.

Als der Buddha in der Form von Buddha Shakyamuni vor über 2500 Jahren auf diese Welt gekommen ist, hat er aus seinem Wahrheitskörper heraus den Emanationskörper angenommen. Alle großen Ereignisse in seinem Leben, von seiner Empfängnis im Mutterschoß angefangen bis zu seinem Parinirvana, werden als die Taten eines Buddha angesehen. Somit ist Buddha auch noch in der heutigen Zeit anwesend und lebendig.

Der Buddha wird auch als „Sugata“ bezeichnet, als derjenige, der in den Frieden eingetreten ist bzw. derjenige, der den friedvollen Weg zum friedvollen Zustand gegangen ist. Dieses Wort verdeutlicht auch die friedvollen Verwirklichungen, das friedvolle Aufgeben bzw. Beenden der Leiden. Die Buddhanatur, die allen Lebewesen innewohnt, wird auch als Sugata bezeichnet, die Essenz des Buddha.

Der Körper, die Rede und der Geist eines Buddha werden anhand unterschiedlicher Manifestationen erklärt: der Körper als Avalokiteshvara, die Rede als Manjushri und der Geist als Vajrapani. Avalokiteshvara, Manjushri und Vajrapani können auch als die Verkörperung des Mitgefühls, der Weisheit und der Energie (bzw. der stets richtigen Handlung) eines Buddha erläutert werden. Avalokiteshvara, Manjushri und Tara sind friedvolle Gottheiten, wohingegen Vajrapani eine etwas zornvolle Gottheit ist.

Wenn man starken Ärger und starke geistige Kraft verspürt, kann man Handlungen tatkräftiger und wirkungsvoller ausführen. Das ist der Grund, warum es zornvolle Gottheiten gibt. Dem höchsten Yogatantra entsprechend wird dies als „Integration von Begierde und Hass in die Praxis des Weges" bezeichnet. All diese zornvollen Gottheiten werden mit einem dritten Auge der Weisheit auf ihrer Stirn dargestellt, was ein Symbol dafür ist, dass die zornvollen Gottheiten in ihrer Energie nicht blind sind und ihre zornvolle Energie mit Weisheit einsetzen können.

Die Meditationsgottheit Tara kann man auch als den reinigenden Aspekt der Körperwinde oder Energien bezeichnen. Alle verschiedenen Qualitäten eines Buddha, wie Mitgefühl, Weisheit, Kraft usw., hängen vom bewegenden Faktor, der Lebensenergie oder Prana, ab. Tara ist eine weibliche Meditationsgottheit, die der Legende nach großen Wert darauf legte, in ihrer weiblichen Gestalt erleuchtet zu werden, als sie den Wunsch entwickelte, die Buddhaschaft zu erlangen.

Könnten Sie uns bitte durch eine Meditation und Visualisation leiten?

Stellen Sie sich etwa ein bis eineinhalb Meter vor Ihnen im Raum auf der Höhe Ihrer Augen den Buddha als Zufluchtsobjekt vor, aus Licht erschaffen. Wenn wir uns den Buddha und dann die anderen Meditationsgottheiten als aus Licht erschaffen vorstellen, wird das ein Absinken des Geistes und Schläfrigkeit verhindern. Wenn wir uns auf der anderen Seite Buddha und die Gottheiten als etwas Schweres und Solides vorstellen, kann das helfen, geistige Erregung zu vermeiden, die uns ebenfalls ablenken könnte.

Zur rechten Seite des Buddha visualisieren wir den Bodhisattva Avalokiteshvara in einem Körper aus weißer

Farbe, die Reinheit symbolisiert. Manjushri, die Verkörperung von sich erweiternder Weisheit, steht auf der linken Seite des Buddha, und sein Körper ist von gelber Farbe, was Anwachsen und Erweiterung symbolisiert. Das besondere Charakteristikum der Meditation über Avalokiteshvara ist es, dass sich unser Mitgefühl vergrößert, und die Meditation über Manjushri lässt unsere Weisheit anwachsen.

Vor dem Buddha stellen wir uns Vajrapani in seiner leicht zornvollen Gestalt vor. Falls es in Ihrem Leben Hinweise auf unerklärliche oder unsichtbare Hindernisse gibt, wird die Rezitation des Mantra von Vajrapani dabei helfen, diese Hindernisse zu überwinden. Stellen Sie sich als nächstes Arya Tara hinter dem Buddha vor. Übungen für ein langes Leben werden hauptsächlich mithilfe der Meditation auf Tara ausgeführt.*

Im nächsten Schritt stellen wir uns uns selbst und alle Lebewesen vor. Auf unserer rechten Seite befinden sich unsere männlichen Verwandten, beginnend mit unserem Vater, der direkt rechts neben uns ist. Links von uns, beginnend mit unserer Mutter, sind alle weiblichen Verwandten. Hinter uns befinden sich alle anderen Lebewesen, außer unseren Feinden, die sich vor uns befinden. Wir stellen uns all diese Lebewesen in ihrer menschlichen Gestalt vor, in der sie alle die jeweiligen Leiden ihrer jetzigen Wiedergeburt ertragen müssen.

Nun reflektieren wir darüber, dass all diese uns umgebenden Lebewesen, genau wie wir selbst, ein großes Verlangen nach Glück haben und Leiden so gut es geht vermeiden wollen. Wir visualisieren vor uns besonders

* Bildliche Darstellungen dieser und anderer Meditationsgottheiten finden sich in: John Landaw/Andy Weber: *Bilder des Erwachens. Tibetische Kunst als innere Erfahrung.*

diejenigen Menschen, die wir als unsere Feinde bezeichnen und von denen wir glauben, dass sie uns schaden wollen und denken: „Diese Menschen sind von gleicher Natur wie ich selber. Genau wie ich auch möchten sie Glück erlangen und Leiden vermeiden."

Wenn wir eine negative Haltung und schädliche Gefühle gegenüber diesen Menschen, unseren sogenannten Feinden, entwickeln, wird das ihnen ohnehin keinen Schaden zufügen, sondern nur uns selbst unseres Seelenfriedens berauben. Wenn wir mit unseren negativen Gefühlen unseren Feinden wirklich schaden könnten, wäre das aus der Sicht unsres Hasses vielleicht sogar lohnend. Doch das ist nicht der Fall.

Aus diesem Grund und damit wir eine positivere Haltung ihnen gegenüber entwickeln können, visualisieren wir unsere Feinde ganz bewusst vor uns, und nicht etwa aus einer argwöhnischen Wachsamkeit heraus. Mit all den Lebewesen um uns herum und den Zufluchtsobjekten vor uns rezitieren wir dann folgende heilige Formel mit einer tiefen Aufrichtigkeit 3- oder 21-mal oder so oft wir können:

Namo Buddhaya
Namo Dharmaya
Namo Sanghaya

(Auf Deutsch: Verehrung sei dem Budhha, Verehrung sei dem Dharma, Verehrung sei der Sangha).

Wenn Sie das möchten, wenn Sie die Zeit dazu haben, und wenn Sie den Wert davon spüren, können Sie dabei folgende Übung durchführen: Während Sie diese Verehrungs- und Zufluchtsformel mit aufrichtiger Motivation, einer mitfühlenden Geisteshaltung und Vertrauen in die Zufluchtsobjekte sprechen, stellen Sie sich vor, wie diese Zufluchtsobjekte vor Ihnen Lichtstrahlen aussenden, die Ihren eigenen Körper und die Körper aller anderen Lebewesen um Sie herum durchdringen. Stellen Sie sich vor, wie diese Lichtstrahlen alle negativen Geisteszustände, wie Hass, Begierde, Unwissenheit und dergleichen, sowohl in Ihnen selbst als auch in allen anderen Lebewesen vollständig auflösen.

Warum ist die Meditationsgottheit Tara besonders hilfreich gegen Krankheiten und für ein langes Leben, und wie stellt man sich die Lichtstrahlen vor, wenn man sie visualisiert?

Es gibt in vielen Texten Erläuterungen über das Zustandekommen unterschiedlicher Aktivitäten. Genauso wie Avalokiteshvara als Verkörperung des Mitgefühls angesehen wird und Manjushri als die Verkörperung der Weisheit, wird Tara als die Verkörperung von Lebensenergie, Prana, angesehen und verehrt. Für ein möglichst langes Leben eines Menschen sind das Zusammenspiel und die Kontinuität dieser inneren Winde oder Lebensenergien von großer Bedeutung. Ich glaube, dass zwischen den Energien oder Winden in unserem Körper und unserem Lebensalter ein Zusammenhang besteht, und daher gibt es einige Übungspraktiken für die Verlängerung des Lebens, während deren man zeitweise den Atem anhält.

Wenn wir die Visualisation dieser Tara-Praxis durchführen, stellen wir uns am Herzen von Tara den Kreis ihres Mantra vor. Von diesem Kreis des Mantra von Tara gehen Lichtstrahlen aus, die sich in unseren eigenen Körper hinein auflösen, besonders in die Stellen, an denen wir Schmerzen haben. Diese Lichtstrahlen stellen wir uns je nach den Krankheiten, unter denen wir leiden, als entweder heiß oder kalt vor.

Sind Visualisationen zwingend notwendig? Ich persönlich würde Einfachheit bevorzugen, sowohl äußerlich als auch geistig.

Das hängt vom jeweiligen Menschen ab. Viele Fragen können auftauchen: „Was für eine Art von Meditation? Meditation über die Natur des Geistes, ohne viel zu denken? Einfache Konzentration auf die Natur des Geistes? Welche Ebene dieser Natur des Geistes?“

Ein Aspekt der Natur des Geistes ist farblos und formlos, hat jedoch die Eigenschaft, Gegensätzliches zu reflektieren. Dies können wir nicht begreifen oder uns vorstellen, genauso wenig wie wir eine Form, die sich in einem klaren Spiegel widerspiegelt, greifen können. Doch wenn die eigentliche Form verschwindet, dann verschwindet auch die Reflexion im Spiegel.

So verhält es sich auch mit dem Geist. Der Geist reflektiert das Objekt. Das ist eine Ebene der Natur des Geistes. Für solch eine Meditation ist es nicht notwendig, Hingabe und dergleichen zu entwickeln. Konzentrieren Sie sich einfach täglich darauf, und es werden Verbesserungen auftreten.

Doch hier ist Bodhicitta unser Ziel, eine besondere Form von Uneigennützigkeit und Nächstenliebe, die ein Verstehen von Leerheit beinhaltet. Dies bereitet uns auf die Übung des Gottheitenyoga vor. Wenn wir eine Einweihung in eine bestimmte Gottheit erhalten haben, stellt dies die Grundlage für den Gottheitenyoga dar, bei dem wir uns selbst als diese Gottheit visualisieren, die aus der Leerheit entsteht und sich wieder in die Leerheit hinein auflöst.

Sie sagen, dass Bodhicitta und höhere Wahrheiten unser Ziel sind und dass wir die Gottheiten als Mittel benutzen können, um dorthin zu gelangen. Benötigen wir immer Mittlersymbole, wenn wir uns auf die höheren Ebenen hinaufarbeiten?

Es gibt Menschen, die spontane Verwirklichungen haben können. Für sehr wenige außergewöhnliche Praktizierende ist dies möglich. Es wird gesagt, dass für derartige Praktizierende die Verwirklichung und die Befreiung gleichzeitig kommen.

Lassen Sie uns die Meditation auf Bodhicitta als Beispiel nehmen. Der Fortschritt auf diesem Weg hängt vom eigenen Verdienst ab. Wenn nun zwei oder drei Menschen dieselben Unterweisungen anwenden, einen vergleichbaren Wissensstand haben und versuchen, das gleiche Ziel zu erreichen, wird es Unterschiede in den Ergebnissen geben, obwohl die Ausgangsposition die gleiche gewesen ist. Es könnte sein, dass in der geistigen Haltung eines dieser Praktizierenden eine größere Veränderung auftritt, während die anderen sich nur langsam verändern, obwohl die Umstände und Bedingungen die gleichen gewesen sind.

Wissen und Erfahrungen sind also unterschiedliche Dinge. Wissen kann mithilfe von Unterweisung, durch Lesen und Nachdenken erlangt werden. Doch um zur eigentlichen Erfahrung zu gelangen, benötigen wir Verdienst aufgrund von heilsamen Handlungen. Menschen, die einen großen Vorrat an Verdienst entweder aus diesem oder aus vergangenen Leben haben, fallen die Dinge einfach in den Schoß. Das ist ein Grund, warum wir Niederwerfungen darbringen oder andere heilsame Handlungen ausführen, da wir dadurch unsere Verdienste vermehren. Das ist die Vorbereitung. Wenn Sie dann die eigentliche Meditationspraxis ausführen, wird Ihnen dies leichter von der Hand gehen.

Es ist richtig, was Sie gesagt haben, dass Gottheitenyoga künstlicher oder simulierter Yoga ist. Durch simulierten Yoga erlangen wir schließlich spontanen Yoga.

Aber ist das notwendig?

Um zu spontanem und nicht-simuliertem Yoga zu gelangen, müssen wir den Prozess und die Stadien von simuliertem und künstlichem Yoga durchlaufen. Das ist der Grund, warum der Buddha innerhalb der tantrischen Lehren gesagt hat, dass simulierter oder künstlicher Yoga das Boot sei, mit dem wir den Fluss überqueren können, um an das jenseitige Ufer der Erleuchtung zu gelangen. Der Zweck davon, ins Boot einzusteigen, ist es nicht, bloß damit herumzufahren, sondern es zu benutzen, um ans andere Ufer zu gelangen. Wenn Sie einmal das Ufer des spontanen Yoga erlangt haben, können Sie das Künstliche hinter sich lassen. In diesem Zusammenhang hat ein tibetischer Meister einmal gesagt, dass wir das Boot zwar früher oder später hinter uns lassen müssen, dass der richtige Zeitpunkt dafür aber der ist, wenn wir ans andere Ufer gelangt sind, und nicht, wenn wir uns noch am diesseitigen Ufer befinden. Doch das hängt vollständig von der Erfahrung des einzelnen Menschen ab.

Einigen tibetischen Traditionen entsprechend ist eine direkte Erfahrung der absoluten Reinheit des Bewusstseins durch direktes Erkennen möglich. Auch in diesen Traditionen benutzen wir konzeptuelles Denken, wenn wir mit unseren Bemühungen und Untersuchungen anfangen. Der weitere Weg ist dann ohne jegliche Unruhe des Geistes, mithilfe von grundlegendem Bewusstsein, eine Art von Gleichzeitigkeit und außergewöhnlicher Erfahrung. Diese direkte Erfahrung ist einfach und äußerst kraftvoll. Doch der Weg dahin ist schwer, auch wenn meine eigenen Erfahrungen hierin sehr begrenzt sind.

Wenn man eine derartige Erfahrung hat in solchen äußerst klaren Momenten, erinnert man sich an die Begebenheiten aus früheren Leben, nicht nur eines früheren Lebens, sondern von Hunderten früheren Leben. Wenn solche Erinnerungen auftauchen, manifestiert sich ein äußerst subtiles Erfahrungsbewusstsein.

Manchmal treten solche Geisteszustände nach Phasen großer Hingabe oder nach vielen Jahren harter Arbeit auf, nachdem wir beispielsweise 100.000 Niederwerfungen ausgeführt, 100.000 Mandalas geopfert oder das 100-silbige Mantra von Vajrasattva 100.000-mal rezitiert haben. Das ist harte Arbeit, eine rigorose Praxis, und dann können in einigen besonderen Augenblicken spontane Erfahrungen auftreten. Direkte Erfahrung ist also das eigentliche Ziel. Doch wenn wir uns nicht gründlich vorbereiten, wird nichts passieren.

Warum ist es notwendig, die Auflösung der Gottheiten in die Leerheit zu visualisieren?

Dasselbe Bewusstsein, das die Leerheit erkennt, erscheint auch als die Gottheit. Daher visualisieren wir die Gottheit als aus der Leerheit entstehend und lösen sie dann wieder in die Leerheit hinein auf. Dies hilft uns in der Übung, alles als eine Manifestation der Leerheit zu erkennen. Dies bezieht sich auf die Leerheit von inhärenter Existenz. Diese Erscheinung der Leerheit, dieses Bewusstsein, das die Leerheit visualisiert, sollte als die Gottheit angesehen werden.

Auf der Ebene visuellen Bewusstseins erscheinen die Gottheiten in ihrer einfachen, weltlichen Form. Wirkt sich das nicht störend auf das Bewusstsein der Leerheit aus, das wir ja letzten Endes zu erreichen suchen?

Obwohl wir auf der Ebene unseres Sinnenbewusstseins diese gewöhnliche Erscheinung haben, reden wir hier über die Erscheinung der Gottheiten in ihrer reinen Form auf der Ebene des geistigen Bewusstseins. Denn die Faktoren, die wir während der Entwicklungsphase des Gottheitenyoga durch Übung aufgeben wollen, sind gewöhnliche Erscheinungen und unsere gewöhnlichen Wahrnehmungen. Diese gewöhnlichen Erscheinungen sind aber nicht die, die wir auf der Ebene unseres Sinnenbewusstseins haben und die wir ja sowieso nicht verhindern können. Wir reden hier über die gewöhnlichen Erscheinungen der Phänomene auf der Ebene des geistigen Bewusstseins.

Wie wir bereits bei der Meditation des Ruhigen Verweilens erörtert haben, kultivieren wir hier nicht Einsgerichtetheit auf der Ebene unseres Sinnenbewusstseins, sondern auf der Ebene unseres geistigen Bewusstseins. Das geschieht durch unser geistiges Bewusstsein. Ganz gleich, was wir mit unseren eigenen Augen sehen, wenn wir uns bemühen, ein Bild von etwas anderem entstehen zu lassen, können wir dieses Bild in unserem Bewusstsein visualisieren.

Vierzehntes Kapitel

Die Kunst der tibetischen Geistesschulung

Eure Heiligkeit, in der tibetischen Tradition gibt es hoch entwickelte Techniken für das Geistestraining. Glauben Sie, dass man den Geist auf ähnliche Weise wie den Körper trainieren und schulen kann?

Aus persönlicher Erfahrung kann ich Ihnen versichern, dass es durchaus möglich ist, unseren Geist mithilfe von gezielten Übungen zu verändern. Als ich noch jung war, war ich ziemlich unbeherrscht und leicht reizbar. Ich habe oft meine Beherrschung verloren, auch wenn dies niemals lange angedauert hat. In der Zwischenzeit hat sich das mithilfe von Übungen verändert, vielleicht auch aufgrund meines Alters. Jetzt kommen und gehen die Launen und Anhaftungen, ohne dass sie meine grundlegende geistige Haltung als Mönch beeinflussen. Der Geist ist wie ein Ozean: Auf der Oberfläche kommen und gehen die Wellen, doch unten in der Tiefe ist es immer ruhig und still.

Die Auflösung unserer negativen Emotionen ist ziemlich schwierig. Dafür braucht es große Anstrengungen, viel Meditation und eigenes Zutun. Es ist aber möglich, die Intensität unserer negativen Gefühle schrittweise zu verringern. Die alten Schriften und die darin erläuterten Methoden und Techniken sind auch in unserer heutigen Zeit von Bedeutung, unabhängig davon, ob man nun gläubig ist oder nicht.

Es gibt Menschen, die glauben, dass Geld all unsere menschlichen Probleme lösen könne. Ich denke aber, dass die Antworten auf viele unserer Probleme nicht im Äußeren zu finden sind. Auch wenn die materialistische Entwicklung natürlich wichtig ist und der Menschheit Nutzen gebracht hat, sind spirituelle Werte ebenso wichtig, wenn nicht gar von größerer Bedeutung.

Wir sollten unseren eigenen spirituellen Reichtum nicht vernachlässigen. Dieser innere Reichtum ist eine Kombination aus materieller Entwicklung, körperlichem Wohlergehen und auch geistigem Wohlergehen mithilfe spiritueller Schulung. Das sollte nicht nur auf Inder oder Tibeter begrenzt sein, sondern auf die Menschheit als Ganzes ausgedehnt werden. Um ein ausgewogenes Gleichgewicht zu erlangen, müssen materieller und spiritueller Fortschritt Hand in Hand gehen.

Warum soll ich meinen Geist schulen und verändern, und was ist der Nutzen davon?

Wir sollten uns sowohl über die Vorteile als auch über die negativen und schädlichen Wirkungen unseres Geistes im Klaren sein. Wir sollten erkennen, dass Mitgefühl, liebende Güte, Zufriedenheit und Vergebung einen großen Nutzen haben und dass es auf der anderen Seite Hass, Unzufriedenheit und Anhaftung gibt, die uns Probleme verursachen.

Sogar in Bezug auf unsere körperliche Gesundheit werden wir umso gesünder, je mitfühlender unsere geistige Haltung ist. Mitgefühl verleiht uns innere Kraft und Selbstvertrauen, die wiederum zu innerer Ruhe führen. Auf der anderen Seite sind Wut und Hass äußerst schädlich für die Entwicklung von innerer Ruhe und Selbstvertrauen.

Wenn unsere geistige Haltung gegenüber anderen negativ ist, dann nehmen die anderen uns gegenüber automatisch auch eine eher negative Haltung ein. Das führt zu mehr Angst und Zweifel. Das Ergebnis davon ist Unbehagen, Unsicherheit und Unzufriedenheit, geistige Zustände also, die sich negativ auf unsere Gesundheit auswirken.

Mit dem Geist verhält es sich wie mit einem erfolgreichen Leben oder wie mit einer glücklichen Familie, wo auch die unterschiedlichsten Emotionen eine Rolle spielen. Je aufgeschlossener und mitfühlender unsere geistige Ausrichtung ist, desto mehr Glück wird das unserem Zuhause und unserer Gemeinschaft bringen. Doch Wut und Anhaftung sind auch wichtige Emotionen und Teil unseres täglichen Lebens, ohne die unser Leben farblos werden würde. Wenn wir nicht die Kontrolle über sie verlieren, dann wird unser Leben mit diesen zusätzlichen Emotionen farbenfroher.

Erleben Sie diese Art von Gefühlen auch manchmal?

Oh ja! Manchmal, natürlich! Wenn wir achtsam mit diesen Emotionen umgehen, dann wird unser Geist stabiler. Daraus resultierend wird auch unsere körperliche Verfassung stabiler. Zu viele Höhen und Tiefen sind nicht gut für den Körper.

Es ist somit sehr einfach, die Trennlinie zwischen positiven und negativen Emotionen zu ziehen: Wir alle haben den Wunsch, ein glückliches und ertragreiches Leben zu führen, und wir alle streben nach Glück als unserem eigentlichen Lebensziel. Positive Emotionen sind die Emotionen, die zu Glück, Frieden und Gelassenheit führen. Negative Emotionen hingegen sind die Emotionen, die einem selbst und anderen Leiden verursachen.

Eure Heiligkeit, die Traditionen des Westens wenden hauptsächlich zwei Strategien an, um geistige Leiden und Qualen zu überwinden: entweder Medikamente, um die biochemischen Abläufe im Gehirn positiv zu beeinflussen, oder aber Therapie, in welcher ein Klient mit dem Therapeuten über Probleme und verborgene Ängste spricht. Was ist die tibetische Tradition, um den Geist zu schulen, damit wir unsere Leiden verringern können?

Das hängt grundsätzlich vom jeweiligen Fall ab. Menschen, die unter schwerwiegenden körperlichen Problemen leiden, sollten ärztliche Hilfe suchen. Wenn die Probleme rein seelischer Natur sind, gibt es die Möglichkeit, über das, was einen bedrückt, zu sprechen. Wenn man beispielsweise in der Vergangenheit schlimme Erfahrungen gemacht hat, die jetzt immer noch Furcht oder Unwohlsein verursachen, dann kann es durchaus hilfreich sein, darüber zu sprechen und sich mit anderen auszutauschen.

Hass, Wut, Begierde und Neid sind grundlegende negative Emotionen, die immer stärker werden, wenn wir sie nicht im Griff haben. Aus meiner eigenen Erfahrung kann ich Ihnen versichern, dass wir zu diesen negativen Emotionen etwas Distanz schaffen können, sobald wir ihren negativen und schädlichen Einfluss einmal erkannt haben. Allein schon diese Einstellung hat bereits einen schwächenden Einfluss auf die negativen Emotionen. In einigen Fällen ist es daher besser, die eigenen Gefühle selber in den Griff zu bekommen.

Seelische Krankheiten wie Depressionen und dergleichen treten heutzutage vermehrt auf. Die westliche Medizin setzt hier Medikamente ein, um durch Veränderungen der molekularen Abläufe im Stoffwechsel eine Linderung oder Heilung herbeizuführen. Sie hingegen empfehlen die Übung in Mitgefühl als ein „Medikament", um Veränderungen zu bewirken. Wie bringen Sie die Übung der Meditation mit dem Einsatz von pharmazeutischen Mitteln, die unseren geistigen Zustand verändern, in Einklang?

Es mag ein wenig extrem sein, sich vollständig auf Meditationstechniken zu verlassen, um unseren Geist zu schulen. Andererseits denke ich, dass es ebenfalls ein wenig extrem ist, sich lediglich auf äußerliche Mittel zu verlassen. Wir Menschen sind mit einer einzigartigen Intelligenz ausgestattet, die wir in ihrer ganzen Fülle ausschöpfen sollten, um Krankheiten und ganz besonders geistige Leiden zu verringern.

Unser menschliches Gehirn ist wie ein Atomkraftwerk, dessen ungeheure Kraft wir positiv oder aber negativ anwenden können. Menschliche Intelligenz und Verstandeskraft sind von unermesslichem Nutzen, wenn wir sie richtig einsetzen. Meditation kann auch für Menschen, die unter geistigen Krankheiten leiden, von unermesslichem Nutzen sein.

Wenn wir einem Problem gegenüberstehen, das uns plagt und Leiden verursacht, dann ist es am besten, diesem Problem entgegenzutreten und es aus unterschiedlichsten Winkeln in Angriff zu nehmen, um so unsere Leiden zu verringern. Auch wenn das Problem nicht gelöst werden kann und weiterhin bestehen bleibt, kann unser Geist dennoch ein gewisses Maß an Ruhe und Frieden erlangen, wodurch wir mit dem Problem positiver und effektiver umgehen können.

Eure Heiligkeit, was ist Tantra, besonders im Kontext des Buddhismus? Existierte Tantra bereits zur Zeit des historischen Buddha, oder hat es sich erst später entwickelt?

Tantra ist eine besondere Form der Geistesschulung, und im Allgemeinen wird angenommen, dass es sich erst später entwickelt hat. Es gibt sogar eine Lehrmeinung, nach der nicht einmal das Mahayana direkt vom Buddha selbst gelehrt wurde. Wenn man aber die Lehren des Mahayana nicht als authentische Lehren des Buddha akzeptiert, dann kann man auch die Buddhaschaft selbst in Frage stellen. Daher und mithilfe logischer Schlussfolgerungen können wir den Schluss ziehen, dass das Mahayana eine authentische Lehre des Buddha ist. Der einzige Unterschied zu den grundlegenden buddhistischen Lehren besteht darin, dass der Buddha die Lehren des Mahayana nur ausgewählten Zuhörern und nicht in öffentlichen Unterweisungen vermittelt hat. Die Lehren des Mahayana waren daher eine Zeit lang geheim.

Die tantrischen Lehren sind im Vergleich dazu noch geheimer. Das hängt auch davon ab, wie das Karma der Praktizierenden zur Reife gelangt. Dabei ist es nicht notwendig, die Entstehung der tantrischen Lehren auf die historische Zeit von Buddha Shakyamuni zu begrenzen. Aus der Sicht des Mahayana wird Buddha Shakyamuni als noch immer lebendiges Wesen betrachtet, auch wenn er im indischen Kushinagar gestorben ist. Es gibt Biographien von vielen Menschen, die auch nach Buddhas Tod noch direkte Belehrungen vom ihm erhalten haben. In einigen Fällen erschien Buddha Shakyamuni als Mönch, in anderen Fällen in transzendenter Form als Vajradhara oder als eine Gottheit inmitten ihres Mandala.

Sie haben über Mantras gesprochen und über die Wirkungen, die Mantras haben können. Einige Mantras helfen uns beispielsweise, unser Denken zu vertiefen, andere, unsere Konzentration zu verbessern. Ich frage mich, wie die bloße Abfolge von Worten und der Klang eines Mantra derlei Auswirkungen haben sollen?

Die mündliche Wiederholung des Mantra und sein Klang beruhen auf den einzelnen Silben des Mantra. Das ist die wörtliche Ebene des Mantra. Manche Menschen, besonders die Tibeter, zählen die gesprochenen Mantras auf einer Gebetskette (Mala) mit und laufen dabei oft im Uhrzeigersinn um einen heiligen Ort herum. Das ist die Ebene des Mantra, die unseren Körper betrifft. Wenn wir das Mantra rezitieren, reflektieren wir über die Bedeutung des Mantra. Das ist die Ebene, die am wichtigsten ist und am tiefsten geht, nämlich die geistige. Im Tantra sind Mantras Bestandteil von Techniken der Visualisation und Meditation und haben so eine besonders starke positive Wirkung. Wie die Rezitation eines Mantra solche Wirkungen hervorbringt, lässt sich nur schwer beschreiben. Ich glaube aber, dass sich unser Verdienst vergrößert, wenn wir Mantras richtig rezitieren.

Stimmt es, dass die Schwingungen bestimmter Mantrasilben die Energie in uns und um uns herum beeinflussen?

Ja, das ist möglich. Und noch etwas anderes: Der Segen des Mantra spielt natürlich auch eine Rolle. Ein Mantra wurde von bestimmten erleuchteten Kräften gelehrt, und im Verlauf der Zeit haben viele Menschen dieses Mantra praktiziert. Ich glaube daher, dass ein Mantra Segen in sich trägt. Heilige Orte beispielsweise sind auch von bestimmten Menschen und Kräften gesegnet worden, und später kann sich dieser Segen auf diejenigen Menschen übertragen, die diese Orte besuchen. Das ist auch bei Mantras möglich.

Wenn wir innerhalb des Tantra Übungen des Windyoga ausführen und uns dabei bestimmte Energiekanäle in unserem Körper vorstellen, dann gibt es da enge Beziehungen mit Mantras, die man genauer erklären kann. Die größte Wirkung durch die Rezitation eines Mantra entsteht daher im höchsten Yogatantra, wenn man die Yogas der Winde und Kanäle praktiziert. Das ist eine mögliche Betrachtungsweise, andere kenne ich nicht.

Das Wort „Mantra" kommt aus dem Sanskrit, bedeutet „Schutz des Geistes" oder „Transformation des Geistes" und hat somit etwas Positives und Kreatives. Es gibt aber auch Geschichten über Menschen mit bösen Absichten, die Mantras dazu benutzen, um anderen Menschen Schaden zuzufügen. Gibt es diese Möglichkeit? Und falls dies möglich ist, wäre das dann nicht ein Widerspruch in sich selbst?

Diese Möglichkeit gibt es. Wenn wir im Zusammenhang eines Mantra oder Yantra über unterschiedliche Aktivitäten wie Friede, Vergrößerung, Einfluss, Zorn usw. sprechen, gibt es die unterschiedlichsten Menschen, die diese Praktiken ausführen. Einige Praktizierende verfügen über keinerlei tiefe Kräfte der Konzentration, andere haben kein Mitgefühl und wiederum andere kein Verständnis der Leerheit. Solche Praktizierende können mithilfe bestimmter Techniken durchaus Schaden anrichten, aber solche negativen Kräfte sind sehr begrenzt.

Mantras werden in vielen verschiedenen Praktiken angewendet, und es gibt sehr unterschiedliche Mantras: Einige wurden von Buddha in seiner transzendenten Form als Vajradhara gelehrt, andere wurden von weltlichen Gottheiten vermittelt. Das wohl bekannteste Mantra des tibetischen Buddhismus ist „Om mani padme hung", das Mantra von Avalokiteshvara (tibetisch: Chenresig), dem Bodhisattva des Mitgefühls, und seiner Praxis.

Es ist manchmal nicht einfach, zwischen buddhistischen und nicht-buddhistischen Mantras zu unterscheiden. Das wichtigste Unterscheidungsmerkmal aber ist, ob bei einem Mantra und der dazugehörigen Praxis die beiden Faktoren der Weisheit und des Mitgefühls vorhanden sind: Weisheit, welche die Leerheit erkennt, und Mitgefühl, für das Wohl aller Lebewesen die Erleuchtung zu erlangen und dafür diese besondere Praxis auszuführen. Allein vom Mantra her betrachtet, ist es schwer, diese Unterscheidung zu treffen.

Es gibt Gottheiten, Mandalas und Mantras, die auf der Theorie von Atman beruhen und somit nicht-buddhistisch sind. Diejenigen Gottheiten, Mandalas und Mantras, die auf der Leerheit und der Lehre des Nicht-Selbst (Anatman), beruhen, sind jedoch buddhistisch.

Fünfzehntes Kapitel

Die Wissenschaft des Geistes

In Bezug auf geistige Leiden und ihre Heilung gibt es keine einheitliche westliche Sichtweise. In den westlichen Anschauungen gibt es jedoch gewisse Gemeinsamkeiten, die auf die radikale Zeit zurückgehen, als Sigmund Freud und C. G. Jung den „Geist" als etwas untergetauchtes Verborgenes ansahen, von dem uns nur wenig bewusst wird, das meiste jedoch unbewusst bleibt. Und heute scheinen die vorherrschenden Lehrmeinungen des Westens auf dem Modell der Neurologie zu beruhen, das den „Geist" auf die körperlichen Prozesse im Gehirn reduziert.

Viele westliche Pioniere der Wissenschaft kritisieren die östliche Herangehensweise an den „Geist" als metaphysisch und transzendent statt wissenschaftlich und empirisch. Selbst C. G. Jung, der buddhistisch-indischem Gedankengut offen und wohlwollend gegenüberstand, betonte immer wieder, dass seine „Arbeit empirisch-wissenschaftlich und nicht spekulativ" sei. Was sind Ihre Gedanken hierzu?

Ich glaube, dass einige westliche Sichtweisen, die von Jung und Freud mit eingeschlossen, in der Hinsicht falsch liegen, dass sie indisch-buddhistisches Denken für etwas Metaphysisches halten. Das entspricht nicht ganz der Realität. Die Essenz der buddhistischen Vorstellung über den Geist ist „Verinnerlichung": dass es da etwas im Inneren gibt, das Leiden hervorruft, das aber auch Leiden beseitigen kann. Leiden kommt daher nicht von außen und wird nicht von Göttern, Geistwesen, Gespenstern, Gestirnen oder dergleichen hervorgerufen. Im hinduistischen System gibt es die fünf zerstörerischen Leidenschaften, und die Buddhisten bezeichnen die Unwissenheit (Avidya) als das grundlegende Geistesgift, aus dem heraus alle anderen Geistesgifte und leidbringenden Emotionen entstehen. Es spielt sich also alles in unserem Inneren ab, und das entspricht in gewisser Weise der modernen psychologischen Vorstellung über den Geist.*

Eure Heiligkeit, könnten Sie uns bitte die buddhistische Lehrmeinung über den Geist erläutern?

„Geist" ist ein sehr schwieriger Begriff, und es gibt unterschiedliche Bedeutungsnuancen, die in diesem Wort mitschwingen, welche sich in Kürze nur schwer erklären lassen. Hier sind einige grundlegende buddhistische Erläuterungen zu diesem Begriff.

Die beiden grundlegenden Eigenschaften des Geistes sind seine leuchtende Klarheit und seine Erkenntnisfähigkeit. In den buddhistischen Schriften finden wir detaillierte Analysen über die unterschiedlichen Geistesfaktoren. Es gibt zwei Hauptarten des Geistes: den gröberen Geist, der vom physischen Körper abhängt, und den subtileren Geist, der unabhängig vom physischen Körper existiert.

Die gröberen Ebenen des Geistes sind ein Produkt der Vorgänge in unserem Körper. Solange unser Gehirn arbeitet und funktioniert, sind auch diese gröberen Geistesarten aktiv, und wenn unser Gehirn aufhört zu funktionieren, hören auch diese Geistesarten auf. Diese Geistesarten sind

* Ein tieferer Einblick in den Austausch des Dalai Lama mit Psychologen und anderen Wissenschaftlern findet sich in: Daniel Goleman: *Die heilende Kraft der Gefühle. Gespräche mit dem Dalai Lama über Achtsamkeit, Emotion und Gesundheit* sowie: Jeremy W. Hayward / Francisco Varela (Hrsg.): *Gewagte Denkwege. Wissenschaftler im Gespräch mit dem Dalai Lama* (A.d.Ü.).

also physischer Natur und beruhen auf den neurologischen Abläufen und Prozessen in unserem Gehirn.

Die subtileren Ebenen des Geistes haben keine direkte Beziehung zur körperlichen Ebene und haben somit andere grundlegende Ursachen als die gröberen Ebenen des Geistes. Normalerweise sind wir uns über unsere sehr subtilen Geistesarten gar nicht bewusst. Es gibt hier eine sehr subtile Energie, die uns von unserem Körper trennen kann. Aber, offen gesagt, lässt sich das nur schwer beweisen, und es ist auch nicht leicht, darüber zu sprechen, wenn man keine eigenen Erfahrungen in der Meditation hat.

Es ist schon vorgekommen, dass Praktizierende gestorben sind und für klinisch tot erklärt wurden, ihr Körper aber noch über einige Tage hinweg völlig frisch geblieben ist, ohne jegliche Anzeichen von Verwesung aufzuweisen. Der Körper meines eigenen Lehrers beispielsweise blieb dreizehn Tage lang nach seinem Tod in solch einem Zustand. In den frühen 1970er Jahren gab es einen Praktizierenden, dessen Körper siebzehn Tage lang nach seinem Tod frisch blieb, ohne Anzeichen von Verwesung.

Wie können wir uns das erklären? Wir erklären das so, dass der Körper so lange frisch bleibt, solange der subtile Geist noch im Körper ist, auch wenn die Herz-, die Hirn- und die anderen Körperfunktionen bereits aufgehört haben. Sobald dieser subtile Geist dann den Körper verlässt, gibt es auch keine subtilen Möglichkeiten mehr, den Körper zu beeinflussen. Gewöhnlich tritt dann an bestimmten Stellen ein wenig Flüssigkeit aus dem Körper, und innerhalb von Minuten treten deutliche Anzeichen von Verwesung auf.

Das ist eine kurze Erklärung zum Geist. Obwohl wir immer wieder die Worte „Geist“, „Bewusstheit“ oder „Bewusstsein“ verwenden, gibt es manchmal eine Tendenz dazu, diese Begriffe ohne tiefes Verständnis darüber, was mit ihnen gemeint ist, zu verwenden.

Eure Heiligkeit, was ist das Selbst, das Geist und Körper bestimmt?

In den buddhistischen Schriften wird gesagt, dass das Selbst nur in Abhängigkeit von den Aggregaten existiert und nicht als etwas, das von den Aggregaten unabhängig ist oder außerhalb von diesen zu finden ist. Nicht alle buddhistischen Schulen akzeptieren ein unabhängiges, teileloses, beständiges Selbst. Alle buddhistischen Schulen basieren aber auf den vier buddhistischen Siegeln, von denen das dritte besagt, dass alle Phänomene leer und ohne inhärentes Selbst sind.

Dennoch gibt es einige buddhistische Schulen, die die Existenz eines Selbst postulieren und das Selbst mit den fünf Aggregaten gleichsetzen. Andere Schulen, die es schwierig finden, das Selbst mit unserem gewöhnlichen Bewusstsein gleichzusetzen, das ständig zwischen Heilsamem und Unheilsamem hin- und herschwankt, postulieren ein völlig anderes Bewusstsein, das die Qualität eines neutralen und allzeit präsenten Bewusstseins hat, und nennen es das Basisbewusstsein. Diese Schulen identifizieren das Selbst mit allen fünf Aggregaten oder mit irgendeinem der fünf Aggregate.

Der buddhistische Gelehrte Chandrakirti sagt, dass die Aggregate wie die Besitztümer des Selbst und nicht das Selbst an sich sind. Wären die Aggregate das Selbst, wären die Person, die diese Aggregate besitzt, und diese Besitztümer, also die Aggregate, ein und dasselbe.

Wir haben ein uns angeborenes Gefühl, dass dieser unser Körper „mir" gehört, und sagen „mein Körper". Somit können wir diesen Körper auch als etwas postulieren, das unserem Selbst gehört oder an dem es sich erfreut. Auf ähnliche Weise können wir unseren Geist als etwas betrachten, das dem Selbst gehört. Daher müsste das Selbst eigentlich etwas sein, das von unserem Geist und Körper verschieden ist. Wenn wir dieses Selbst aber mittels logischer Untersuchungen ausfindig zu machen versuchen, können wir dieses Selbst als etwas, das von Körper und Geist verschieden ist, nicht finden.

Wenn auf der anderen Seite dieses Selbst nicht existierte, gäbe es aber überhaupt keine menschlichen Wesen, und unsere Diskussion hier wäre sinn- und zwecklos. Unabhängig davon, ob wir das Selbst mittels logischer Untersuchungen finden können oder nicht, gibt es doch unsere unumstößliche Wahrnehmung eines Selbst. Obwohl das Selbst existiert, können wir es dennoch nicht finden, wenn wir danach suchen, und das ist ein deutlicher Hinweis darauf, dass das Selbst nicht unabhängig und nicht aus sich selbst heraus existiert.

Wenn das Selbst also nicht substantiell und greifbar ist, ist es dann eine Illusion, ein Traum? Oder hat es doch irgendeine Realität, die wirklich existiert?

In der Tat kann die Frage aufkommen, ob der Mensch, der in einem Traum erscheint, ebenfalls nur eine Zuschreibung ist wie das „Ich" und es somit keinen Unterschied zwischen unserem Selbst und einer Traumgestalt gibt.

Die Antwort hierauf ist, dass beide von der Seite des Objektes her gesehen nicht wirklich existieren. In dieser Hinsicht sind die Traumgestalt und unser Selbst identisch. Es gibt jedoch einen Unterschied in Bezug darauf, wie diese beiden als Zuschreibung existieren. Gültige Erkenntnis, welche die inhärente Existenz einer Person zu widerlegen sucht, kann niemals irgendeinen Schaden anrichten, und auch Weisheit, die nach ihrer letztendlichen Natur sucht, kann die Person nicht als solche widerlegen.

Obwohl unser Traumbewusstsein die Erscheinung im Traum als einen Menschen wahrnimmt, können andere Bewusstseinszustände, zum Beispiel unser Wachbewusstsein, dessen Existenz widerlegen. Obwohl wir selbst und der Traummensch in der Hinsicht gleich sind, dass beide nicht wirklich als Objekt existieren, gibt es einen Unterschied darin, dass eine Sichtweise durch ein anderes Bewusstsein widerlegt werden kann, der umgekehrte Prozess aber nicht möglich ist. Daher existiert unser Selbst auf konventioneller Ebene, der Traummensch hingegen nicht.

Wir stellen also fest, dass unser Selbst existiert und nicht nicht-existent ist, und somit vermeiden wir das eine Extrem des Nihilismus. Und da wir ebenfalls die Existenz eines inhärenten und unabhängigen Selbst widerlegt haben, vermeiden wir das Extrem des Ewigkeitsdenkens (Eternalismus), also einer Übertreibung, dass die Dinge aus eigener Kraft heraus und beständig existieren. Somit erreichen wir den dazwischenliegenden mittleren Weg.

Nun stellt sich die Frage: Falls es möglich wäre, die bloße Abwesenheit unseres inhärenten Selbst zu erkennen, könnten wir dies dann wahrnehmen? Die Antwort darauf lautet: Ja, dies kann wahrgenommen werden. Obwohl dies etwas ist, das nicht direkt und durch Bestätigung wahrgenommen werden kann, kann man dessen Existenz dennoch durch Ausschluss der gegensätzlichen Faktoren postulieren und wahrnehmen.

Zum Beispiel können wir nicht direkt affirmativ wahrnehmen, dass dieser Tisch leer davon ist, ein Elefant zu sein. Aber indem wir das Objekt der Verneinung, hier also den Elefanten, ausschließen, können wir erkennen, dass der Tisch frei davon ist, ein Elefant zu sein. Da das unabhängige Selbst etwas ist, das mittels logischer Beweisführung widerlegt werden kann, können wir Gewissheit darüber erlangen, dass es ein solches Selbst nicht gibt. Das Objekt der Verneinung, hier also ein unabhängig und inhärent existierendes Selbst, ist also nicht-existent und kann daher mittels logischer Beweisführung widerlegt werden.

Man könnte sich nun fragen, welchen Nutzen es hat, die Abwesenheit von unabhängiger Existenz zu verstehen, wenn das die Daseinsgrundlage aller Phänomene ist. Wenn Phänomene uns erscheinen, sollten wir uns immer wieder fragen, *wie* sie uns erscheinen. Wenn uns das eigene Selbst erscheint, wie erscheint es uns? Oder unsere Freunde, Feinde und neutrale Menschen: Wie erscheinen sie uns? Obwohl die wirkliche Natur der Qualitäten all dieser Menschen die gleiche ist, nämlich nicht inhärent oder unabhängig existierend, nehmen wir diese Unterschiede wahr. Sie erscheinen uns als genau so, als ganz konkret, solide und inhärent existierend, was aber nicht der Wirklichkeit entspricht.

Es könnte sein, dass jemand dem Irrtum unterliegt, die ganze Welt verändern zu können. Wie können wir erkennen, ob wir von unserem Geist in die Irre geführt werden oder nicht? Wir benutzen den Geist als Werkzeug, um logische Untersuchungen anzustellen. Doch was können wir überhaupt tun, wenn der Geist an sich befleckt und getrübt ist?

Es gibt zwei unterschiedliche Arten von korrekter Sichtweise: 1) die korrekte Sichtweise jenseits der weltlichen Ebene und 2) die korrekte Sichtweise auf der weltlichen Ebene:

1) Die korrekte Sichtweise jenseits der weltlichen Ebene bezieht sich auf die Erkenntnis der wahren Natur der Phänomene, welche Leerheit ist. Das bedeutet, dass es auf einer sich irrenden Wahrnehmung beruht, wenn die Phänomene erscheinen, als ob sie eine inhärente und unabhängige Existenz besäßen. Aufgrund des Einflusses dieser unserer irrenden Wahrnehmung greifen wir nach dieser scheinbar wirklichen Existenz der Phänomene, worin wir uns ebenfalls irren. Um nun erkennen zu können, dass sich unser eigenes Bewusstsein irrt, das die Phänomene auf irrtümliche Weise wahrnimmt, müssen wir zuerst er-

kennen, dass die Phänomene an sich jeglicher inhärenten Existenz entbehren. Nachdem wir dies erkannt haben, können wir dann erkennen, dass sich auch unser Bewusstsein irrt, dem die Phänomene auf eine solche Weise inhärent existierend erscheinen.

Wenn wir leidbringende Emotionen wie Begierde oder Hass empfinden, dann erscheint uns das Objekt unserer Begierde oder Ablehnung so, als ob es etwas ganz Solides und Konkretes wäre. Das Gutsein oder die Schönheit dieses Objekts (bzw. seine Schlechtigkeit) erscheint uns wie etwas tatsächlich Existierendes und wie etwas Unabhängiges, das sich niemals ändern wird. Wenn wir erkennen können, dass dieses wahrgenommene Objekt nicht wirklich so existiert, wie wir es zunächst annehmen, dann wird auch unsere leidbringende Emotion der Begierde oder des Hasses verringert werden. Das ist die Stufe, auf der wir über die Leerheit meditieren.

2) Bei der korrekten Sichtweise auf der weltlichen Ebene hat unser Bewusstsein, das – unbeeinflusst von starken Emotionen wie zum Beispiel Hass oder Begierde – weiß, dass etwas auf eine bestimmte Art und Weise ausgeführt werden muss oder dass etwas auf eine andere Art und Weise ausgeführt werden muss, keine Beziehung zum Erleben von solch starken Emotionen. Solch ein Bewusstsein müssen wir auf seiner eigenen Grundlage beurteilen.

Die Begriffe „Selbst", „Geist" und „Bewusstsein" werden oft so benutzt, als ob sie austauschbar wären und nicht präzise unterschieden.

In einer der unterschiedlichen buddhistischen Schulen wird ein bestimmter Teil des Geistes als das „Selbst" bezeichnet, womit die anderen buddhistischen Schulen allerdings nicht übereinstimmen. Das „Selbst" ist etwas vom „Geist" Verschiedenes. Aber ohne unseren „Geist" kann es natürlich unser „Selbst“ auch nicht geben. Unser „Selbst“ ist etwas, das in der Kombination von unserem „Körper“ und „Geist“ wahrgenommen wird.

Eure Heiligkeit, Sie haben einmal gesagt, dass dieses „Ich“ so etwas wie der „Herr im Hause“ sei. Gibt es etwas in uns, das uns denken oder handeln lässt – etwa das Ego? Was ist dieses „Ich“, ohne das wir Menschen nicht in der Lage wären zu handeln oder zu denken?

Das ist genau das Problem. Wir können die Existenz eines „Ich“ nicht leugnen. Wir können es nicht finden, aber es existiert – als Resultat einer Zuschreibung. Dieses „Ich“ oder „Selbst“ ist nicht selbständig und unabhängig. Es gibt allerdings viele alte nicht-buddhistische Schulen, die das „Ich“ als eine von unseren Aggregaten verschiedene Entität bezeichnen. Diese Schulen sagen, dass sich zwar der Körper verändere, dass aber das „Ich“ etwas Beständiges sei. Manchmal wird dieses „Ich“ auch mit dem Wort „Atman“ aus dem Sanskrit bezeichnet, wobei dieses Atman etwas Unabhängiges, Solides und Beständiges bezeichnet.

Die Buddhisten akzeptieren ein solches unabhängiges „Ich“ nicht, denn es ist offensichtlich, dass sich auch unser „Ich“ verändert, wenn sich unser Geist verändert. Wenn unser Körper Schmerzen empfindet oder krank ist, sagen wir „Ich habe Schmerzen“ oder „Ich bin krank“. Obwohl das nicht das „Ich“ ist, benutzen wir es dennoch, um uns damit auszudrücken.

Ist dies dasselbe „Ich“, das uns dazu veranlasst, auf eine bestimmte Weise zu denken?

Das ist unser Bewusstsein. In seinem Text *Abhidharmasamuccaya* benennt der buddhistische Gelehrte Asanga 51 unterschiedliche Geistesfaktoren, die man in sechs Hauptgruppen unterteilen kann. Da gibt es beispielsweise die fünf allgegenwärtigen Geistesfaktoren, die mit jeder primären Geistesart einhergehen: Empfindung, Erkennen, Absicht, Anwenden des Geistes auf ein bestimmtes Objekt (entschlossene Aufmerksamkeit) und Kontakt.

Dann gibt es noch Achtsamkeit, Streben, Einsgerichtetheit und Weisheit. Die Einsgerichtetheit, die hier gemeint ist, ist nicht die gleiche Einsgerichtetheit, über die wir bei der Meditation des Ruhigen Verweilens (Shamatha) gesprochen haben. Jeder geistige Gedanke hat einen Aspekt, der den Geist auf das Objekt fixiert. Alle Geistesarten haben einen Faktor, der das Objekt untersucht, den Weisheitsfaktor. Konzentrationsmeditation führt zu geistiger Ruhe, und die Praxis in Besonderer Einsicht ist die Übung in Weisheit.

Wir versuchen, diese beiden Faktoren des Geistes zu entwickeln, den Faktor der Konzentration und den Faktor der Weisheit. Wir tragen den Samen der Buddhaschaft in uns. Ohne diesen Samen kann nichts entwickelt werden, selbst wenn der Boden vorhanden ist. Weisheit und tiefe Meditation oder Konzentration sind möglich, da das Potenzial in uns vorhanden ist.

Es gibt viele unterschiedliche Bewusstseinsarten. In einem burmesischen buddhistischen Text werden etwa zweihundert verschiedene Geistesfaktoren aufgezählt. Obwohl unser „Ich“ nur eine Bezeichnung für eine Verbindung von unserem Geist und Körper ist, identifizieren wir uns gewöhnlich mehr mit dem Bewusstsein – wegen unseres angeborenen geistigen Bewusstseins.

Entsprechend anderen buddhistischen Arten von Bewusstsein ist die Vorstellung von „meinem Bewusstsein“ in sich widersprüchlich. Selbst wenn wir über das konventionelle Selbst, unser „Ich“, sprechen, gibt es viele unterschiedliche Arten. Wenn wir beispielsweise sagen „Als ich ein Kind war“, gibt es da eine Empfindung, als ob dieses „Ich“ etwas Allgemeines wäre, ein „Ich“, das die gesamte

Zeit von unserer Kindheit bis zur Gegenwart durchdringt. Und wenn wir sagen „Damals war ich ziemlich frech, doch in der Zwischenzeit habe ich mich gebessert", beschränken wir unser Selbst auf eine bestimmte Zeitspanne, und diese Art von Selbst besteht nicht mehr.

Auf diese Weise können wir viele verschiedene Arten von „Selbst" oder „Ich" postulieren. Der höchsten buddhistischen Schule entsprechend ist das „Ich" nur eine Bezeichnung, die den Aggregaten verliehen wird.

Wie ist die Beschaffenheit unseres Geistes oder unserer persönlichen Identität, die wir beim Erreichen des Nirwana beibehalten?

Das ist nicht einfach zu erklären. Wenn wir alle befleckten Gedanken und Geistesarten bereinigt haben, gibt es da immer noch ein Lebewesen, das seinen Geist geläutert hat. Da der Geist dieses Lebewesens vollständig von allen Verunreinigungen befreit ist, wird dieser Mensch dann ein Buddha genannt. Da gibt es aber kein solides Ding oder „Ich", das einen Zustand von … Nichtdenken erlebt. Wenn wir einmal die Allwissenheit der Buddhaschaft erlangt haben, gibt es kein konzeptuelles Denken mehr.

Die buddhistische Herangehensweise an Spiritualität ist eher rational, verwendet logische Beweisführungen und zieht logische Untersuchungen und Experimente heran, besonders wenn es um den „Geist" geht. Stimmen Sie dem zu?

In meinen immer wieder stattfindenden Gesprächen mit Wissenschaftlern ist mir klar geworden, dass es Parallelen zwischen einigen wissenschaftlichen Gedankengängen, besonders auf den Gebieten der Kosmologie, Neurobiologie, Kernphysik und Psychologie, und buddhistischen Denkansätzen oder buddhistischer Philosophie gibt. Ich glaube, dass es sehr nützlich wäre, die Gemeinsamkeiten zwischen den buddhistischen Lehren und diesen wissenschaftlichen Fachbereichen noch weiter zu erforschen.

Auch innerhalb seiner eigenen Grundsätze hat der Buddha unterschiedliche Lehrmethoden angewandt, besonders dann, wenn er Schüler mit unterschiedlichen geistigen Veranlagungen angeleitet und unterrichtet hat. So können wir es uns erklären, dass einige seiner Lehren nicht vollständig mit der Wirklichkeit übereinstimmen, wenn man sie wörtlich nimmt. Doch der Buddha sagte auch, dass wir seine Worte nicht aus bloßem Glauben heraus akzeptieren, sondern durch eigene Untersuchungen und eigenes Experimentieren verifizieren sollen.

Die eindringliche Bitte Buddhas, seinen Worten nicht einfach blind und ohne eigene Untersuchungen und Experimente zu folgen, gibt uns die Freiheit, seine Lehren genau zu untersuchen. In diesem Zusammenhang sind die vier Stützen von großer Bedeutung.

Die vier Stützen sagen, dass es erstens wichtiger ist, der Autorität der Lehren zu folgen als der Autorität der Lehrer, welche die Lehren vermitteln. In Bezug auf die Lehren ist es zweitens wichtiger, auf die Bedeutung der Worte als auf die Worte selbst zu achten. In Bezug auf die Bedeutung sollten wir drittens der letztendlichen Bedeutung mehr Gewicht beimessen als der konventionellen Bedeutung oder der Bedeutung, die einer Interpretation bedarf. Und viertens ist es im Hinblick auf die letztendliche Bedeutung wichtiger, sich auf das tiefere Verständnis der Weisheit zu verlassen als auf das konventionelle Verstehen unseres konzeptuellen Geistes.

Daher ist es im Buddhismus, und insbesondere in den Belehrungen des Mahayana, von großer Bedeutung, Gründe zu finden und zu verstehen, anstatt bloß die Worte Buddhas zu akzeptieren. Wirkliche Schüler des Buddha sind also jene, die ihre geistigen Fähigkeiten zum Einsatz bringen und die Worte Buddhas nicht nur deswegen akzeptieren, weil der Buddha das so gesagt hat. Vielmehr forschen sie mittels logischer Untersuchungen nach der tieferen Bedeutung und bestätigen so die Authentizität der Lehren. Nur dann werden die Lehren akzeptiert.

Das Fundament des Buddhismus ruht auf den Vier Edlen Wahrheiten und auf dem Kausalprinzip, was bedeutet, dass alles eine Ursache hat und Veränderungen nur dann stattfinden, wenn die Ursachen und Bedingungen dafür vorhanden sind. Die Vier Edlen Wahrheiten sind: die Wahrheit des Leidens, die Wahrheit von der Ursache des Leidens, die Wahrheit von der Beendigung des Leidens und die Wahrheit des Weges, der zur Beendigung des Leidens führt.

Wissenschaftliches Denken spielt im Buddhismus eine wichtige Rolle. Wissenschaftliche Untersuchungsmethoden und der buddhistische Ansatz folgen im Allgemeinen einem ähnlichen Muster. Die Erste Edle Wahrheit ist die Wahrheit des Leidens. Wenn wir das Leiden erklären und die drei Daseinsbereiche, in denen Leiden auftreten, können wir Parallelen mit wissenschaftlichen, kosmologischen Erklärungen feststellen. Allerdings wird in einem buddhistischen Text erwähnt, dass die Erde flach sei, was wissenschaftlichen Erkenntnissen widerspricht. Da wir nachweisen können, dass die Erde ein runder Planet ist, der sich durch das Weltall bewegt, haben wir die Freiheit, dieser These, dass die Erde flach sei, zu widersprechen.

Die buddhistische Erklärung darüber, wie die Welt entstanden ist, weist auch Parallelen mit der Urknalltheorie auf. Zuerst gab es leeren Raum, der von einer subtilen Energie durchdrungen war. Durch diese subtile Energie entwickelte sich Hitze, und diese Hitze wiederum führte zum Entstehen einer Art von Flüssigkeit. Und schließlich entwickelte sich daraus feste Materie. Die Annahme, dass feste Materie schließlich dem Raum Platz macht, und die kosmologische Vorstellung von einer Art grenzenlosem Universum sind in gewisser Hinsicht ähnlich.

Die Zweite Edle Wahrheit von den Ursachen des Leidens wird durch die Theorie des Karmas erklärt, die besagt, dass heilsame Handlungen zum Erleben von Glück und unheilsame Handlungen zum Erleben von Leiden führen, was auf alle Daseinsbereiche zutrifft und ganz besonders auf unsere menschlichen Erfahrungen. Ob eine Handlung heilsam ist oder nicht, hängt sehr eng mit dem Faktor unserer Motivation zusammen. Hier spielt die Psychologie eine große Rolle und die Vierte Edle Wahrheit, dass wir unsere Leiden durch die Beseitigung unserer Unwissenheit und unserer negativen Emotionen überwinden können. Durch die Entwicklung von positiven Emotionen können wir also unser Leiden verringern oder ganz beseitigen.

Auch auf dem Gebiet der negativen Emotionen ist die moderne Psychologie von großer Relevanz, und die Neurobiologie kann helfen, das Zusammenspiel zwischen unserem Gehirn und unserem Geist zu erhellen. Über die Dritte Edle Wahrheit der Beendigung des Leidens gibt es viele nuancierte und tief reichende Erklärungen. Diese Dritte Edle Wahrheit steht in enger Beziehung mit der Anschauung der Leerheit, und hier gibt es Beziehungen zur modernen Physik, insbesondere der Quantentheorie.

Das ist nicht nur mein ganz persönliches Interesse. Der buddhistische Ansatz hat genau betrachtet viele Parallelen zum wissenschaftlichen Vorgehen.

Sechzehntes Kapitel

Politik in der Religion und in Konfliktsituationen

Eure Heiligkeit, sehen Sie sich selbst eher als Politiker oder als Religionsoberhaupt?

Ich habe mich immer als einfachen buddhistischen Mönch betrachtet. Meine persönliche Veranlagung liegt eher auf der Seite eines spirituell Praktizierenden. Seit ich denken kann, habe ich niemals gedacht, dass ich besondere Führungsqualitäten besäße. In der heutigen Politik gibt es oft zu viel Protokoll und zu viele Nettigkeiten, was manchmal recht langweilig und unproduktiv ist. Ich bin jemand, der sich sehr gerne freut, und bevorzuge es, auf freimütige, aufrichtige und freundliche Weise zu sprechen.

Sie sind ein spiritueller Meister, der aber auch eine politische Rolle zu spielen hat. Was wäre die für Sie beste Verbindung zwischen diesen beiden gegensätzlichen Polen?

Die Freiheit Tibets hängt sehr eng mit der buddhistischen Lehre zusammen. Daher betrachte ich meine Bemühungen um eine Autonomie Tibets als Teil meiner spirituellen Übung, da dies für eine große Anzahl von Menschen von direktem Nutzen ist. Aus buddhistischer Sicht sind meine Anstrengungen also nicht nur auf dieses Leben beschränkt, sondern beziehen sich auf alle meine Leben, die dem jetzigen noch folgen werden.

Es ist ganz klar, dass eine Autonomie Tibets nicht nur politische Autonomie umfasst, sondern auch die Freiheit, sich religiösen Studien und spirituellen Übungen zu widmen. Daher sage ich oft zu meinen buddhistischen Freunden im Westen: „Ihr habt bereits ein gutes Wissen über die buddhistischen Lehren und übt euch aufrichtig darin. Aber mindestens für die nächsten ein oder zwei Generationen werdet ihr ohne ein Tibet nicht die vollständigen buddhistischen Lehren erhalten können, die dort traditionell bewahrt wurden." Nach ein paar Generationen wird das hoffentlich eine andere Situation sein. Daher ist die Existenz einer vollständigen Form der buddhistischen Lehren auf diesem Planeten von der Autonomie Tibets abhängig.

Ich war immer der Meinung, dass wir religiösen Pluralismus brauchen und dass dies von essenzieller Bedeutung ist. Während ich mich also um eine Autonomie Tibets bemühe, trete ich auch stets für einen religiösen Pluralismus ein. Während der letzten drei- oder vierhundert Jahre hat es in Tibet auch immer muslimische und christliche Gemeinschaften gegeben. Ich denke, dass, basierend auf gegenseitigem Verständnis und Respekt, der Geist der Harmonie angemessene Formen annimmt.

Wie finden Sie sich mit den Konflikten und Kriegen ab, die im Namen der Religion geführt werden?

Das ist sehr traurig. Kriege und Konflikte im Namen der Religion werfen ein schlechtes Licht auf die Religionen dieser Welt. Denn auch im modernen Zeitalter der Technologie glaube ich an den Wert religiöser Traditionen. Man kann beobachten, dass die Werte der unterschiedlichen religiösen Traditionen immer noch intakt sind. Und ich bin überzeugt davon, dass die Grenzen einer materialistischen Gesinnung immer deutlicher zu Tage treten werden, je weiter der materielle Fortschritt voranschreiten wird. Unter solchen Umständen werden die Werte von Religion und Spiritualität wieder deutlicher werden und wieder mehr Gewicht bekommen.

Wir können also alle von den nützlichen Botschaften und Techniken der unterschiedlichen religiösen Traditionen profitieren. Daher muss ich es noch einmal wiederholen, dass ich es äußerst traurig finde, wenn sich Menschen im Namen der Religion gegenseitig Leid zufügen oder sogar töten.

Viele Menschen machen die Politisierung der Religion für die um sich greifende religiöse Gewalt und Intoleranz verantwortlich und stellen die Frage, ob es gut ist, wenn sich Politik und Religion vermischen. Was ist Ihre Meinung hierzu?

Politische und religiöse Institutionen sollten voneinander getrennt sein. Es ist besser und sicherer, wenn es diese Trennung gibt. Doch manchmal kann es Verbindungen zwischen religiöser und weltlicher Arbeit geben.

Aus eigener Erfahrung mit offiziellen Verpflichtungen weiß ich, wie schnell man Menschen verletzen oder ihnen auch helfen kann, und ich weiß, dass man da sehr vorsichtig sein muss. Letzten Endes verhalte ich mich aber immer so, wie ich es aus der Sicht der buddhistischen Lehre für richtig erachte. Religiöser Glaube ist sehr hilfreich, wenn man aufrichtig bleiben möchte. Darüber hinaus sind die Erfahrungen, die ich in praktischen Angelegenheiten sammle, auch religiös für mich von Nutzen.

Vor einiger Zeit habe ich in Indien an einem Seminar teilgenommen. Einige anwesende Politiker haben gesagt: „Wir sind Politiker. Wir sind nicht religiös." Ein paar von ihnen haben dies mit Demut gesagt, andere dagegen mit Stolz.

Da habe ich scherzhaft geantwortet: „Politiker sollten religiös sein. Denn die innere Haltung der Politiker wird zwangsläufig einen Einfluss auf die Menschen haben, für die sie arbeiten und denen sie dienen wollen. Wenn es auf der anderen Seite religiöse Menschen gibt, die korrupt sind und die in Zurückgezogenheit leben, dann ist das nicht so schlimm, da sie keinen großen Einfluss haben."

Mit einer richtigen inneren Haltung wird sogar das Geschäft der Kriegsführung weniger destruktiv. Das ist wie mit den fünf Fingern unserer Hand. Jeder einzelne Finger hat seine besondere Fähigkeit und Aufgabe, ist aber ohne die Handfläche nutzlos. Auf ähnliche Weise kann jede menschliche Aktivität positiv wirken, wenn sie mit aufrichtiger Motivation und menschlicher Wärme und Mitgefühl ausgeführt wird, ob das nun Religion, Wissenschaft, Ökonomie, Erziehung oder auch Politik ist.

Denn was ist Politik? Politik bedeutet nicht zwangsläufig Augenwischerei oder Ellbogenmentalität. Genau genommen ist Politik eine besondere Form menschlicher Aktivität und ein Instrument, um der Gemeinschaft, der Gesellschaft und dem ganzen Volk zu dienen und von Nutzen zu sein.

Politik ist also nicht per se etwas Schlechtes, und der Nutzen der Politik hängt von der Motivation und vom Verhalten der Politiker ab. Auf dem Gebiet der Religion verhält sich das genauso: Mit unaufrichtiger Motivation ausgeübt, wird auch die Religion zu etwas Schmutzigem. Wenn auf der anderen Seite ein Politiker mit einer aufrichtigen Motivation handelt, dann wird sein oder ihr Handeln zu einer spirituellen Übung. Meiner Ansicht nach kann also jede menschliche Handlung, die mit einer ehrlichen, von Herzen kommenden Motivation ausgeführt wird, als spirituelle Aktivität angesehen werden.

Wenn spirituelle Lehren im persönlichen Leben umgesetzt werden, dann wird dies auch für andere von Nutzen sein, egal ob man nun auf politischem oder auf religiösem Gebiet tätig ist.

Wenn Politik und Religion zusammen praktiziert werden, besteht dann aber nicht das Risiko, die Interessen der eigenen Minderheit über die Interessen der Gesamtgesellschaft zu stellen und somit eine erhöhte Gefahr ethnischer Unruhen? Was bedeutet es, wirklich säkular zu sein?

Religion sollte man zunächst auf der Grundlage der Motivation, mit der sie ausgeübt wird, betrachten. So können wir den Nutzen erkennen, den die Religionen in vielen Bereichen der menschlichen Gesellschaft ausüben.

Vielleicht gäbe es eine gesündere Politik, wenn es mehr religiöse Politiker gäbe. Hier gibt es also kein Problem, und Religion und Politik können durchaus zusammen ausgeübt werden. Aber im Fall von religiösen Institutionen (ich betone: Institutionen, nicht Religion) kann es durchaus sein, dass jemand, der gleichzeitig sowohl in einer religiösen Institution als auch in der Politik arbeitet, einen negativen Einfluss ausübt.

Als buddhistischer Mönch bin ich davon überzeugt, dass unsere Motivation das wichtigste Entscheidungskriterium ist. Daher sollte das Gemeinwohl stets den Vorrang vor dem Wohl des einzelnen Menschen haben. Den Nutzen der Mehrheit zu verfolgen ist der richtige Weg menschlichen Denkens und Handelns.

Wir Menschen sind soziale Lebewesen. Unsere eigene Zukunft und unser eigener Wohlstand hängen von den anderen Menschen ab. Die aktuellen ökonomischen Entwicklungen und die Globalisierung zeigen ganz deutlich, dass alles mit allem zusammenhängt. Daher hat die engstirnige Haltung von „uns" auf der einen Seite und „denen" auf der anderen Seite längst ihre Bedeutung verloren.

Die ganze Menschheit, die ganze Welt ist Teil von uns selbst. So sieht die Wirklichkeit aus. Das ist die Realität.

Daher sollten wir stets von der Sorge um das Wohlergehen der anderen erfüllt sein. Das ist der angemessene Weg, über die Zukunft der Menschheit und die Zukunft der Welt zu denken. Das sollte unsere hauptsächliche Motivation sein. Und mit dieser Hauptmotivation ist es nicht so wichtig, ob wir nun auf dem Gebiet der Politik, der Wissenschaften, der Wirtschaft oder der Religion tätig sind. Wenn jede menschliche Handlung von solch einer Motivation gelenkt wird, wird jede einzelne menschliche Handlung eine positive Auswirkung haben.

Eure Heiligkeit, in Indien herrscht große Sorge um die nicht enden wollende Gewalt in Kaschmir und über die Zukunft der Beziehungen zwischen Indien und Pakistan. Darüber hinaus gibt es so viele Konfliktherde auf der Welt, in Bosnien, dem Libanon, dem Nahen Osten und an vielen anderen Orten. Wo liegen Ihrer Meinung nach die Lösungen für gewalttätige Konflikte dieser Art?

Sehr schwierig! Ich habe keine klare Antwort. Natürlich sorge ich mich um das Leiden der Menschen in den Unruhegebieten in Bosnien, in Ost- und Westafrika, in Kaschmir und anderswo. Ich bin sehr traurig über das Kaschmirproblem hier in Indien.

Ich bin 1959 als Flüchtling nach Indien gekommen. Wenn ich an diese Zeit zurückdenke, herrschte damals wirklicher Frieden in Indien, und die Tradition der Gewaltlosigkeit (Ahimsa) war damals noch sehr lebendig. Heutzutage sage ich meinen indischen Freunden manchmal etwas scherzend: „Über die Jahrhunderte hinweg habt ihr Inder die Philosophie von Ahimsa hervorgebracht und bewahrt. Heutzutage exportiert ihr diese Werte, und zu viel Export davon hat dazu geführt, dass ihr in eurem eigenen Land nicht mehr genug davon habt."

Ich mache mir große Sorgen darüber, was hier geschieht, und wir brauchen langfristige Pläne und Lösungsansätze. Manchmal erscheinen kurzfristige Mittel inakzeptabel, müssen aber wegen ihres langfristigen Nutzens erduldet und mitgetragen werden. Ich finde es einfach äußerst bedauerlich, dass diese jahrhundertealte Philosophie der Gewaltlosigkeit inzwischen etwas degeneriert ist. Das ist wirklich sehr traurig.

SIEBZEHNTES KAPITEL

Universelle Verantwortung

Ihre Philosophie der universellen Verantwortung hat wesentlich zum Dialog über eine „säkulare Ethik" beigetragen und wurde sogar vom Nobelpreiskomitee gewürdigt. Könnten Sie uns diese Philosophie näher erläutern?

In früheren Zeiten haben die Religionen Uneigennützigkeit und Nächstenliebe als religiöse oder moralische Pflicht eingefordert. Heute stehen wir vor einer völlig anderen Ausgangslage, da unsere Welt aufgrund technologischen Fortschrittes und der Bevölkerungsexplosion sehr viel kleiner geworden ist. So kommt es vor, dass Dinge auf der einen Seite unserer Erde passieren und die Auswirkungen davon auf der anderen Erdhälfte wahrgenommen werden können. Wir sind sehr stark voneinander abhängig. Daher sind Uneigennützigkeit und Nächstenliebe heute zu einer faktischen Notwendigkeit geworden.

Auch auf dem Gebiet der Wirtschaft und des Umweltschutzes hängen die unterschiedlichen Länder dieser Erde sehr stark voneinander ab. Das Konzept von „wir" auf dieser Seite und „ihnen" auf der anderen Seite ist überholt und nicht mehr zeitgemäß, und wir sollten die gesamte Welt als „wir" oder „uns" betrachten. Die Realität sieht aber leider so aus, dass sich solch eine Sichtweise aufgrund fehlenden Bewusstseins und Verständnisses noch nicht durchsetzen konnte. Wir glauben immer noch, dass wir voneinander getrennt sind und unsere Probleme getrennt lösen müssen. Ich glaube, dass viele unserer heutigen Probleme nur aufgrund dieser Engstirnigkeit und Kurzsichtigkeit existieren.

Beispielsweise stehen wir vor ernsten globalen Umweltproblemen. Unabhängig davon, wie mächtig einzelne Länder auch sein mögen, werden diese Umweltprobleme ohne eine gemeinsame Position und ohne gemeinsame Anstrengungen aller Länder dieser Welt nicht gelöst werden können. Auf wirtschaftlicher Ebene sind Ländergrenzen teilweise schon ganz verschwunden, und in einigen Bereichen wie beispielsweise dem Gesundheits- oder Erziehungswesen gibt es bereits grenzüberschreitende Bemühungen.

Mein eigenes Land, mein eigenes Interesse und meine eigene Zukunft hängen sehr eng mit den anderen Menschen zusammen. Doch unser menschliches Denken dreht sich immer noch sehr stark allein um „mein" Land, „mein" Volk und „meine" Landesgrenzen. Die Wirklichkeit hat sich bereits verändert, doch unser Denken hat mit den Veränderungen noch nicht Schritt gehalten – noch nicht einmal annäherungsweise, und das ist ein Grund für viele unserer Probleme.

Es ist offensichtlich, dass für die sechs Milliarden Mitglieder unserer einen Menschheitsfamilie dieser kleine Planet die einzige Hoffnung und Existenzgrundlage ist. Wir alle tragen eine gemeinsame Verantwortung für diesen Planeten in seiner Gesamtheit. Daher glaube ich, dass wir ein Gespür für eine „globale" oder „universelle Verantwortung" entwickeln müssen. Wenn wir einmal dieses Grundverständnis entwickelt haben, können wir kleinere Probleme ökonomischer, religiöser oder kultureller Art besser angehen. Daher trete ich für die Entwicklung und Umsetzung einer solchen Haltung ein.

Unsere innere Einstellung muss mit der Entwicklung der Wirklichkeit Schritt halten. Wir müssen unsere innere Haltung weiterentwickeln, damit sie den realen Gegebenheiten besser angepasst ist. Wir brauchen ein Gespür für eine globale Verantwortung, ein Gespür für eine universelle Verantwortung. Damit können wir viele der von uns Menschen verursachten Probleme lösen oder aber zumindest minimieren.

Die Logik, die hinter diesem Modell der universellen Verantwortung steht, ist ganz einfach. Sehen Sie, mein Interesse hängt sehr von den Interessen anderer Menschen ab. Wenn ich mich also nicht um das Interesse der anderen kümmere, werde ich keinen Nutzen davon haben. Wenn ich die Interessen der anderen vernachlässige, werde letzten Endes ich selber der Verlierer sein und darunter zu leiden haben. Wenn wir uns mehr um die Rechte und die Interessen der anderen Menschen kümmern, werden letzten Endes wir alle einen Nutzen davon haben.

Warum sollte das der Fall sein?

Ganz einfach! Heute gibt es bereits mehr als 6,7 Milliarden Menschen auf unserer Erde. Die meisten von diesen Menschen sind keine aufrichtigen Anhänger irgendeiner Religion. Natürlich sagen viele: „Ich gehöre dieser religiösen Tradition an" oder „Meine Familie folgt diesem Glauben", schenken jedoch in ihrem täglichen Leben religiösen Dingen keine große Aufmerksamkeit. Die Mehrheit der Menschheit ist somit nicht religiös, aber die Mehrheit spielt eine wichtige Rolle.

Wenn ein Kind in eine bestimmte Religion hineingeboren wird, wird das Kind ohne irgendeinen religiösen Glauben geboren. Auch wenn die Eltern bestimmte religiöse Rituale ausführen, spürt das Kind kein Empfinden und keine Wertschätzung für diese Rituale. Der Geist eines Kleinkindes ist frei von religiösem Glauben, braucht jedoch menschliche Nähe und Liebe. Die körperliche Berührung durch die Mutter und das Saugen an der Mutterbrust sind die Dinge, die das Kind wirklich wertschätzt. Ohne diese starken und bindenden Gefühle menschlicher Zuneigung kann das Kind nicht überleben. Von Geburt an sind wir Menschen also auf Zuneigung und Liebe angewiesen.

Ist das die Grundlage für Ihre säkulare Spiritualität?
Richtig. Ich bin davon überzeugt, dass Sanftheit, die auf menschlicher Zuneigung beruht, die grundlegende menschliche Natur ist. Wenn unsere Haltung ruhig, mitfühlend und offenherzig ist, bildet das eine gute Grundlage für körperliche Gesundheit. Wenn wir ständig frustriert, verärgert, aufgewühlt und voller Hass sind, übt das einen negativen Einfluss aus und schwächt auf lange Sicht unsere Gesundheit.

Daran können wir die grundlegende Natur unseres Körpers erkennen. Unser Körper passt am besten zu einem friedvollen, mitfühlenden Geist und nicht zu einem aufgeregten und aufgewühlten Geist. Es ist besser, wenn wir unsere Arbeit mit einer sanften, zärtlichen und mitfühlenden Haltung ausführen. Ich glaube, dass dies die innerste Beschaffenheit jedes einzelnen Menschen ist. Diese Beschaffenheit erleben wir bereits bei der Geburt eines Menschen. Doch wenn wir heranwachsen und größer werden, scheinen wir mehr und mehr Gewicht auf unser Gehirn und unsere intellektuelle Seite zu legen und unsere grundlegenden menschlichen Eigenschaften zu vernachlässigen. In der Folge überwältigt dann das Gehirn unsere grundlegenden guten Eigenschaften, und ich glaube, dass dies einer der Hauptgründe ist, warum wir so viele Probleme auf unserer Welt haben.

In den letzten Jahrhunderten und ganz besonders im 20. Jahrhundert haben wir Menschen die unterschiedlichsten Methoden entwickelt, die hauptsächlich auf Technologie und Maschinen basierten. Die Grenzen einer solchen Vorgehensweise werden immer deutlicher. Die Zeit ist reif dafür, zu unseren grundlegenden menschlichen Eigenschaften, zu unserer grundlegenden menschlichen Natur zurückzukehren. Wir sollten weiterhin die intellektuelle Wissensseite unserer Natur fördern, aber unsere grundlegend guten und heilsamen Qualitäten müssen ebenso entwickelt werden. Wir müssen Anstrengungen darin unternehmen, dass das menschliche Herz und das menschliche Gehirn in Harmonie zusammenarbeiten. Das ist die Bedeutung dessen, was ich mit „weltlicher Ethik" oder „säkularer Ethik" meine.

Einige meiner christlichen Freunde haben mich darauf hingewiesen, dass der Begriff „säkulare Ethik" oder „weltliche Ethik" einen negativen und die Religionen ablehnenden Beigeschmack haben kann. Das ist jedoch nicht meine Absicht. „Weltliche Ethik" richtet sich nicht gegen die Religionen, sondern ist der Versuch, eine ethische Grundlage zu entwickeln für die Mehrheit der Menschheit, die keiner Religion angehört. Solch eine „säkulare Ethik" respektiert sowohl alle religiösen Richtungen als auch die Menschen, die keiner bestimmten religiösen Tradition folgen.

„Fühlende Wesen" bzw. „Lebewesen" ist ein grundlegender Begriff im Buddhismus. Sie haben seine Bedeutung einem internationalen Publikum zugänglich gemacht und vorgeschlagen, dass wir nicht nur „Menschenrechte", sondern auch „Rechte für alle Lebewesen" formulieren sollten. Könnten Sie das bitte näher erläutern?

Wenn wir uns um unsere Umwelt und um unseren Planeten kümmern, dann kümmern wir uns auch um unsere eigene Zukunft. Dieser Planet ist unser aller Zuhause. Viele Wissenschaftler haben zwar eine Vision, andere Planeten wie den Mars zu erforschen, um dort Wohnraum für uns Menschen zu schaffen. Das mag natürlich möglich sein, doch letzten Endes ist dieser blaue Planet unser einziges

Zuhause. Daher müssen wir ihn, jede einzelne Kreatur und alles, woraus dieser Planet besteht, schützen und vor Zerstörung bewahren.

Es ist falsch, aus Geldgier unsere Umwelt auszubeuten, ihre ursprüngliche Schönheit zu missachten und ihr natürliches Gleichgewicht durcheinanderzubringen. Das ist eine unkluge und kurzsichtige Vision, die zu langfristiger Zerstörung führen wird. Wir sollten das „Element des Lebens“ erkennen, das alle Lebewesen miteinander verbindet, und dem Leben und unserer Umwelt die gleiche Haltung des Respekts und der Fürsorge entgegenbringen, die wir für unsere eigene Familie und unser eigenes Zuhause haben.

Wenn wir die Bedürfnisse und die Gefühle der anderen Lebewesen vernachlässigen und außer Acht lassen, wird das auch unseren eigenen Geist und unsere Einstellung den Mitmenschen gegenüber negativ beeinflussen. Es besteht dann die Gefahr, dass wir unsere Mitmenschen als wertlos und schwach betrachten, als etwas, das unseren Respekt nicht verdient. Alles Leben ist heilig! Kleine Dinge können einen Einfluss haben und allmähliche Veränderungen herbeiführen. Daher glaube ich, dass Mitgefühl und Respekt gegenüber allen Formen des Lebens die Grundlage dafür bilden, dass wir für das Wohlergehen der gesamten Menschheit sorgen.

Schlagen Sie dann etwa vor, die Allgemeine Erklärung der Menschenrechte neu zu formulieren, um die Rechte aller Lebewesen und die Rechte unserer Umwelt mit einzubeziehen?

Ich glaube, dass dieser Schritt notwendig ist und dass es an der Zeit ist, uns um die Entwicklung einer solchen Haltung zu bemühen. Die Umweltfrage ist von großer Bedeutung und betrifft uns alle. Die Bewohner dieses Planeten können heutzutage die Folgen von Umweltausbeutung und allzu großer Nachlässigkeit in Bezug auf Umweltfragen überall deutlich wahrnehmen. Die Auswirkungen von Umweltverschmutzung können inzwischen auch in der Muttermilch nachgewiesen werden. Die Umweltverschmutzung hat also einen direkten Einfluss auf die Generationen, die nach uns kommen. Ebenso wird immer deutlicher, dass die Auswirkungen der Ausbeutung unseres Planeten sich nicht nur auf uns Menschen beschränken.

Wir müssen eine heilsame Einstellung des Mitgefühls gegenüber allen und allem entwickeln: der Menschheit als Ganzes, unserer Umwelt, aber auch uns selbst gegenüber. Es ist sehr bedauerlich, dass wir die Übung in Mitgefühl immer noch als etwas betrachten, das in unserem Alltagsleben keine große Bedeutung hat.

Achtzehntes Kapitel

Die Tibet-Frage

*Spüren Sie Wut oder Hass, wenn Sie die aktuellen Entwicklungen in Tibet mitverfolgen?**

Manchmal taucht ein ärgerlicher Gedanke in mir auf. Aber im Wesentlichen erlebe ich keine Wut und keinen Hass. Diese Gefühle sind mir fremd. Hass bedeutet, dass wir jemandem Schaden zufügen wollen. Solche Gedanken kann ich einfach und ganz schnell verwerfen. Meine spirituelle Praxis hilft mir dabei, negative Emotionen zu überwinden und zu Gleichmut zurückzufinden. Ein Teil meiner Praxis ist die Übung des „Gebens und Nehmens": Ich nehme chinesisches Misstrauen in mich auf und sende Mitgefühl aus. Ich muss jedoch gestehen, dass dies aufgrund der aktuellen Entwicklungen in den letzten Wochen für mich nicht immer einfach gewesen ist.

Was tun Sie, um mit den Belastungen dieser schwierigen Zeit fertig zu werden?

Trotz aller Sorgen und Ängste bin ich mit mir selbst und meinem Unterbewusstsein im Frieden. Und so kann ich meinen Pflichten weiterhin wie üblich nachkommen, und

---

* Die folgenden Gespräche wurden im März und April 2008 aufgezeichnet, während und nach den Protesten und Demonstrationen in Tibet (den größten seit der Flucht des Dalai Lama ins indische Exil 1959) und in vielen Städten auf der ganzen Welt, als die olympische Fackel während des Countdown für die Olympischen Spiele in Peking im Sommer 2008 durch viele Städte auf fünf Kontinenten getragen wurde. Die Tibet-Frage nahm während dieser Zeit in der weltweiten Berichterstattung und im Bewusstsein der freien Welt eine zentrale Rolle ein. – Diese Gespräche fanden vor dem Tod des Bruders des Dalai Lama, Taktser Rinpoche, im September 2008 statt.

ich kann weiterhin gut schlafen. Vielleicht auch deswegen, weil ich für die Chinesen, für die chinesische Führung und für diejenigen bete, die dieses Blutvergießen verursachen. Ich bete dafür, dass sich ihre Schleier der Unwissenheit heben mögen und dass sie von den negativen Auswirkungen ihres Handelns und ihrem negativen Karma befreit werden mögen.

Haben Sie jemals geweint?
Als ich die Nachrichten von der furchtbaren Gewaltanwendung in Tibet erfuhr, war ich gerade bei Professor Samdhong Rinpoche, dem demokratisch gewählten Premierminister der tibetischen Exilregierung. Wir hatten beide Tränen in den Augen.

Wie fühlen Sie sich, wenn Sie von der chinesischen Führung in äußerst abwertender Sprache als „Wolf im Mönchsgewand", ja sogar als „Monster" und „Krimineller" bezeichnet werden?
Wenn es die chinesischen Verantwortlichen glücklich macht, mich so zu titulieren, können sie gerne damit fortfahren. Was ich allerdings scharf verurteile, ist, wenn Tibeter innerhalb Tibets von den chinesischen Machthabern dazu gezwungen werden, mich öffentlich zu verunglimpfen, lächerlich zu machen oder auch mich schriftlich zu denunzieren. Für die betroffenen Tibeter ist das sehr schlimm.

Welcher Aspekt der chinesischen Propaganda irritiert Sie am meisten?
Die Manipulation der Medien. Die Chinesen versuchen ein Bild von Rassendiskriminierung zu zeichnen, in dem alle Tibeter gegen die Chinesen sind. Das entspricht nicht der Wirklichkeit. Schon vor dem Einmarsch der chinesischen Truppen in Lhasa im Jahre 1950 gab es Chinesen in

Lhasa, und es hat damals keine Probleme gegeben. Selbst nach 1959 herrschte kein allgemeines anti-chinesisches Ressentiment. Mit der Zeit haben sich allerdings Anzeichen einer gegen die Han-Chinesen gerichteten Stimmung entwickelt. Das ist sehr bedauerlich.

Wann immer Chinesen zu mir kommen, um mich zu sehen, heiße ich sie herzlich willkommen. Dabei weinen viele von ihnen und begegnen mir freundlich und mit einer aufrichtigen Haltung.

Der Hauptgrund meiner Reise nach Taiwan in den 1990er Jahren war, dass ich zeigen wollte, dass ich keine antichinesische Haltung habe. Wir respektieren die Chinesen und ihr reiches kulturelles Erbe und bewundern die Leistungen ihrer Zivilisation. Es ist von überragender Bedeutung, dass wir einen Geist der Versöhnung und Freundschaft mit dem chinesischen Volk als unseren Nachbarn entwickeln. Es ist sehr bedauerlich, dass die chinesische Propaganda weiterhin Probleme schaffen wird.

Was war Ihre erste Reaktion als junger Mann, als Sie vom feindlichen Einmarsch der Chinesen in Ihr Land und von den chinesischen Provokationen hörten? Ist es Ihnen damals schwer gefallen, eine mitfühlende Haltung gegenüber jenen zu bewahren, die von den meisten anderen Menschen in einer ähnlichen Situation mit Gefühlen von Hass und Wut als Feinde betrachtet worden wären?

1950 ist die chinesische Armee in einen Teil Tibets einmarschiert, der unter der Kontrolle der tibetischen Regierung stand. Davor hat es keinen chinesischen Einfluss und kein offizielles Büro der Chinesen in Lhasa gegeben. Historische Dokumente belegen eindeutig, dass Tibet ein unabhängiges Land war, als die chinesische Armee einmarschiert ist.

Bereits zu diesem Zeitpunkt sind mehr als 8000 Tibeter

getötet worden. Ich war daher sehr darum bemüht, den weiteren Vormarsch der chinesischen Volksbefreiungsarmee auf tibetischem Gebiet aufzuhalten. Auch die chinesische Regierung erkannte, dass es vielleicht besser wäre, wenn Tibet „friedlich befreit" werden könnte. 1954 bin ich daher nach China gereist, um als Mitglied der tibetischen Delegation am Parteikongress der Kommunistischen Partei teilzunehmen. Während dieser Zeit hatte ich einige Treffen mit dem Parteivorsitzenden Mao Tse-tung, der ein großer Revolutionsführer war, und ich entwickelte aufrichtigen Respekt für ihn. Ich bewunderte ihn und habe auch wertvolle Ratschläge von ihm erhalten.

Was für Ratschläge haben Sie von Mao Tse-tung erhalten?

Er hat beispielsweise gesagt, dass man die Kommunistische Partei mit einem Fisch vergleichen könne. So wie der Fisch ohne Wasser nicht überlebensfähig sei, könne die Partei ohne Kritik auch nicht überleben.

Ein andermal hat er mich gefragt, ob es eine tibetische Flagge gebe. Ich zögerte ein bisschen und bejahte schließlich. Mao Tse-tung hat dann geantwortet, dass die tibetische Flagge immer an der Seite der chinesischen Flagge gehisst werden müsse. Er sagte, dass Tibet in der Vergangenheit eine große Nation gewesen sei, dass wir aber rückständig und schwach geworden seien. Er meinte, dass wir Tibeter uns in 20 Jahren weiterentwickeln könnten und es dann an uns liege, den Chinesen zu helfen.

Der Vorsitzende der Kommunistischen Partei sagte auch, dass er mir zwei Generäle nach Tibet mitschicken werde, um mich bei meinen Aufgaben zu unterstützen. Falls die Generäle meinen Wünschen nicht entsprächen, solle ich ihm das sagen, und er werde die Generäle dann wieder aus Tibet zurückziehen.

Ich teilte einigen chinesischen Beamten sogar mit, dass

ich Interesse hätte, in die Kommunistische Partei einzutreten. Es gab einige Tibeter, die in die Kommunistische Partei Chinas eingetreten sind. Später erzählte mir einer meiner alten kommunistischen Freunde, dass die chinesische Führung damals wirklich davon überzeugt gewesen ist, dass wir Tibeter mithilfe der Chinesen imstande seien, selber ein modernes Tibet aufzubauen.

Als ich 1955 nach Tibet zurückreiste, traf ich auf dem Heimweg einen chinesischen General, der aus Tibet kam. Ich kannte diesen General und sagte ihm, dass ich das Jahr zuvor, als ich nach Peking gereist war, voller Angst und Misstrauen gewesen war, dass ich aber nun, ein Jahr später, überrascht und glücklich darüber sei, mit vollem Vertrauen in die Chinesen in mein Land zurückzukehren. Doch schon bald danach drückten viele tibetische Kommunisten, besonders jene aus abgelegenen Gegenden Tibets, ihren Unmut und ihre Unzufriedenheit über die um sich greifende chinesische Unterdrückung aus. Viele von ihnen verloren ihre Posten, wurden in Gefängnisse gesperrt und gefoltert. Ich war sehr enttäuscht.

1956 bin ich nach Indien gereist, um an einer Konferenz teilzunehmen. Ich habe den damaligen indischen Premierminister Jawaharlal Nehru mehrmals getroffen, und bei einem dieser Treffen stieß auch der chinesische Premier zu uns und sagte, dass er Tibet nicht wie irgendeine andere chinesische Provinz betrachtete und dass der Fall Tibet ein besonderer sei.

Warum sind Sie, trotz Ihrer Ängste und Befürchtungen, von Indien nach Tibet zurückgekehrt?

Die unrealistischen Reformen, die in China durchgeführt wurden, hatten in Tibet Unruhen ausgelöst, und Mao Tsetung hatte für Tibet eine sechsjährige Verschiebung der geplanten Reformen in Aussicht gestellt. Ich habe mit Pandit

Nehru auch darüber gesprochen, ob es besser sei, wenn ich in Indien bliebe oder wenn ich nach Tibet zurückkehrte. Nehru entwarf das Sieben-Punkte-Abkommen und riet mir, nach Tibet zurückzukehren und für mein Land zu kämpfen. Ich folgte diesem Rat, kehrte im Februar 1957 nach Tibet zurück und habe mein Bestes gegeben, dem Ratschlag Nehrus und einiger anderer Freiheitskämpfer folgend, mich für mein Land einzusetzen.

Doch die Lage verschlimmerte sich zusehends. Ich habe nichts unversucht gelassen, die angespannte Situation zu deeskalieren, doch die beiden Lager, die sich gegenüberstanden, beharrten auf ihren jeweiligen Standpunkten. Im März 1959 strömten die Tibeter vom Land in die Hauptstadt Lhasa, und viele machten sich ernste Sorgen um mein Leben. Die Lage spitzte sich immer weiter zu und wurde immer brisanter. Die chinesische Seite war fest dazu entschlossen, den Aufstand des tibetischen Volkes niederzuschlagen.

Ich appellierte an die Tibeter, die Hauptstadt zu verlassen und in ihre Dörfer zurückzukehren, und schlug vor, dass sie an ihrer Stelle einige Repräsentanten zurücklassen könnten. Doch die Menschenmassen vergrößerten sich zusehends, was die Situation nur noch verschlimmerte und die Chinesen noch nervöser und argwöhnischer werden ließ. Die Tibeter waren fest dazu entschlossen, in Lhasa zu bleiben und ihre Hauptstadt zu verteidigen. Ich war zwischen den beiden Lagern gefangen. Ich fürchtete ein Blutbad in Lhasa und dachte, dass ich der tibetischen Sache besser dienen könne, wenn ich das Land eine Zeit lang verließ, damit sich die Lage beruhigen konnte. So bin ich nach Indien entkommen. Nach meiner Ankunft dort wurde mir Asyl gewährt, und so bin ich zu einem Flüchtling geworden.

Könnten Sie uns ein paar Hintergrundinformationen über die aktuelle Lage Ihrer politischen Verhandlungen mit China geben?

In den späten 1970er und frühen 1980er Jahren traten die Chinesen mit meinem Bruder in Hongkong in Kontakt und luden ihn nach Peking ein.

Das bewertete ich als positives Zeichen und habe ihm unsere Entscheidung übermittelt, sich für die Autonomie des ganzen tibetischen Volkes einzusetzen. Es fand ein zweistündiges Treffen mit Tang Jiaxuan statt, der allen Diskussionspunkten offen gegenüberstand, außer der Frage der tibetischen Unabhängigkeit. Das Treffen erwies sich als Erfolg, und zwischen 1979 und 1980 reisten vier oder fünf tibetische Erkundungsdelegationen nach Tibet. Hoya Ma besuchte 1980 Hazra, gestand öffentlich die von den Chinesen verübte Zerstörung ein und entschuldigte sich für die Fehler der Chinesen in der Vergangenheit. Der Umgangston war damals wirklich konstruktiv und die Lage erschien hoffnungsvoll.

Die fünf hochrangigsten chinesischen Funktionäre jener Zeit übermittelten einen Fünf-Punkte-Plan, der beinhaltete, dass mich ein Vertreter Chinas in Delhi treffen sollte, alle Privilegien von vor 1959 wiederhergestellt werden sollten, der Dalai Lama zukünftig in Peking leben sollte und Tibet gelegentlich besuchen könnte. Diesen Plan habe ich sofort zurückgewiesen und betont, dass es hauptsächlich um die Grundrechte der sechs Millionen Tibeter in Tibet gehe. Solange dieser zentrale Punkt nicht angesprochen werde, sei es völlig irrelevant, über meine Rückkehr nach Tibet zu sprechen.

Was hat Sie dazu veranlasst, in den 1980ern Ihre erste Delegation nach Tibet zu senden?

1983 habe ich mein Interesse, Tibet zu besuchen, noch einmal öffentlich zum Ausdruck gebracht und mich entschieden, 1984 eine Delegation nach Tibet zu schicken, um die notwendigen Vorbereitungen dafür zu treffen, da ich auf jeden Fall vermeiden wollte, dass mein Besuch in Tibet Unruhen hervorrief. Ich kann mich daran erinnern, dass die ganze Bevölkerung auf den Beinen war und zusammengeströmt ist, um die erste Delegation zu begrüßen, die nach Lhasa gekommen war.

1984 baten wir die Chinesen um Erlaubnis, eine Delegation zu schicken, um die Vorbereitungen für meinen Besuch zu treffen. Doch die chinesische Seite hatte Schwierigkeiten, dies zu akzeptieren. Durch gelegentliche Treffen, die in Delhi stattgefunden haben, dauerten unsere offiziellen Kontakte mit den Chinesen bis 1993 an. Danach sind alle Kontakte abgerissen.

Was geschah dann?

Es gab bis zum Jahr 2002 keinen weiteren direkten Kontakt mit der chinesischen Seite. Seither haben sechs Gesprächsrunden stattgefunden.

In der dritten Gesprächsrunde wurde uns eine Liste mit 36 Anschuldigungen vorgelegt. In der vierten Runde konnten wir alle Anschuldigungen Punkt für Punkt widerlegen, da fast alle jeglicher Grundlage entbehrten. Letzten Endes war das aber eine lehrreiche Erfahrung für uns, da wir besser verstehen konnten, wie die Chinesen uns wahrnehmen und was ihre Ängste sind, dass wir nämlich indirekt, über Umwege, nach der Unabhängigkeit Tibets von China streben.

Konnten Sie die chinesische Seite davon überzeugen, dass dies nicht der Fall ist?

Während der fünften Gesprächsrunde im Februar 2006 erkannte die chinesische Delegation die Tatsache an, dass wir nicht nach der Unabhängigkeit Tibets streben. In unseren Bemühungen, gegenseitiges Vertrauen aufzubauen, haben wir das als einen Meilenstein betrachtet. Die chinesische Seite brachte auch zum Ausdruck, dass es in Bezug auf die Geschichte viele Meinungsverschiedenheiten zwischen den beiden Seiten gegeben hat. Im April und Mai 2006 intensivierten die Chinesen allerdings ihre Propaganda, dass wir in Tibet agierende Separatisten unterstützen würden. Das war eine gezielte Kampagne, die aber jeder Grundlage entbehrt.

Ich glaube, es war der chinesische Parteisekretär der Autonomen Region Tibet, der einmal gesagt hat, dass es der tibetische Buddhismus und die tibetische Kultur seien, die Tibet von China trennten. Wenn verantwortliche chinesische Machthaber einen solchen Standpunkt vertreten, kann man meiner Meinung nach von ihnen nicht erwarten, dass sie wirklich den tibetischen Buddhismus, die tibetische Kultur und die tibetische Umwelt schützen und bewahren wollen.

Welche Unterstützung erwarten Sie von anderen Ländern?
Im Namen von sechs Millionen Tibetern, die in Tibet leben, besonders derjenigen, die in ländlichen Gegenden wohnen und völlig von der Außenwelt abgeschlossen sind, richte ich einen Appell an die internationale Gemeinschaft: Ich möchte Sie darüber informieren, dass das tibetische Volk ein einzigartiges kulturelles Erbe besitzt, das von der Auslöschung bedroht ist. Tibet ist ein Volk mit einer langen Geschichte und uralten Tradition. Bitte helfen Sie uns, unsere Nation zu bewahren!

Was in Tibet geschieht, ist eine Art von kulturellem Völkermord, unabhängig davon, ob dies von den Chinesen beabsichtigt ist oder nicht. Tibetischer Unterricht an Schulen und die tibetischen Klöster beispielsweise sind massiven Restriktionen unterworfen. Unsere tibetische Kultur beruht auf dem Buddhismus, daher sind die Klöster Tibets äußerst wichtige Bildungseinrichtungen, wenn es um den Erhalt der tibetischen Kultur geht. Die momentan herrschenden Restriktionen innerhalb Tibets kommen daher einem Völkermord gleich.

Gleichzeitig vergrößert sich die chinesische Bevölkerung in Tibet rasant. In der Hauptstadt Lhasa beispielsweise, wo inzwischen mehr als 200.000 Chinesen leben, werden die Tibeter zu einer Minderheit. Wenn in den Städten Tibets zwei Drittel der Bevölkerung Chinesen sind, muss man zwangsläufig Chinesisch können, wenn man Arbeit finden oder auch nur einkaufen möchte. Von Monat zu Monat nimmt die chinesische Bevölkerung in Tibet zu. Diese demographische Aggression ist sehr ernst zu nehmen.

Ich muss feststellen, dass Tibeter, die außerhalb Tibets geboren sind, viel besser dazu in der Lage sind, das kulturelle Erbe Tibets zu bewahren als die Tibeter in Tibet selbst. Zudem werden viele Tibeter in Tibet ungeduldig. Obwohl der tibetische Charakter aufgrund unseres kulturellen Erbes von Friedfertigkeit und Mitgefühl geprägt ist, zeigen einige Tibeter in Tibet in dieser Hinsicht deutliche Degenerationserscheinungen. Das ist ein sehr, sehr ernst zu nehmendes Problem.

Es gibt auch detaillierte Berichte über die Abholzung großflächiger Gebiete in Tibet. Als direkte Auswirkung davon ist es in China in den letzten Jahren zu Überschwemmungen in einem noch nie da gewesenen Ausmaß gekommen. Es kann sein, dass einige Regierungsbeamte in China die Umwelt tatsächlich respektieren und schützen wollen. Doch private Geschäftsleute scheinen sich manchmal wenig um die Anweisungen der Regierung zu kümmern und fahren oft ungehindert mit der Entwaldung und der Ausbeutung von Bodenschätzen fort. Es muss daher wirklich unabhängige Institutionen in Tibet geben, die sich wirkungsvoll für die Bewahrung des kulturellen Erbes, des buddhistischen Glaubens und der einzigartigen Umwelt Tibets einsetzen.

Unsere Freunde auf der ganzen Welt, Europäer, Amerikaner und Japaner mit eingeschlossen, können uns dabei helfen, zu einer Lösung zu gelangen, doch die Lösung und gegenseitige Einigung muss zwischen den Chinesen und Tibetern erreicht werden.

Waren Sie dagegen, dass die Olympischen Spiele in China ausgetragen werden?

Als die Entscheidung bekannt gegeben wurde, dass die Olympischen Spiele in Peking stattfinden würden, habe ich sehr deutlich und öffentlich meine Meinung zum Ausdruck gebracht, dass China als altes, traditionsreiches Land und als bevölkerungsreichste Nation dieser Erde die Olympischen Spiele verdient hat, dass die Spiele dem chinesischen Volk Stolz verleihen werden und daher die Spiele dort stattfinden sollen. Unsere Haltung ist nicht antichinesisch, und daher respektieren und unterstützen wir die Entscheidung, dass die Spiele dort stattfinden werden.

Gleichzeitig müssen wir aber auch der Kritik Rechnung tragen, die viele Regierungen und Nichtregierungsorganisationen dieser Welt über die Lage der Menschenrechte und der Religionsfreiheit in China geäußert haben. China genießt in dieser Hinsicht keinen guten Ruf. Es ist daher wichtig, die chinesische Regierung und die verantwortlichen Funktionäre daran zu erinnern, dass sie, wenn sie als Gastgeber der olympischen Spiele wirklich respektiert werden möchten, ernsthaft an Verbesserungen auf dem Gebiet der Menschenrechte, der religiösen Freiheit und des Umweltschutzes arbeiten müssen.

Wie haben Sie auf die Proteste und den Widerstand, die sich im März 2008 in Tibet zugetragen haben, reagiert?

Natürlich kann ich die Ungeduld der jungen Generation verstehen. Die Träume der jungen Generation kenne ich seit vielen Jahren, und ich hatte gehofft, dass sie sich etwas gelegt hätten. Die Jugend hat keine Konzepte, nur Emotionen.

Von der moralischen Frage der Anwendung von Gewalt einmal ganz abgesehen – was würde das genau bedeuten, wenn die Tibeter zu den Waffen griffen, um ihre Unabhängigkeit zu erlangen? Was für Waffen sollen das sein, und woher sollen diese Waffen kommen? Und falls wir wirklich Waffen bekämen, wie sollten wir sie nach Tibet bekommen? Und wenn der bewaffnete Unabhängigkeitskampf einmal begonnen hat, wer würde uns in unserem Kampf zu Hilfe kommen?

Ich verstehe die Proteste zwar, kann sie aber keinesfalls unterstützen oder gutheißen. Ich habe auch den Organisatoren eines sogenannten Friedensmarsches, der hier in Dharamsala beginnen und bis zur Grenze Chinas führen sollte, geraten, ihre Pläne aufzugeben, da dies zu Zusammenstößen mit der bewaffneten Grenzpolizei führen könnte. Doch alles, was ich tun kann, ist, Ratschläge zu erteilen. Es ist mir nicht möglich, Meinungsäußerungen zu unterdrücken. Ich kann nur hoffen, dass die Chinesen die momentanen Ereignisse nicht zum Anlass nehmen, ein weiteres Blutbad anzurichten.

Was hat Ihrer Meinung nach zu der aktuellen Entwicklung in Tibet geführt?

Es ist sehr deutlich geworden, dass die Chinesen nun endlich eingestehen müssen, dass es in Tibet ein Problem gibt. Diese überwältigende Ablehnung der kommunistischen Regierung und ihrer Politik kann nicht länger ignoriert werden. Peking muss akzeptieren, dass in den letzten fünfzig Jahren etwas grundlegend falsch gelaufen ist.

Im Gegensatz zu früheren Unruhen in Tibet, betreffen die jetzigen Unruhen diesmal Lhasa, die sogenannte Autonome Region Tibet (TAR), und weit darüber hinausgehende Gebiete. Die Proteste haben sich auf alle tibetischsprachigen Gebiete Chinas ausgeweitet, bis hin zu tibetischen Studenten an Universitäten in Peking. Nach Jahren der Unterdrückung haben die Tibeter ihr Vertrauen in die chinesische Führung verloren.

Die Chinesen haben nichts unversucht gelassen: Unterdrückung, Folter, politische Umerziehung, politische Indoktrination und Unterstützung der Zuwanderung von Han-Chinesen nach Tibet. Aber alle Strategien sind gescheitert. Selbst aufwendige Programme mit dem Ziel, den Lebensstandard in Tibet zu verbessern, und sehr viel Geld, das in die Entwicklung der Infrastruktur in Tibet investiert worden ist, haben lediglich gezeigt, dass den Tibetern ihre kulturelle Unabhängigkeit und ihre Spiritualität weitaus wichtiger sind.

Warum haben Sie die Unabhängigkeit Tibets aufgegeben und streben stattdessen nur nach Autonomie?

Die tibetischen ethnischen Gemeinschaften sind über viele chinesische Provinzen zerstreut und nicht nur auf das begrenzt, was von den Chinesen als die „Autonome Region Tibet" bezeichnet wird. Dies ist übrigens nur eine Autonomie dem Namen nach, denn wirkliche Autonomie gibt es in der Autonomen Region Tibet nicht.

So haben wir uns dazu entschlossen, mit den Chinesen nicht über unsere Unabhängigkeit, sondern über eine einzige autonome Region innerhalb der chinesischen Nation zu verhandeln, die helfen kann, unsere tibetische Kultur und Sprache zu bewahren.

Wir haben also die grundsätzliche Entscheidung getroffen, nicht nach Unabhängigkeit zu streben, sondern die Grundhaltung des mittleren Weges zu verfolgen. Dieses Konzept wurde von der Öffentlichkeit als vernünftiger Vorschlag akzeptiert, es wird inzwischen auch von vielen Ländern unterstützt und ist seither von unserer Seite immer der Fokus in den Gesprächen mit den Chinesen gewesen.

Viele Ihrer Anhänger haben das Empfinden, dass Sie durch diese Ihre Position des mittleren Weges als Verhandlungsposition den Ausverkauf Tibets betrieben haben, da Sie nun in weiteren Verhandlungen mit den Chinesen keinerlei Zugeständnisse mehr machen können.

Ich respektiere das chinesische Volk. Und ich glaube an einen aufrichtigen und transparenten Dialog und habe kein Interesse daran, irgendwelche politischen Spiele zu betreiben.

In den chinesischen Provinzen Hunan, Xikang, Gansu und Xinjiang gibt es vier Millionen Tibeter, in der Autonomen Region Tibet jedoch nur zwei Millionen. Die Mehrheit der Tibeter lebt also außerhalb dessen, was von den Chinesen als Autonome Region Tibet bezeichnet wird. Die tibetischen ethnischen Gemeinschaften sind über viele chinesische Provinzen zerstreut, warum also sollte man statt autonomer Regionen nicht eine wirkliche Autonomie haben?

Ich habe versucht, die unterschiedlichen tibetischen Gemeinschaften von dieser Idee zu überzeugen, indem ich ihnen dargelegt habe, dass es nur zwei Möglichkeiten gibt: einerseits ein unabhängiges Tibet, das geographisch auf das jetzige Gebiet der Autonomen Region Tibet begrenzt sein und somit die Mehrheit der Tibeter ausschließen würde; andererseits ein Großtibet, das vereint und wirklich autonom ist und auch meinen eigenen Geburtsort einschließen würde, und zwar mit voller Garantie, dass wir unsere Identität, Sprache und Kultur bewahren können. Viele Tibeter haben sich für die zweite Möglichkeit entschieden, da eine große Einheit wirklich von großem Vorteil wäre.

Sehen Sie, mein eigener Geburtsort in der Provinz Amdo befindet sich heute unter chinesischer Verwaltung. Aus rechtlicher Sicht bin ich also Chinese. Für die chinesische Führung bin ich ein Teufel, und einige Tibeter betrachten mich als jemanden, der den Ausverkauf Tibets betreibt …

Die „Autonomie Tibets" spiegelt am besten ihre spirituelle Verpflichtung für den mittleren Weg wider. Wie vermitteln Sie den Menschen den politischen Nutzen hiervon?

Die Autonomie Tibets bietet die besten Optionen. Mein Ziel ist nicht die Abspaltung Tibets von China, sondern dass wir innerhalb der Volksrepublik China verbleiben und in wirklicher Autonomie unser einzigartiges kulturelles Erbe schützen und bewahren können. Das schließt unsere Sprache und das empfindliche Ökosystem des tibetischen Hochlandes mit ein.

Es ist auch in unserem eigenen Interesse, wenn Tibet Teil der chinesischen Volksrepublik bleibt. Spirituelle Entwicklung allein kann unseren Magen nicht füllen, wir brauchen auch moderne Entwicklung. Es ist also von Nutzen, wenn Tibet ein Teil Chinas bleibt, allerdings nur dann, wenn wir über wirkliche Autonomie verfügen und die volle Garantie haben, unsere besonderen Bedürfnisse schützen zu können.

Den Tibetern muss die Entscheidungsgewalt über alle kulturellen, religiösen und ökologischen Angelegenheiten übertragen werden, was auch ohne Tibets Unabhängigkeit möglich ist. Nach internationalem Recht wäre solch ein

Tibet Teil der chinesischen Volksrepublik, die weiterhin für die Außenpolitik und die Sicherheit verantwortlich wäre. Wenn die chinesische Führung in Peking einer solchen Lösung zustimmen würde, kann ich dafür garantieren, dass es Unruhen und Krisen, wie wir sie momentan erleben, nicht mehr geben wird.

Was sind die Risiken dieser Option?

Es besteht das Risiko, dass die chinesische Führung glaubt, sie habe das Vertrauen der Tibeter endgültig verloren und es gebe keine Chance mehr auf eine friedliche Lösung des Tibetproblems. Gleichzeitig wünschen sich die Chinesen die vollständige Kontrolle über unser Land, das über sehr große Vorkommen an Bodenschätzen verfügt. In diesem Fall werden sie unser Volk noch brutaler unterdrücken und die Tibeter in ihrem eigenen Heimatland zu einer unbedeutenden Minderheit herabdrücken. Diese Option ist ein Tibet für die Han-Chinesen. Das würde das Ende aller Dialoge bedeuten und das Ende all unserer Bemühungen, gegenseitiges Vertrauen aufzubauen.

Dennoch kritisieren viele Tibeter diesen Ihren mittleren Weg und stehen ihm vielleicht sogar mit Ablehnung gegenüber.

Pandit Jawaharlal Nehru hat mir oft gesagt, dass der Staat vom Volk und für das Volk sei. Dieser Grundanschauung bin ich immer gefolgt. Nachdem 1993 unser Kontakt mit den Chinesen zum Stillstand gekommen ist, habe ich die tibetische Gemeinschaft nach ihrer Meinung gefragt. Seit 2001 haben wir ein demokratisch gewähltes Parlament der im Exil lebenden Tibeter. Die endgültige Entscheidung in dieser Frage liegt nun beim Parlament, und ich fungiere nur noch als Berater.

Natürlich stehen viele Menschen meinem mittleren Weg kritisch gegenüber, mein älterer Bruder mit eingeschlossen, der sagt, dass der Dalai Lama, sein lieber jüngerer Bruder, einen Ausverkauf der tibetischen Rechte betrieben habe. Ich respektiere ihn als meinen älteren Bruder, vertrete aber einen anderen politischen Standpunkt. Doch nicht nur viele Tibeter, sondern auch einige meiner Anhänger kritisieren meine Haltung und reden immer über die Unabhängigkeit, und ihre Sorgen um Tibet sind verständlich. Ich fühle mich jedoch dem mittleren Weg verpflichtet. Wenn also diese Strategie des Dalai Lama keinen Erfolg hat, wird sich die Frustration dieser Menschen vergrößern.

Leider versteht die chinesische Führung noch nicht, was Freiheit und Demokratie bedeuten. Auch manche Tibeter haben hierin keine Erfahrung und wählen manchmal andere Ausdrucksmöglichkeiten. Dann klagen uns die Chinesen an und fragen, warum diese Menschen nicht kontrolliert werden. Ich antworte, dass wir die Menschen nicht kontrollieren können und auch nicht kontrollieren *wollen*. Wir sind jetzt fest im demokratischen Prinzip verankert.

Als buddhistischer Mönch folge ich den Lehren Buddhas. Buddha sagt niemals „Tu dies, tu das", sondern gibt uns die Freiheit, selbst zu entscheiden. Er verlangt von seinen Schülern nicht, dass sie seine Lehren aus Hingabe akzeptieren, sondern dass sie selber damit experimentieren.

Unser wirklicher Meister, der Buddha, sagt dies also auch.

Es ist jedoch durchaus möglich, dass in Zukunft andere Stimmen versuchen werden, Ihren mittleren Weg infrage zu stellen und stattdessen nach vollständiger Unabhängigkeit zu streben.

Wenn es um meine Einstellung geht, weiß die ganze Welt, dass der Dalai Lama nicht nach Unabhängigkeit strebt.

Nur die chinesische Führung scheint das noch nicht zu wissen.

Wenn diese Strategie des mittleren Weges nicht zum Erfolg führt, dann werden wir unser Volk befragen, was zu tun ist, da einige unserer Anhänger die Unabhängigkeit bevorzugen. So ist die demokratische Vorgehensweise. Wir sind voll und ganz dem demokratischen Prinzip verpflichtet, und einige junge Menschen sind ziemlich hart und zäh. Ich kann aber weder verlangen, dass sie ihren Mund halten, noch kann ich ihnen vorschreiben, dass sie sich so zu verhalten haben, wie ich mir das wünsche. Es ist ihr gutes Recht, ihre Meinungen und Gefühle zum Ausdruck zu bringen. Es liegt aber in meiner Verantwortung, die Auswirkungen ihrer Handlungen aufzuzeigen. Diesen jungen Menschen ist meine moralische Verantwortung durchaus bewusst. So ist es ihr gutes Recht und liegt in ihrer Freiheit, meine Haltung zu kritisieren. Das schließt meinen älteren Bruder mit ein.

In Tibet herrschen ernst zu nehmende Verbitterung und Enttäuschung. In den vergangenen Jahren brachten viele Tibeter in Tibet und sogar diejenigen, die einen hohen Lebensstandard haben, wie beispielsweise die Tibeter, die in China ein Hochschulstudium absolviert haben, vermehrt ihren Unmut zum Ausdruck. Ich glaube, dass viele 30- bis 40-jährige Tibeter, die jüngere Generation, sagen, dass sie dem Rat des Dalai Lama folgen müssten, solange er noch am Leben ist, dass sie aber nach seinem Tod angemessen würden handeln müssen.

Derartige Äußerungen verursachen mir Unbehagen. Wann immer ich mich mit solchen Tibetern treffe, betone ich, dass sie sich auf die Ausbildung, die Erziehung und die ökonomischen Angelegenheiten konzentrieren sollten. Ich rate ihnen, die lokalen Behörden eindringlich darum zu bitten, eine gute Erziehung zu ermöglichen. Sie haben ein Recht dazu, um diese Dinge zu bitten.

Während die Chinesen in Tibet brutal gehandelt haben, gab es aber auch tibetische Jugendliche, die an Plünderungen und Brandstiftungen in Lhasa teilgenommen haben.

Ich nehme an, dass dies der Fall gewesen ist, und verurteile dies. Es macht mich traurig zu sehen, dass meine eigenen Landsleute sich auf solche Weise verhalten, auch wenn dies höchstwahrscheinlich das Ergebnis einer tief sitzenden Desillusionierung und Verzweiflung darüber gewesen ist, im eigenen Heimatland ein Leben als Bürger zweiter Klasse führen zu müssen. Das darf jedoch niemals eine Entschuldigung für Gewalt sein.

Ich habe eine internationale Untersuchung der Ereignisse in Tibet durch eine unabhängige und renommierte Institution vorgeschlagen. Dies ist aber gewiss: Zum größten Teil waren es unschuldige Tibeter, die unter der Brutalität der Polizei und des Militärs zu leiden hatten. Ich bedauere jeden Verlust von Leben, auf chinesischer wie auf tibetischer Seite. Leider gibt es kein vollständiges und detailliertes Bild darüber, was in Tibet wirklich passiert ist und im Moment immer noch geschieht.

Es gibt viele Verzerrungen und Verdrehungen. Wir haben gehört, dass 500 chinesische Soldaten ihre Köpfe rasiert und sich in Mönchsroben gekleidet haben sollen, um Unruhen zu provozieren. Ich glaube, dass es durchaus Einzelfälle von Gewaltanwendung aufgrund starker Emotionen gegeben hat, doch im Allgemeinen sind wir Tibeter aufrichtig friedlich und nicht gewalttätig.

Hoffen Sie auf eine Lösung durch Gespräche mit China?

Gespräche nur um der Gespräche willen sind sinnlos. Ich bin nur an ernsthaften Gesprächen interessiert, um die Wurzeln der Probleme anzusprechen und eine Lösung dafür zu finden. Gespräche sind uns sehr willkommen, und wir stellen keine Vorbedingungen dafür. Doch die Gespräche müssen auf eine für die Außenwelt transparente Art und Weise durchgeführt werden – genug der geheimen Gespräche hinter verschlossenen Türen. Natürlich hat der internationale Druck auf Peking Wirkung gezeigt, aber nur bis zu einem gewissen Grad. Die ganze Welt muss uns helfen. Die Chinesen sind um ihren internationalen Ruf sehr besorgt.

Es reicht aber nicht aus, nur zu reden. Ich begrüße es, wenn neutrale und international anerkannte Personen, von Medien begleitet, einen freien Zugang zu den betroffenen Gebieten bekommen, um die Lage dort genau zu untersuchen.

Sowohl China als auch Indien sind Teil der politischen und spirituellen Wirklichkeit Tibets geworden. Wie sehen Sie diese beiden Länder im Vergleich zueinander?

Wir müssen zeitgemäßen Wegen folgen. Die Demokratie stellt nicht das perfekte Regierungssystem dar, ist für unsere heutige Zeit jedoch am besten geeignet, und das ist der Weg, den Indien geht. Im Süden, Norden, Westen, Osten und in der Mitte Indiens gibt es die unterschiedlichsten Menschen, Sprachen, Gebräuche, Traditionen und Nahrungsmittel. Doch das ganze Land ist, von einigen kleinen Unruheherden abgesehen, friedlich vereint. Wie wird das erreicht? Nicht durch Gewalt! Dies wird erreicht durch Rechtsstaatlichkeit, Meinungsfreiheit, Redefreiheit und Religionsfreiheit. Indien ist daher ein sehr stabiles Land. Wenn irgendwo ein Unrecht geschieht, wird sofort in den Zeitungen darüber berichtet. Auf der anderen Seite sieht China äußerlich sehr stabil aus, doch unter der Oberfläche gärt es. China ist ein Polizeistaat, in dem die Freiheiten der Menschen sehr eingeschränkt sind.

In der heutigen Welt kann Gewaltherrschaft weder dauerhaften Frieden noch Weiterentwicklung und Fortschritt schaffen. Harmonie muss aus den Herzen der Menschen kommen und nicht aus der Pistole. Wie sollten wir jemals Harmonie und Einheit durch Gewalt entwickeln können? Das ist unmöglich. Mehr Terror führt lediglich zu mehr Leiden und ist die Quelle von Uneinigkeit. Ich denke, die chinesischen Machthaber sollten ein wenig menschliche Psychologie studieren.

Sind Sie über die Reaktion der indischen Regierung angesichts der gegenwärtigen Krise in Tibet enttäuscht?

Wir haben enge emotionale und geistige Verbindungen mit Indien. Daher ist es angemessen, in Bezug auf die Haltung der indischen Regierung eine ganzheitliche Sichtweise einzunehmen, trotz der physischen Gewalt, die China gegen die Tibeter ausübt.

Vor fünfzig Jahren hat Pandit Nehru seine Politik der Unterstützung für die tibetischen Flüchtlinge auf indischem Boden begonnen, und seither hat jede Regierung Indiens diese unterstützende Politik für die Tibeter fortgeführt, unabhängig davon, ob die Regierung von der indischen Volkspartei BJP oder der Kongresspartei gestellt wurde. Seither gibt es Programme für ein modernes Bildungswesen und die unterschiedlichsten Aktivitäten für den Erhalt und die Förderung unserer buddhistischen Kultur und unserer Studien. Aufgrund dieser indischen Unterstützung haben wir eine florierende tibetische Exilgemeinschaft in Indien und konnten unsere Kultur, unsere Religion und unsere unterschiedlichen Traditionen bewahren. Wenn wir auf diese Weise die buddhistische Religion bewahren können, ist das die größtmögliche Hilfe, die Indien uns geben kann.

Dass tibetische Jugendliche heute auf indischem Boden laut demonstrieren können, ist der Tatsache, dass sich Indien zur Meinungsfreiheit verpflichtet hat, zu verdanken. Vor Kurzem habe ich mit den tibetischen Anführern der gegen die Chinesen gerichteten Proteste in Indien reden können. Ich habe ihnen gesagt, dass ich der Demokratie verpflichtet und ein Verfechter demokratischer Freiheiten bin.

Daher habe ich kein Recht, diese Proteste zu stoppen oder diese Menschen aufzufordern, ihren Mund zu halten. Doch habe ich die moralische Verpflichtung, sie auf die Konsequenzen ihres Handelns hinzuweisen. Wir dürfen nichts tun, was die indische Regierung und das indische Volk kompromittieren könnte, die sich gegenüber uns Tibetern als äußerst großzügig erwiesen haben.

Nachdem die momentanen gewalttätigen Proteste in Tibet bekannt geworden sind, wurden Sie mit den Worten zitiert: „Wenn die Dinge völlig außer Kontrolle geraten, werde ich zurücktreten und mein Amt niederlegen.“ Können Sie die politischen und spirituellen Aufgaben des Dalai Lama einfach so abgeben?

Bereits jetzt befinde ich mich schon halb im Ruhestand; daher ist es durchaus möglich, dass ich bald ganz zurücktreten werde. Auf politischer Ebene werden in der tibetischen Exilgemeinschaft alle fünf Jahre demokratische Wahlen abgehalten, und auf der spirituellen Ebene haben wir junge, qualifizierte und fähige Nachwuchskräfte. Daher habe ich keinen Grund, mir Sorgen zu machen. Diese jungen und qualifizierten spirituellen Nachwuchslehrer werden sich um den Buddhismus und um den Erhalt unserer buddhistischen Kultur kümmern. Daher sollte ich jetzt, als alter Mönch, den Vorbereitungen für mein nächstes Leben mehr Zeit und Aufmerksamkeit schenken. Oder etwa nicht?

Für die Tibeter im Allgemeinen und für Tibet im Besonderen ist Ihre Rolle und das Amt des Dalai Lama von zentraler und ausschlaggebender Bedeutung. Wie sieht das in Zukunft aus: Wenn Sie von Ihrem Amt zurücktreten, wird der nächste Dalai Lama eine Wiedergeburt sein, oder werden Sie Ihren eigenen Nachfolger auswählen?

Bereits 1969 habe ich gesagt, dass das tibetische Volk darüber bestimmen sollte, ob das Amt des Dalai Lama weitergeführt wird oder nicht. Es hat in der tibetischen Geschichte bereits Situationen gegeben, wo das amtierende Oberhaupt schon vor dem eigenen Tod einen guten und qualifizierten Nachfolger ausgewählt hat. Es ist daher durchaus möglich, einen jungen und qualifizierten spirituellen Nachfolger zu bestimmen. Was die Reinkarnation betrifft, gibt es verschiedene Optionen.

Dieses Thema haben wir einmal mit einer Gruppe von hochrangigen Vertretern hier in Dharamsala diskutiert. Der ausschlaggebende Punkt dabei ist der Wille des tibetischen Volkes. Daher gibt es auch Überlegungen zu einer Volksabstimmung in dieser Angelegenheit. Alles ist möglich: ein Konklave wie in der katholischen Kirche; eine Frau als meine Nachfolgerin; das Ende der Institution und somit kein Dalai Lama mehr; oder eventuell sogar zwei Dalai Lamas – denn die Kommunistische Partei Chinas hat sich selbst ebenfalls das Recht verliehen, in Zukunft über nachfolgende Reinkarnationen zu bestimmen.

Man hat die einstimmige Bitte an mich herangetragen, in Bezug auf die Auswahl meines Nachfolgers und in Bezug darauf, wie die Institution der Dalai Lama am Leben erhalten wird, selbst die endgültige Entscheidung zu treffen. Als buddhistischer Mönch fühle ich mich zutiefst dazu verpflichtet, auf meine Reinkarnation hinzuarbeiten, damit ich der Menschheit weiterhin dienen kann in der Gestalt, die am meisten benötigt wird und den größten

Nutzen bringt. Die Institution des Dalai Lama hingegen ist nur so lange von Bedeutung, als sie für das tibetische Volk von Nutzen ist.

Ein Punkt steht aber schon fest: Wenn es die beste Option für die Zukunft ist, dass ich als der nächste Dalai Lama wiedergeboren werde, dann wird diese Reinkarnation nicht in China unter dem gegenwärtigen politischen System stattfinden.

Doch ich hoffe, dass mir noch genügend Zeit verbleibt, vielleicht zehn oder zwanzig Jahre, um über diese Dinge nachzudenken. Falls wir Tibeter dann immer noch im Exil leben werden und es zur Reinkarnation des Dalai Lama kommen sollte, dann wird diese Wiedergeburt wahrscheinlich irgendwo in Indien zu finden sein, doch ganz sicher außerhalb Tibets.

Könnte der nächste Dalai Lama eine Frau sein?
Es gibt verschiedene Gründe für eine Wiedergeburt: der buddhistischen Lehre zu dienen und den Mitmenschen und anderen Lebewesen zu dienen. Wenn hierfür eine Frau wirksamer ist, dann sollte die Wiedergeburt in der Gestalt einer Frau stattfinden.

Würden Sie lieber als eine Frau zurückkommen?
Ich persönlich? Das weiß ich nicht. Aber es ist durchaus möglich, dass der nächste Dalai Lama als Frau wiedergeboren wird. Schließlich gab es in der buddhistischen Tradition bereits Frauen als Reinkarnationen, daher ist eine Frau als Dalai Lama durchaus möglich.

Glauben Sie, dass Sie eines Tages nach Tibet zurückkehren werden?
Ich bin voller Optimismus, dass ich eines Tages nach Tibet zurückkehren werde. Doch es hat keinen Zweck, zurück-

zukehren, ohne ein bestimmtes Maß an Freiheit erlangt zu haben. Wenn der Tag kommt, an dem es ein gewisses Maß an Rechtsstaatlichkeit, Meinungsfreiheit und Pluralismus in Tibet gibt und ich zurückkehren kann, werde ich keine politische und keine herausragende spirituelle Rolle mehr spielen. Dann werde ich meine gesamte historische Autorität an die Lokalregierung in Tibet abtreten. Die Hauptverantwortung und alle politischen Ämter werden den Tibetern innerhalb Tibets übertragen werden. Denn sie kennen die Situation in Tibet viel besser als wir Exiltibeter und haben in den letzten Jahrzehnten viele Strapazen und große Anstrengungen auf sich genommen.

Mich erreichen immer wieder Anfragen aus Tibet: Die alten Menschen sagen: „Bitte kommen Sie nach Tibet zurück, bevor wir sterben." Und die jungen Menschen sagen: „Wir brauchen Sie! Aber Sie sollen in einem freien Land leben." So bleibe ich noch im Exil, und zwar nicht als politisches Oberhaupt, sondern als Sprachrohr für das tibetische Volk. Meine wirklichen Vorgesetzten sind die sechs Millionen Tibeter innerhalb Tibets.

Danksagung

Der Dalai Lama hat der Welt eine säkulare Philosophie der universellen Verantwortung geschenkt, die eine besondere Art von Altruismus fördert und unterstützt. Dieser besondere Altruismus wird vom Verständnis unserer wechselseitigen Abhängigkeit genährt, also der unzähligen Wege, auf denen jeder Einzelne von uns das eigene Glück, Überleben und Wohlergehen Millionen anderer Menschen und Lebewesen verdankt. Nur die aufrichtige, gütige Großzügigkeit, die Geduld und Uneigennützigkeit Seiner Heiligkeit ermöglichte dieses Buch. Der Dalai Lama hat viel von sich und seiner Zeit einem strauchelnden und unwissenden Schüler wie mir geschenkt, dessen einzige Qualifikation darin besteht, vom Dalai Lama als Schüler akzeptiert worden zu sein. Dass ich mich seiner würdig erweise, bleibt ein ewiges Gebet, denn sonst bleibt mir keinerlei Hoffnung. Es ist nicht genug, nur meine Dankbarkeit zum Ausdruck zu bringen.

Die Entstehung und Publikation dieses Buches war nur „in Abhängigkeit" davon möglich, dass viele Menschen genau die Qualitäten praktizierten, um die uns der Dalai Lama so eindringlich bittet. Mein erstes Treffen mit dem Dalai Lama wurde durch Ngari Rinpoche ermöglicht nach einer Reihe scheinbarer Zufälle, von denen ich jetzt weiß, dass sie Teil eines größeren Entwurfes sind, den ich erst noch entziffern muss. Ngari Rinpoche und seine Frau Rinchen Khandro-la haben sowohl mich als auch (nach unserer Heirat) meine Frau in ihrem Zuhause willkommen geheißen und wurden bald zu meiner tibetischen Familie. Üblicherweise habe ich bei ihnen gewohnt, wenn ich Dharamsala besuchte, um Seine Heiligkeit zu treffen. Meine erste formelle Einweihung habe ich vom Dalai Lama vor dessen persönlichem Altar in Gegenwart von Rinpoche erhalten, der auch als Übersetzer und Begleiter fungierte. Seither ist Ngari Rinpoche mein Bruder im Dharma und hat mir durch viele dunkle Nächte der Seele geholfen. Er hat mich immer dazu ermutigt und darin unterstützt, für Seine Heiligkeit zu schreiben und zu arbeiten.

Tenzin Geyche Tethong war mehr als zwanzig Jahre lang der Privatsekretär Seiner Heiligkeit und ist vor erst vor Kurzem in den Ruhestand getreten. Tenzin Geyche-la diente dem Dalai Lama mit seltener Selbstlosigkeit, großer Hingabe, Integrität und Zurückhaltung. Bis vor Kurzen war er meine wichtigste Kontaktmöglichkeit zum Dalai Lama und hat meine privaten und formellen Audienzen beim Dalai Lama ermöglicht und dabei oft auch die Funktion des Übersetzers übernommen. Tenzin Geyche und seine Frau Chukie-la waren stets liebenswürdige Gastgeber, wenn ich sie besucht habe.

Chime Rigzin und Tenzin Taklha, die jetzt die englischsprachige Abteilung des Büros Seiner Heiligkeit leiten, bin ich für ihre Hilfe und Unterstützung zu großem Dank verpflichtet. Mit dem stets anwachsenden Druck auf die kostbare Zeit Seiner Heiligkeit haben sie eine äußerst schwere Aufgabe zu erfüllen. Mein Dank geht auch an das Büro Seiner Heiligkeit für die Erlaubnis, Auszüge aus den dortigen Abschriften und Aufzeichnungen zu verwenden.

Tenpa Tsering traf ich zum ersten Mal Anfang der 80er Jahre, als er noch im Büro Seiner Heiligkeit arbeitete. Seine Unterstützung und sein Enthusiasmus für mein erstes Projekt mit dem Dalai Lama, den Dokumentarfilm *Ozean der Weisheit* für den US-amerikanischen Sender

PBS, war von unschätzbarem Wert. Auch nachdem er seinen offiziellen Posten verlassen hatte, blieben wir, mit Unterbrechungen, immer in Kontakt. Vor Kurzem ist Tenpa-la wieder in den aktiven Dienst der tibetischen Exilregierung zurückgekehrt, um Seiner Heiligkeit als dessen Repräsentant in Delhi weiter zu dienen. Es bereitet mir große Freude, bestärkt und unterstützt mich, wieder mit ihm zusammenarbeiten zu können.

Meine vielen Jahre der Zusammenarbeit mit Tibetern und mit der *Stiftung für universelle Verantwortung Seiner Heiligkeit des Dalai Lama* brachten mich in persönlichen Kontakt mit vielen Tibetern, von denen ich sehr viel lernen konnte. In meinen spirituellen und samsarischen Reisen habe ich von ihnen allen große Zuneigung und Unterstützung erfahren. Besonders möchte ich Lodi Gyari Rinpoche und seiner Frau Dawa-la danken, ebenso wie Tashi Wangdi-la. Ich danke auch dem Ehrwürdigen Professor Samdhong Rinpoche, dem Ehrwürdigen Doboom Tulku und dem Ehrwürdigen Geshe Lhakdor, der mir die Erlaubnis gab, Auszüge aus den Schriften zu verwenden, die von der *Bibliothek tibetischer Werke und Archive* in Dharamsala veröffentlicht wurden, deren Direktor er ist.

Ebenso danke ich Jasjit Purewal für ihre Hilfe in der Umstrukturierung und der Sortierung des Materials, um eine besseren Lesefluss zu erzielen, Bindu Badshah für ihr erstes Lektorat des Textes, Shalini Srinivas für das Zusammentragen des außerordentlich umfangreichen Textmaterials und Sudha Chandra für ihre wertvollen Ratschläge.

Meinem Verleger Ashok Chopra von Hay House India gebührt meine aufrichtige Anerkennung für seine Geduld und sanfte Ermutigung, nicht nur während er die Publikation dieses Buches ermöglicht hat, sondern auch weil er mir die Unterstützung und das Selbstvertrauen gegeben hat, andere, neue Ideen zu entwickeln. Ratika Kapur von

Hay House India war ein taktvoller, genauer und einflussreicher Lektor dieses Buches.

Ich bin kein professioneller Literat. Ohne meine Frau und ohne die Unterstützung meines Wegbegleiters Meenakshi Gopinath wäre ich niemals diesen Weg gegangen. Vielen Dank, Meenu.

Rajiv Mehrotra

Die Stiftung für universelle Verantwortung Seiner Heiligkeit des Dalai Lama

„Um den Herausforderungen unserer gegenwärtigen Zeit zu begegnen, muss die Menschheit meiner Meinung nach ein stärkeres Gespür für universelle Verantwortung entwickeln. Ein jeder von uns muss lernen, nicht nur für das eigene Selbst, die eigene Familie und das eigene Land zu arbeiten, sondern für das Wohlergehen der gesamten Menschheit. Wir stehen heute in so enger wechselseitiger Abhängigkeit und sind so eng miteinander verbunden, dass wir ohne ein Gespür für universelle Verantwortung, ohne ein Gespür für universelle Schwestern- und Bruderschaft und ohne ein Verständnis, dass wir alle wirklich Teil der einen großen Menschheitsfamilie sind, keine Hoffnung haben können, die Gefahren zu überwinden, die unsere gesamte Existenz bedrohen, von der Schaffung dauerhaften Friedens und Glücks ganz zu schweigen."

Seine Heiligkeit der Dalai Lama

- Die Förderung von universeller Verantwortung auf eine Art und Weise, welche Unterschiede respektiert und die Vielfalt des Glaubens und der Praxis unterstützt.
- Der Aufbau einer globalen Ethik der Gewaltlosigkeit, harmonischer Koexistenz, der Gleichberechtigung und des Friedens durch Unterstützung von Prozessen persönlichen und gesellschaftlichen Wandels.
- Eine Bereicherung pädagogischer Ansätze, um die transformative Kraft des menschlichen Geistes zu nutzen.

Über die Stiftung

Die *Stiftung für universelle Verantwortung Seiner Heiligkeit des Dalai Lama* ist eine nicht-profitorientierte, nicht-sektiererische und an keine bestimmte Konfession gebundene Einrichtung, die vom Dalai Lama mit dem Geld des Friedensnobelpreises gegründet wurde, der ihm im Jahre 1989 verliehen worden war. Ganz im Geiste der Charta der Vereinten Nationen führt diese Stiftung Männer und Frauen unterschiedlicher Glaubensrichtungen, Berufe und Nationalitäten durch eine Vielzahl sich gegenseitig unterstützender Initiativen und Kooperationen zusammen. Die Arbeit der Stiftung ist global ausgerichtet und geht über nationalstaatliche Politik hinaus.

„*Diese Stiftung verwirklicht Projekte, die für alle Menschen auf der ganzen Welt von Nutzen sind, mit besonderem Fokus auf der Unterstützung gewaltloser Methoden, der Verbesserung des Dialoges und Austauschs zwischen Wissenschaft und Religion, der Sicherung von Menschenrechten und demokratischen Freiheiten, und der Bewahrung und Wiederherstellung unserer kostbaren Mutter Erde.*“

Seine Heiligkeit der Dalai Lama

Die Ziele der Stiftung

- Förderung des Respekts vor Vielfalt, des Geistes universeller Verantwortung und des Verständnisses wechselseitiger Abhängigkeit über die Grenzen von Überzeugungen, Glaubensauffassungen und Religionen hinweg.
- Die Unterstützung persönlicher Transformation auf eine Art und Weise, welche die größeren Prozesse gesellschaftlichen Wandels begünstigt und fördert.
- Die Entwicklung und Förderung von Friedensprozessen und Initiativen zum friedlichen Zusammenleben in Gebieten gewalttätiger Konflikte und sozialer Unruhen.
- Die Förderung und Entwicklung von Gewaltlosigkeit als Leitprinzip für zwischenmenschliches Handeln und als Leitprinzip menschlichen Handelns in Bezug auf die Umwelt.
- Die Entwicklung umfassender und ganzheitlicher pädagogischer Ansätze, die besonderes Gewicht auf experimentelles Lernen, kulturübergreifenden Dialog und eine globale Ethik des Friedens und der Gerechtigkeit legen.
- Die Erweiterung unserer Fähigkeiten für Konfliktlösungen, Menschenrechte und demokratische Freiheiten durch weltweite Partnerschaften zwischen Bürger- und Menschenrechtsgruppen.
- Das Verstehen des Geistes auf neue Art und Weise durch den Bau von Brücken zwischen der Wissenschaft und der Spiritualität.

– Die Unterstützung der Ausbildung zukünftiger Führungspersönlichkeiten und Entscheidungsträger durch die Vergabe von Stipendien und Förderprogrammen.
– Die Entwicklung von Medien und Lehrmitteln, welche die Ziele der Stiftung fördern.

Stiftung für universelle Verantwortung
Seiner Heiligkeit des Dalai Lama
(The Foundation for Universal
Responsibility of H.H. The Dalai Lama)
India Habitat Centre, Core 4A
Lodi Road
Delhi
Indien
Tel: + 91-11-246 48 45
www.furhhdl.org

Über den Dalai Lama

Seine Heiligkeit der Dalai Lama Tenzin Gyatso ist der 14. und gegenwärtige Dalai Lama. Er entstammt einer Bauernfamilie aus der tibetischen Provinz Amdo und wurde am 6. Juli 1935 als fünftes von sechzehn Kindern geboren. Im Alter von zwei Jahren wurde er als die Wiedergeburt des 13. Dalai Lama erkannt. Bereits im Alter von 15 Jahren wurde er als Staatsoberhaupt Tibets inthronisiert, zu einer Zeit, als Tibet von den Truppen der Volksrepublik China besetzt wurde.

Nach dem Zusammenbruch der tibetischen Widerstandsbewegung im Jahr 1959 flüchtete der Dalai Lama nach Indien, wo er die tibetische Exilregierung gründete und seither aktiv an der Bewahrung der tibetischen Kultur und am Aufbau eines Erziehungswesens unter den Tausenden Flüchtlingen beteiligt gewesen ist, die ihm ins Exil gefolgt waren.

Als charismatische Persönlichkeit und bekannter öffentlicher Redner ist er der erste Dalai Lama, der in den Westen gereist ist. Dort hat er den Buddhismus einem breiten Publikum zugänglich gemacht. Er setzt sich für religiöse Harmonie, eine säkulare Ethik und für die Idee der universellen Verantwortung ein. Im Dezember 1989 wurde ihm in Anerkennung seiner Bemühungen um die gewaltfreie Lösung internationaler Konflikte, um die Menschenrechte und die globalen Umweltprobleme der Friedensnobelpreis verliehen.

Ergänzung zur deutschen Ausgabe:

Dem Dalai Lama wurden eine große Anzahl von Menschenrechts- und Friedenspreisen verliehen (zuletzt der Jan-Langos-Preis in Bratislava im September 2009 und der Lantos-Menschenrechtspreis in Washington im Oktober 2009). Er ist Träger der Ehrendoktorwürde vieler Universitäten auf der ganzen Welt und hat die Ehrenbürgerschaft vieler bedeutender Städte inne, u. a. Paris (verliehen im Juni 2009) und Warschau (verliehen im Juli 2009). Im Jahr 2006 bekam er die Ehrenbürgerschaft Kanadas, und 2007 wurde ihm in Washington im Beisein des damaligen Präsidenten George W. Bush die Goldmedaille des amerikanischen Kongresses verliehen, die höchste zivile Auszeichnung des US-Parlaments.

Lediglich China tut sich schwer darin, den Dalai Lama für seinen unermüdlichen und uneigennützigen Einsatz zu würdigen. Es bleibt zu hoffen, dass die chinesische Führung erkennt, dass der Dalai Lama der Schlüssel zu einer friedlichen und nachhaltigen Lösung des Tibetproblems ist, und dass sie den Mut besitzt, diese Chance zu nutzen, bevor es zu spät ist.

Über Rajiv Mehrotra

Rajiv Mehrotra ist seit über zwanzig Jahren persönlicher Schüler des Dalai Lama. Er ist Kuratoriumsmitglied und Sekretär der *Stiftung für universelle Verantwortung*, die vom Dalai Lama gegründet worden ist. Er war Juror der Jury des Templetonpreises für Religion und hat Reden vor Plenarsitzungen des Weltwirtschaftsforums gehalten, das ihn zu einer „Führungspersönlichkeit einer globalen Welt von morgen" gewählt hat. Unter anderem hat er folgende Bücher geschrieben: *The Mind of the Guru, Understanding the Dalai Lama* und *Thakur*, eine Biographie über den Mystiker Sri Ramakrishna. Darüber hinaus moderiert er die älteste Talkshow im staatlichen indischen Fernsehen.

Weiterführende Literatur und Quellen

Das *Bodhicaryavatara* von Shantideva ist ein buddhistischer Grundlagentext und liegt in folgender, deutscher Neuübersetzung vor:

Die Lebensführung im Geiste der Erleuchtung, übers. von Jobst Koss, Berlin 2004.

Daniel Goleman: *Die heilende Kraft der Gefühle. Gespräche mit dem Dalai Lama über Achtsamkeit, Emotion und Gesundheit.* München 2000.

Jeremy W. Hayward / Francisco Varela (Hrsg.): *Gewagte Denkwege. Wissenschaftler im Gespräch mit dem Dalai Lama.* München 2007.

Tenzin Gyatso, XIV. Dalai Lama: *Gesang der inneren Erfahrung.* Hamburg 1998.

Tenzin Gyatso, XIV. Dalai Lama: *Der Weg zum sinnvollen Leben. Das Buch vom Leben und Sterben.* Freiburg i. Br. 2003.

Gerald Hüther / Wolfgang Roth / Michael von Brück (Hrsg.): *Damit das Denken Sinn bekommt. Spiritualität, Vernunft und Selbsterkenntnis. Mit Texten des Dalai Lama.* Freiburg i. Br. 2009.

Tenzin Gyatso, XIV. Dalai Lama: *Die Welt in einem einzigen Atom.* Berlin 2005.

Tsonkhapa: *The Great Treatise on the Stages of the Path to Enlightenment*, hrsg. und übers. von Joshua W. C. Cutler und Guy Newland. 3 Bände. Ithaca/New York 2000–2004.

www.mindlife.org ist die Webseite des „Mind and Life Institute", einer nicht profitorientierten Organisation mit Sitz in den USA. Seit 1987 haben zahlreiche Dialoge zwischen dem Dalai Lama und Wissenschaftlern unterschiedlicher Forschungsgebiete stattgefunden, die hier und in zahlreichen Buchveröffentlichungen dokumentiert worden sind.

www.dalailama.com ist die offizielle Webseite des Büros Seiner Heiligkeit des Dalai Lama mit stets aktuellen Informationen zu Unterweisungen und öffentlichen Veranstaltungen des Dalai Lama.

www.tibet.com ist die offizielle Webseite der tibetischen Exilregierung mit Sitz in Dharamsala, Indien.